数据分析与决策技术丛书

数字营销分析

消费者数据背后的秘密

（原书第2版）

Digital Marketing Analytics

Making Sense of Consumer Data in a Digital World, Second Edition

[美] 查克·希曼（Chuck Hemann） 著
肯·布尔巴里（Ken Burbary）

海侠 译

机械工业出版社
China Machine Press

图书在版编目（CIP）数据

数字营销分析：消费者数据背后的秘密：原书第 2 版 /（美）查克·希曼（Chuck Hemann），（美）肯·布尔巴里（Ken Burbary）著；海侠译．-- 北京：机械工业出版社，2021.3
（数据分析与决策技术丛书）

书名原文：Digital Marketing Analytics: Making Sense of Consumer Data in a Digital World, Second Edition

ISBN 978-7-111-67721-5

I. ①数… II. ①查… ②肯… ③海… III. ①网络营销 IV. ① F713.365.2

中国版本图书馆 CIP 数据核字（2021）第 054125 号

本书版权登记号：图字 01-2020-4221

Authorized translation from the English language edition, entitled *Digital Marketing Analytics: Making Sense of Consumer Data in a Digital World*, Second Edition, ISBN 978-0-7897-5960-3, by Chuck Hemann & Ken Burbary, published by Pearson Education, Inc., Copyright © 2018 by Pearson Education, Inc.

All rights reserved. No part of this book may be reproduced or transmitted in any form or by any means, electronic or mechanical, including photocopying, recording or by any information storage retrieval system, without permission from Pearson Education, Inc.

Chinese simplified language edition published by China Machine Press, Copyright © 2021.

本书中文简体字版由 Pearson Education（培生教育出版集团）授权机械工业出版社在中华人民共和国境内（不包括香港、澳门特别行政区及台湾地区）独家出版发行。未经出版者书面许可，不得以任何方式抄袭、复制或节录本书中的任何部分。

本书封底贴有 Pearson Education（培生教育出版集团）激光防伪标签，无标签者不得销售。

数字营销分析：消费者数据背后的秘密（原书第 2 版）

出版发行：机械工业出版社（北京市西城区百万庄大街 22 号　邮政编码：100037）	
责任编辑：王春华　刘　锋	责任校对：殷　虹
印　　刷：北京建宏印刷有限公司	版　　次：2021 年 4 月第 1 版第 1 次印刷
开　　本：186mm×240mm　1/16	印　　张：13.5
书　　号：ISBN 978-7-111-67721-5	定　　价：79.00 元
客服电话：（010）88361066　88379833　68326294	投稿热线：（010）88379604
华章网站：www.hzbook.com	读者信箱：hzit@hzbook.com

版权所有·侵权必究
封底无防伪标均为盗版
本书法律顾问：北京大成律师事务所　韩光 / 邹晓东

本书赞誉

"本书第1版为那些想要了解如何分析数字营销影响的品牌商和代理机构设置了一个基准。虽然市场一直处于快速变化的状态,但值得注意的是,本书自2013年出版以来便沿用至今。

尽管本书第2版进行了彻底的更新,反映了作者的一些新的想法,包括发现新平台、新指标、新的度量方式,但它的基本观点以及实用的方法依然保持不变。Chuck 和 Ken 带领市场营销从业人员清晰而有效地穿过了数字营销度量的雷区。在这个被过度炒作和很大程度被错误解读的生态系统中,他们用简洁易懂的文字呈现了相关的内容。值得推荐!"

——Sam Knowles,Insight Agents 创始人兼总经理、
Narrative by Numbers: How to Tell Powerful & Purposeful Stories with Data 的作者

"本书比以往任何时候都更有分量。书中不仅包括了基础知识,而且精确地展示了应该如何度量数字营销中的每个要素。必读书籍!"

——Jay Baer,Convince & Convert 创始人

"虽然自本书第1版出版以来,数字营销领域的许多策略已发生改变,但有两件事却没有变:第一件事是对度量正确事物的需求,第二件事是我对 Chuck 与 Ken 这本书的信任。对于现代的、以数据为导向的市场营销从业人员来说,这是一本必不可少的读物。"

——Tom Webster,Edison Research 战略和营销高级副总裁

译者序 The Translator's Words

众所周知，大数据、云计算、社交媒体等信息技术在过去十年里发展迅猛，伴随着数据量的爆发式增长，企业营销方式和营销渠道也发生了颠覆性巨变，已从传统的信息传递性质的营销活动，逐步转变为需要构建相关性及个性化消费者体验的营销活动。如今，消费者变得更加独立，自主意识不断增强，而通过数字数据和数字分析，我们可以比以往更加了解消费者，并以更有意义的方式与他们互动。同时，数字数据和数字分析可以进一步提高数据的可用性，从而指导市场营销从业者更好地策划营销活动，更有效地优化营销活动，并以更稳健、更精准的方式来度量营销效果。对于营销人员来说，这是一个新的时代。

然而，数字营销领域的高速发展也加剧了营销人员所面临问题的复杂性：企业究竟应该如何从海量数据中挖掘、分析出关键信息，个性化解读和管理与消费者的关系？如何利用先进的数据分析工具，让潜在用户实现购买行为？如何评估数字营销的投资回报率？如何利用数字分析帮助企业进行危机预测？如何将数字分析的结果应用于整个产品生命周期？等等。如果你也是一名被这些问题困扰的营销人员，我想本书会给你一些启示。

本书每章内容都深入浅出，在阐述数字营销的方方面面应该如何运作的同时，分享并深入解析了企业的实践案例。本书中所介绍的思路、方法和工具可以直接应用于营销人员的实际工作中，帮助你更好地应对数字时代的机遇和挑战，御风而行！

最后，借此机会对华章图书的各位编辑致以衷心感谢，谢谢你们逐字逐句地仔细检查、校对和修改，提高了译文的质量。正是有了各位的共同努力，本书才得以出版。同时感谢正在阅读本书的你，有了你的支持，本书才能发挥其价值。另外，本书译稿虽经过多次打磨，但限于译者水平和精力，书中难免存在翻译生涩或不当之处，在此恳请各位不吝赐教，给予批评指正。

Foreword 序

这是属于你的时代——一个充满挑战的时代，一个自我崛起的时代。

是的，这是你的时代。市场营销从业者从未拥有过如此丰富的数字工具，能够帮助他们轻易地触达全球各地的用户；市场营销从业者也从未像现在这样，会被数量如此庞大的技术、选择和数据所束缚。

可能我们都一样，会对试图跟上这些爆炸性发展的新科技而感到吃力。因为来自不同领域方向的新科技正加速奔向我们。首先，我们起步于因特网，随后很快见证了社交媒体的崛起（那个时候我还是Forrester的一名行业分析员，专注于互动营销）。接下来，随着用户的需求越来越呈现出按需模式、订阅模式、市集模式以及基于群体的新模式，协同共享经济便成了热门话题。

在许多企业和市场营销从业者努力适应现有科技的同时，更多的新科技蜂拥而至。其中的许多技术（包括但不限于区块链技术、加密货币、混合现实技术、无人机、自动驾驶汽车、聊天机器人、机器学习以及其他人工智能系统）直接颠覆了我们目前的业务模式、供应链以及产品的基本结构。毋庸置疑，新科技总是层出不穷。在未来，它们可能会根植于我们的肌肤之下、头脑之中，抑或在我们所处的环境中随处可见。总而言之，数字化将无处不在。

科技总是在推陈出新，但并非所有的科技都会对我们产生实质性的影响。数字市场营销从业者比以往任何时候都更能博得CMO（更多时候是CEO）的眼球。企业的首席执行官们一直在寻找合适的数字营销团队，用来作为企业决策新业务的尝试、分析和落地的先锋队。他们的目光此刻也许正锁定于你。而你，必须磨砺以须。

市场营销角色的定义扩大化对市场营销从业者而言既是福音也是诅咒。市场营销的语境将不再局限于售前和需求的创造，我们还需要将注意力更多地放在用户关怀、供应链，乃至实际的产品和服务上。自此，整个企业都在渴求我们的指导。或许有一天你会发现，所有部门的领导都聚集在你门口寻求帮助。

因此，我们既需要责任感也需要有度量的能力。这也是你需要这本书的缘由。对于那些在领导力方面有经验和洞见的合格实践者和思想领导人而言，这本书对他们尤为适合。

作为一名技术领导者,度量是管理之本。这也就回归到需要将度量运用于每一个业务实践的经验之谈。对新兴创业公司所研发出的新技术来说也毫无例外。

从我们所开展的企业创新方面的研究中发现,影响成败的关键因素往往在于抵制变革的企业文化,而并非技术或者经费的限制。改变思维模式和克服现有流程阻力是步入数字体系的先决条件。

用真实数据说话无疑是克服文化阻力的最好方式。通过数据分析可以真实地反映相关举措的效果和利弊。随后将数据分析结论进行展示,这也是一次把内部利益相关者集聚一堂的绝好机会。不过重要的是,最好现在就开始行动。因为随着 IoT 技术的发展,不难预计将会有越来越多的由机器生产的数据。

这一切将带领我们走向美好的未来。本书的后续章节中将会涉及对数字未来的畅想。毫无疑问,数字未来将为我们带来很多与海量数据有力结合的人工智能系统。通过机器学习实现精准推荐将不再是纸上谈兵。

虽然发明出有情感和知觉的机器尚需时日,但是时下却不乏它们的早期原型。这也再次印证了即刻启程的重要性。我们必须具备基于真实世界数据做决策及通过自身洞察力来推导最佳方案的基本能力。

这是一个变化不息的时代,一个充满了各种让人难以置信的科技的时代,一个让你挺身而出迎接挑战的时代。 这,是你的时代。

Jeremiah Owyang

Catalyst Companies 与 Kaleido Insights 创始人

Altimeter Group 前创始合伙人和行业分析师

Forrester Research 高级分析师

Acknowledgements 致 谢

如果你也曾想过写一本书，请举起手。现在举手的人可能很少。如果你曾经想过写两本书，请举起手。我猜现在几乎没有人举手了。在出版本书第 1 版时，我发觉这是我做过的最能让我在专业方面感到满足的事情——当然，直到我们开始着手本书第 2 版的写作。基于对大型营销组织如何思考数字营销分析的第一手信息，第 2 版给了我进一步发展专业的机会。

没有大家的支持，本书就不会出现。首先，也是最重要的，要感谢我的母亲和姐姐 Marie，她们是非常出色的啦啦队队员。她们总会在我的身边，检查我的进步情况并不断给予我鼓励。有很多人建议我们写这本书，但建议声音最大的是 Alejandra Hernandez，在此也要特别感谢你一直以来的鼓励。

感谢 W2O 集团的 Jim Weiss、Jenn Gottleib、Bob Pearson 和 Seth Duncan，感谢你们不仅为我提供了支持，而且将我带到了这样一个至今仍多次令人惊叹的公司。在公司就职期间，我学到了很多东西，感谢你们为我所做过的一切。另外，也非常感谢我在 W2O 和 Intel（现在和以前）的团队 ——Dan Linton、Sara Vlasach、Bethany Bengston、Michael Hall、Skylar Fogel、Vani Petkar、Christina Flint、Jessica Hastings、Allison Barnes、Robert Rose、Jonathan Isernhagen 和 Meredith Owen，谢谢大家在整个项目中一直为我提供支持。

我还要感谢 Scott Chaikin、Chas Withers、Keith Mabee 和 Rob Berick 给了我在 Dix & Eaton 的第一份代理工作。如果当时你们没有给我那样一次机会，我就不会有今天的成就。

感谢 Becky Brown 2014 年把我带到 Intel 并教会了我如何在大公司内部运营市场营销团队。还要感谢 Geoff Ivey、Scott Jaworski、Julie Keshmiry、Scott Rosenberg、Laura-Ann Mitchell 和 Justin Huntsman，他们是我在 Intel 工作期间的好同事和好朋友。

我还要感谢在我整个职业生涯中给予我支持的几个朋友和导师。感谢 Marcel Lebrun、David Alston、Tom Webster、Tamsen Snyder Webster、Justin Levy、Michael Brito、Kyle Flaherty、Greg Matthews、Colin Foster、Jason Falls、Lauren Warthan、Amanda Vasil、Adam Cohen、Jaime Punishill、Jim Storer、Adrian Parker 和 Lisa Grimm。非常感谢你们为我所做的一切。

感谢我们的策划编辑 Laura Norman，她耐心地和我们开展每一步合作。没有你对我们的信任，本书就不会出版。我对你感激不尽。也感谢我们的开发编辑 Malobika Chakraborty 和技术编辑 Kevin Johnson，他们的辛勤工作确保了本书最终能完美地呈现给读者。

这里也要感谢我的合著者 Ken Burbary，感谢你同意和我再次踏上这一旅程。没有你的专业和知识，本书是不可能完成的。多年来，你已经成了我的挚友。

最后，我要感谢多年来和我合作过的所有客户。你们每个人都教会了我很多业务和市场营销领域的知识，希望在我们过去的合作中我也为你们的业务增加了价值。

——Chuck Hemann

在我和 Chuck 编写本书第 2 版的中途，我们陷入了工作的泥潭，仿佛在隧道的尽头看不到一丝光亮。我们很容易就会问自己："我为什么要这样做？"Chuck 向我提起了他的一个同事兼作家 Bob Pearson 的话："我们写这些书不是为了经济利益或名气，我们写这些书的目的是回馈社会并促进这个行业的发展，帮助它前进。"这句话在我心中产生了深刻的共鸣，也在我写作的过程中起到了提醒的作用。本书可能并没有涵盖或涉及当前数字分析领域的每个部分，但我们相信，它涵盖了数字营销的大部分主题，并且肯定能够帮助市场营销从业人员提高其企业利用数字分析工具、框架和资源的能力，从而使他们成为数据驱动的营销从业者。如果确实如此，那么就实现了我们的目标：以我们自己并不显赫的方式推动这个行业发展。

写书真的很有趣！一本书的诞生，仅靠作者是不可能做到的，离不开周围一大群人的支持和努力。因此，我要感谢我生命中一些非常特殊的人，是他们给予我坚定的支持和鼓励，使我能够保持专注，盯住目标。为此，我要感谢我的妻子 Shauna Burbary，如果没有你，本书就不会问世。相比你已经得到的赞扬，你应该得到更多，在同一行业工作的我们给彼此都带来了丰富的共享知识，为我们双方提供了更大的背景。这里，我还要感谢我的母亲 Debbie Burbary，感谢她做了母亲们最擅长的事，对我进行督促，保持积极态度，并鼓舞我不断前进。

非常感谢我们与 Pearson 的主要联系者、策划编辑 Laura Norman，你的参与以及对我们所有问题的响应是保持一切事情运行得井井有条和平稳顺利的基石。同样感谢我们的开发编辑 Malobika Chakraborty 和技术编辑 Kevin Johnson，如果没有你们所贡献的一切，本书就不会出版。

还要感谢我的合著者 Chuck Hemann，在写作和其他方面你都是非常出色的合作伙伴。如果没有你的经验和知识，以及你的耐心（这一点更重要，因为这可不是我的强项），本书是不可能完成的！多年前，当我们还是两个投入在社交媒体聆听框架的极客时，我不可能会想到我已经结识了一位终身的朋友。你是个非常了不起的朋友，我很幸运能遇见你。

我还很想感谢其他许多人，从朋友到专业导师和同行，但这里没有足够的篇幅一一提及。通过会议、电话、一对一交谈，或者仅仅是从他们发布和共享的内容中学习，他们的建议、意见和专业知识无不影响了我的观点和本书的内容。在此，我想特别感谢以下人员：James Sanders、Branden Bauer、Jane Ansara、Adam Cohen、Lucy Shon、Jim Storer、Rachel Happe、Jordan Bitterman、Amber Naslund、Avinash Kaushik、Rishad Toboccowala、Tom Webster、Aaron Strout、Noah Mallin、Paul Mabray、Jeremiah Owyang、Lee Odden、Tamsen Webster、Larry Kim 以及 Bill Silarski，谢谢大家。

——Ken Burbary

关于作者 About the Authors

　　Chuck Hemann，W2O 分析业务总经理 / 数字分析业务负责人，在过去的 14 年中，他一直致力于数字分析、度量、在线声誉以及社交媒体领域的战略咨询工作。曾在 Intel 公司担任数字和付费媒体分析全球总监，并与 P&G 及 Verizon 等国际品牌合作过。

　　谨以此书献给我的母亲、祖母和祖父。没有他们的不断鼓励和指导，就不会有今天的我。我每天都在感恩你们为我所做的一切。

——Chuck

　　Ken Burbary，康奈尔大学约翰逊管理学院顾问及数字营销教授，拥有 20 多年在线营销和广告宣传经验，也有着数字和社交媒体方面的深厚背景。他曾在 Digitas 担任战略与分析副总裁兼集团总监，并与 American Express、Bank of America、P&G 及 GM 等国际品牌合作过。

　　谨以此书献给我的家人。是他们给了我灵感，让我开始了这段旅程，并且在整个过程中不断为我提供支持、鼓励和理解。有了他们的爱，我才会取得今天的成就。

——Ken

Contents 目 录

本书赞誉
译者序
序
致谢
关于作者

第1章 了解协同数字生态系统 ··········1
1.1 数字生态系统的演化 ············1
1.2 数据增长趋势 ·····················2
1.3 数字媒体类型 ·····················4
    1.3.1 付费媒体 ····················6
    1.3.2 自有媒体 ····················8
1.4 竞争情报 ····························9
1.5 点击流（网络分析）············10
1.6 转化率分析 ······················11
1.7 自定义用户细分 ················11
1.8 视觉叠加 ··························12
1.9 社交媒体报告 ···················12
1.10 用户体验反馈 ··················13
1.11 实时网站分析 ··················14
1.12 参考文献 ·························14

第2章 简析数字分析概念 ·············15
2.1 从顶部开始 ······················15
2.2 运用度量框架 ···················16
2.3 确定自有社交媒体和赢得社交媒体的指标 ·················17
    2.3.1 自有社交媒体指标 ·········18
    2.3.2 赢得社交媒体指标 ·········26
2.4 揭开网络数据的神秘面纱 ····27
2.5 数字广告概念 ···················29
2.6 适合搜索分析的指标 ··········30
    2.6.1 付费搜索 ····················31
    2.6.2 自然搜索 ····················31
2.7 数字分析与传统分析的结合 ·32
    2.7.1 初级研究 ····················33
    2.7.2 传统媒体监测 ··············34
    2.7.3 传统客户关系管理的数据 ··34
2.8 综合范例 ··························34
    2.8.1 报告时间线 ·················34
    2.8.2 报告模板 ····················35
    2.8.3 不同的人群，不同的策略 ··35

第3章 选择分析工具 ····················36
3.1 评估新的营销技术 ·············37
3.2 组合你的营销技术栈 ··········39
    3.2.1 Cisco的营销技术栈 ······39
    3.2.2 Intel的营销技术栈 ·······40
3.3 识别重要的营销技术解决方案 ··43
3.4 购买决策者 ······················45
3.5 营销技术解决方案的采用 ····45
3.6 结语 ·································47

3.7 参考文献 47

第4章 数字分析：品牌 48

4.1 数字品牌分析的益处 48
4.2 数字时代的品牌分析 49
4.3 品牌份额 50
    4.3.1 声音份额 51
    4.3.2 搜索份额 52
    4.3.3 受众份额 54
4.4 品牌受众 56
    4.4.1 总受众触及率 56
    4.4.2 总受众关注度 57
    4.4.3 总受众互动度 58
4.5 消费者自我概念与品牌个性的一致性 58
4.6 数字品牌分析的未来 60

第5章 数字分析：受众 61

5.1 什么是受众分析 64
5.2 受众分析用例 65
    5.2.1 数字战略制定 66
    5.2.2 内容策略制定 66
    5.2.3 互动策略制定 67
    5.2.4 搜索引擎优化 67
    5.2.5 内容优化 67
    5.2.6 用户体验设计 68
    5.2.7 受众细分 68
5.3 受众分析工具类型 68
5.4 受众分析补充技术 74
5.5 对话类型 75
5.6 事件触发 76

第6章 数字分析：生态系统 78

6.1 生态系统分析 79

6.2 生态系统分析的产出 81
6.3 数字生态系统图 82

第7章 投资回报率 83

7.1 定义 ROI 84
    7.1.1 互动回报率 84
    7.1.2 影响力回报率 86
    7.1.3 体验回报率 87
7.2 正确地追踪 ROI 88
    7.2.1 理解自上而下的收益度量方法 88
    7.2.2 利用自下而上的度量模型 91
7.3 度量数字营销有效性的三层模型方法 94

第8章 理解数字影响力 96

8.1 理解数字影响力的本质 97
    8.1.1 "引爆点"现象 98
    8.1.2 社群规则现象 99
8.2 制定现代媒体列表 99
8.3 使用匹配的工具 101
    8.3.1 Klout 101
    8.3.2 其他重要的影响者分析工具 104
    8.3.3 定制影响力分析方法 105
8.4 线上影响力与线下影响力的对比 106
8.5 使用影响者列表 107

第9章 运用数字分析赋能营销方案 110

9.1 了解社交媒体版图分析 111
9.2 搜索和自媒体平台分析 116
9.3 开展媒体分析 119

第 10 章　改善客户服务体验 121
- 10.1　客户期望 121
- 10.2　社交客户服务的冲突 124
  - 10.2.1　了解消费者 126
  - 10.2.2　了解消费者意图 127
  - 10.2.3　个性化消费者体验 127
- 10.3　社交客户服务模型 128
  - 10.3.1　特定阶段的客户服务 128
  - 10.3.2　局限阶段的客户服务 128
  - 10.3.3　正式阶段的客户服务 129
  - 10.3.4　达美航空案例 129
- 10.4　参考文献 131

第 11 章　利用数字分析进行危机预测 132
- 11.1　制定现代潜在危机事件管理计划 133
- 11.2　识别已知的潜在危机事件 134
  - 11.2.1　制定已知的潜在危机事件列表 135
  - 11.2.2　了解在线对话份额 135
  - 11.2.3　搭建支持者和反对者画像 137
  - 11.2.4　浅析影响者 137
  - 11.2.5　呈现正确内容 137
  - 11.2.6　了解正面和负面词汇 138
  - 11.2.7　标记正确词汇 139
- 11.3　危机日的监控和实时报告 140
  - 11.3.1　处理突发危机事件 140
  - 11.3.2　制定内容计划 141
  - 11.3.3　制定报告方案和报告节奏 142
  - 11.3.4　危机期间的报告频率和报告内容 142
  - 11.3.5　危机之后的报告频率和报告内容 143
- 11.4　危机结束后的历史修正 144
  - 11.4.1　对基础研究的评估 144
  - 11.4.2　识别关键的第三方平台及拟定内容同步发布方案 145

第 12 章　发布新产品 146
- 12.1　产品生命周期概览 147
- 12.2　产品生命周期——引入阶段 148
  - 12.2.1　消费者对产品 X 有哪些反应 150
  - 12.2.2　洞察消费者对产品 X 有哪些顾虑 151
  - 12.2.3　哪些是消费者未满足或未表达的需求 152
- 12.3　产品生命周期——成长阶段 152
  - 12.3.1　产品 X 被讨论、分享和评价的社群、网站及社交平台有哪些 154
  - 12.3.2　哪些人是产品 X 的话题中的影响者 154
  - 12.3.3　消费者对产品 X 零售及促销有何反应 155
- 12.4　产品生命周期——成熟阶段 155
  - 12.4.1　围绕产品 X 而产生的消费者趋势和偏好有哪些 157
  - 12.4.2　用户对其他相关产品的兴趣度如何 158
- 12.5　结语 158

第 13 章　制定研究计划 159
- 13.1　构建数据源列表 160
  - 13.1.1　识别数据源 160
  - 13.1.2　选择需要分析的渠道 162

13.1.3 识别搜索和源语言 164
13.2 确定研究方法 165
　13.2.1 定义假设 166
　13.2.2 分析的时间表 168
　13.2.3 识别项目团队 168
　13.2.4 确定分析的深度 169
　13.2.5 构建编码框架 170
　13.2.6 采用情绪分析方法 170
　13.2.7 过滤垃圾邮件和机器人程序 171
13.3 参考文献 172

第 14 章　生成有价值的报告 173
14.1 构建报告 174
　14.1.1 从后至前构建报告 175
　14.1.2 报告格式 177
　14.1.3 了解报告的时间表 178
14.2 交付报告 179
14.3 了解报告的用例 180
　14.3.1 高管层用例 181
　14.3.2 管理层用例 181
　14.3.3 分析层用例 182
14.4 搭建中央信息存储仓库 183
　14.4.1 指挥中心 184
　14.4.2 基于网络的应用程序 185

第 15 章　数字数据的未来 186
15.1 见证数字分析标准的演进 188
　15.1.1 回顾社交媒体聆听的演进史 188
　15.1.2 深入展开搜索分析 190
　15.1.3 唤醒受众分析的水晶球 190
　15.1.4 预测内容分析的未来 191
　15.1.5 了解影响者分析的全景图 ... 192
15.2 了解数字分析的发展前景 193
　15.2.1 消除分析人才的缺口 193
　15.2.2 合理存储用户数据 195
　15.2.3 数据源的持续整合 196
　15.2.4 应对用户隐私顾虑 196
　15.2.5 提高品牌对社交数据的可获得性 197
　15.2.6 提高数据的干净度和准确性 198
　15.2.7 CMO 们面临的量化分析挑战 198
　15.2.8 浅析机器学习和人工智能 199
15.3 参考文献 200

第 1 章 Chapter 1

了解协同数字生态系统

从本书的第 1 版开始，数字平台的发展和完善就有了长足进步。尽管这些变化给市场营销人员和品牌商们带来了新的机遇，与此同时 Facebook、Instagram 以及 LinkedIn 等几个主流平台也在成长和发展，但很大程度上它们也加剧了企业在规划和执行数字举措时需要面临的问题和挑战。四年前我们对数字化最初承诺的描述："在正确的时间，向正确的受众，传递正确的信息。"比以往任何时候都更加真实，但相应的问题和挑战也比以往任何时候都更复杂。

1.1 数字生态系统的演化

数字生态系统的发展速度让人瞠目结舌。这不仅体现在市场营销从业者需要关注的主要平台的数量越来越多，也体现在不断被更新和扩大的数字化定义中。数字化演进之初，从简单的自媒体平台（例如品牌官网）到电子邮件营销、付费媒体（付费搜索及其他付费展示的变体）以及视频广告的出现，似乎一切都在我们的掌控之中。然而随着社交媒体和社交平台的出现，加上它们对消费者数字化日常生活的主导，我们则变得不再那么胜券在握。自 2018 开始，随着数字技术及工具从市场营销部门扩展至企业其他部门，包括客户服务和支持、产品研发、消费者洞见等，数字化的定义也随之扩展。

数字化转型已经占据各个行业的头条，各个行业用此来衡量行业数字生态系统的广度和普及度。兑现数字化转型的承诺并非难不可及，但也绝非如从前那样触手可获。通过采纳本书中详述的一些方法和技巧，来整合你的数字化规划和方案，想要成功地实现数字化转型也并非天方夜谭。

数字生态系统上持续增长的新平台、新工具、新数据源以及新的媒体分发载体（如消息应用和聊天机器人）使得市场营销从业者应接不暇。但市场营销从业者所要面临的挑战，其本质却从未发生改变，改变的只是可以选择的数量。对于所有品牌商和市场营销从业者而言，挑战的本质仅在于识别一个特有的组合，一个可以通过整合数字渠道、平台及合作伙伴进而满足用户真实需求的组合。通过这个特有的组合，你可以完成数字化营销，提升用户体验，实现业务转型目标。这个组合的形式对于每个组织而言都应该是独有的。品牌的数字化如同一个人的指纹，对它来说是独一无二的存在。

值得注意的是有别于本书第 1 版，我们将合作伙伴的概念也囊括入了数字方案的范畴。与其他组织合作进而共享技术和数据，这将会是数字营销的新常态。通过利用合作伙伴的资源补足自身组织的能力（技术、数据、IP），这可以为企业带来巨大的效益。特别是在消费者洞见领域，结合 DMP（数据管理平台）和 CDP（用户数据平台）上的数据，可以帮助企业增强对目标用户的了解。这种结合方式是目前用于区别组织自身价值主张并形成统一用户视角的常见方法。为什么要这样做呢？因为我们需要不断地向数字化承诺靠近："在正确的时间，向正确的受众，传递正确的信息。"在时下的语境中，这个概念代表着极致的个性化体验。我们传递的内容甚至需要契合单个消费者在须臾间的体验和感受。企业并不能仅靠孤军奋战就能实现这个数字化承诺。因此，在探索数字生态系统的同时，也需要确保寻找到合适的合作伙伴。我们需要借助合作伙伴来加速成功，而不是继续墨守成规地独自前行。

1.2　数据增长趋势

随着数字生态系统的演进，数据的种类和数量也在与日俱增。例如，在拉斯维加斯 2018 年度国际消费类电子产品展览会中，英特尔预测 2018 年至 2020 年这短短两年时间内，互联网相关用户数据日均产量将高达 1.5GB。

数字营销从业者采集、分析并汇总汇报用户数据。这些用户数据包含了用户身份、用户的厌恶及喜好、品牌亲和度情况、用户对品牌体验的期待和需求，甚至于物理上用户曾去过的场所等信息。这些用户行为的采集同时覆盖了线上和线下渠道。根据 eMarketer 2018 年 1 月发布的研究结果，75% 的网站都设置了广告投放监测系统。线下地理位置的数据采集则是基于用户的其他行为或活动的轨迹（可以想象一下你的智能手机相册相片上的一个个时间和地址戳）[1]。确定目前存在着哪些数据资产，选择出公司业务所需要的数据，并对其进行管理、分析及合理利用，已然成为每一个数字营销从业者工作中不可或缺的环节。

先暂停从市场营销的角度进行思考，重要的是应该注意到，数据涵盖的信息可以从方方面面来详细解答企业要如何保持竞争优势。在此我们列举出了一些用例，进一步阐述数据是如何帮助企业增强战略性提案的：

- **商业战略**：需要将整合用户数据、行业数据及洞见列为商业规划的首要任务。用数据和洞见来影响并改善包括产品研发、用户体验、市场营销投资分配在内的一切事务。一些具有指导性意义的问题包括：
  - 眼下消费者最想强调的是什么？
  - 眼下消费者如何使用或谈论我们的产品？
  - 在目前的行业背景或战略焦点下，哪些方面对消费者而言最为重要？
  - 我们的自有媒体渠道在具体哪些领域表现得最好？是否获取了与品牌最具相关性的流量？成功的原因是什么？这是否是一个可以降低营销阻力的价值点或机会点？

- **数据战略**：亚马逊和谷歌是基于数据战略建立的公司，数据是它们组织基因的核心。然而不仅是亚马逊和谷歌这样的巨型企业，对于所有企业而言数据都将是越来越重要的财富。因此，数据不应仅被狭隘地局限在提取洞见方面，还应实现真正意义的产品化。产品化是数字化业务转型的核心。一些具有指导性意义的问题包括：
  - 在需要削减活动式报告的情况下，如何确定缩减对象？
  - 社会舆情如何？
  - 我们在自有渠道、赢得渠道以及付费渠道上主要的流量波峰有哪些（这些波峰形成的原因是什么）？
  - 我们在自有渠道、赢得渠道以及付费渠道上的流量波谷有哪些（这些波谷形成的原因是什么）？
  - 基于用户抱怨最多的方面（潜在数据源：社会舆情、评论、聊天机器人），我们要如何针对性地改善产品和用户体验？

- **传播战略**：包括企业在所有渠道上开展的传播，并聚焦于企业所有的利益相关人，包括从相关人到招聘工作再到面向消费者的所有信息。聚合化的生态系统意味着在品牌考虑到所有利益相关者后，对外要发出统一的声音。一些具有指导性意义的问题包括：
  - 与传播战略有关的洞见对我们整个行业会有哪些影响？
  - 如何集中精力，在企业人才库中激发出传播战略的洞见和影响？
  - 我们的消费者们正在使用哪些用词进行沟通？与消费者们保持一致用语至关重要。

- **媒体战略**：营销活动的目标制定必须先于具体营销活动的构思。这个观点听上去妇孺皆知，然而在实践过程中，很多企业却常在此处犯错。企业目标需要有具体的方案和关键绩效指标（KPI）的支撑。媒体战略可能的结构示例如下：

◆ 企业的目标、方法/行为以及相关KPI。

以上用例囊括了大多数企业需要考虑的四个主要战略方向。本书旨在通过提供方法和信息，来协助你成功地利用纵横在整个数字生态系统中的数据资产，进而更加聪明有效地开展工作。希望我们最终可以成功实现数字化承诺，并且帮助你的企业成功搭建一套由数据驱动的营销方案和执行方法。

1.3 数字媒体类型

正如我们之前所提到的，媒体的类型一直在快速迭代演进。数字媒介已经浸入到了传统媒体体验（无论是从用户体验角度还是分析角度，抑或两者兼具）中的每一个角落。媒体、内容、IoT、人工智能驱动的虚拟助理等形式各异的数字化体验，正通过其自身的增长和普及为我们正在经历的数据革命做出不可忽视的贡献。

在本书第1版发行的短短五年时间里，市场营销从业者发现不同往昔的是，他们现在要从前所未有的庞大信息来源中去获取和分析多渠道的用户交互数据（对于一些企业而言，整理即使没有成百也有数十的信息来源已然成为常态）。如果你希望对数字媒体类型的全景能有一个整体览阅，那图1-1中Scott Brinker展现的chiefmartec.com Marketing Technology Landscape（营销技术版图）将为你提供一个全面和系统的视角。这张版图因其包含近5000种分别来自50个数字渠道和平台类别的市场营销技术、供应商和市场营销自动化工具而著名。因此也被称为Martech 5000（市场营销技术5000）。在此，每一种技术都具备它们自有的数据生成及采集机制，同时也具备分析能力。仅仅只是一想到编目和生产这份版图需要的工作量就已经让人心烦意乱，所以在此致敬每年都对该版图进行更新和发布的Scott。

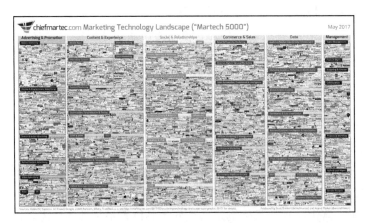

图1-1 ChiefMartec.com 2017 Marketing Technology landscape

来源：Chiefmartec.com/2017/05/marketing-technology-landscape-supergraphic-2017/

我们在本书第 1 版中曾提到，倘若时间退回到十年前或者更久，市面上其实只存在两类主流数字媒体类型：付费媒体和自有媒体（尽管曾多次被重命名）。首先要介绍的是付费媒体，它的运营是依托于付费搜索（Google AdWords）和展示广告（网页上的横幅广告或时下流行的视频广告）。付费媒体顾名思义，本质上是品牌通过向数字媒体渠道付费而换取向受众展示品牌信息、宣传植入式广告、发起邀约并希望引起受众共鸣的机会。

我们要介绍的第二种数字媒体类型是自有媒体。自有媒体是企业自身所持有的、可支配的和可使用的任何用以触达潜在受众的媒体资产或所有权的通用名。常见的自媒体类型有品牌官网、基于订阅者的邮件营销、公司博客、依托于智能手机及平板电脑的品牌应用以及像亚马逊 Alexa 或者谷歌 Home 这样的 IoT 设备。无论是对付费媒体抑或自有媒体而言，点击流数据都是数据采集和分析的主要对象。追踪用户点击链接后的行为操作虽然有用，但并非能够解答所有问题的终极答案。我们还需要运用多种数字化数据源和分析方法来丰富一个完整的数字分析视图。

随着社交平台的出现和发展，赢得媒体也逐渐崭露头角。赢得媒体通过内容和话题制胜，运用用户口碑、时下流行词和病毒式传播进行营销。

Facebook（20 亿）、Instagram（8 亿）以及 Twitter（3.25 亿）等社交媒体平台的庞大用户基数赋予了自有媒体和赢得媒体更为丰富的用户数据源。合理地获取和分析用户行为、用户意图及产品亲和力等全新的数据类型，在了解用户方面起到了至关重要的作用。新时代消费者的互动模式触发了数据爆炸，我们的关注点也不再局限于点击量、广告展示次数以及网页浏览量等指标。

时下海量的数据和工具为我们提供了有利洞见，从而可以帮助我们提高市场营销和广告推广的成效，帮助我们在目之所及的所有触点改善相应的用户体验，为我们识别需要实现个性化内容和体验的具体细节，并一对一地将信息传递给相关用户。简而言之，得益于现在强健的数据生态系统和分析工具生态系统，市场营销从业者从未像现在这般能够真正地实现期望结果的分析产出，以及对未来用户行为的预测。在本书后续章节，我们将深入探讨搜索分析、媒体分析、社交媒体聆听和社交媒体互动等工具。

每一种媒体类型都服务于一个特定的目的并包含了多种渠道，在你独特的数字媒体组合中发挥其特定作用。与之相关的数据和分析方法帮助你决定每种媒体类型在整个数字媒体组合中所发挥作用的比例。无论占比多少，它们都为你搭建出了能够基于受众的全渠道的战略，也都贡献了不可或缺的力量。然而仅靠单一的一种媒体类型并不能保证数字战略的成功。新平台和新技术所带来的前所未有的用户移动性和可达性，让我们见证了这个世界及用户行为日异月殊的变化。

1.3.1 付费媒体

相对而言,付费媒体是发展较为成熟的媒体类型。随着Facebook、YouTube、Twitter和Snapchat等平台的发展,付费媒体在过去的几年中也展现出一些值得注意的例外形式,如依托于社交媒体平台的新广告单元。但上述例外形式并非已经实现了广告效果和数据的透明性,因此这也许不是我们通常希望接受或者习惯使用的方式。因为发展较为成熟,付费媒体已建成了完善而强大的目标客户识别、受众细分以及成效度量体系。此外,付费媒体项目往往包含实时度量的功能。这也意味着用户所在公司享有及时进行信息评估并调整营销方案的机会。

虽然付费搜索的黄金时代已不在,但它仍是一个值得认可的能够了解用户行为意图和获取用户洞见的最佳方案之一。许多搜索引擎和第三方分析工具需要与搜索数据协同工作,可以帮助公司识别用户,产生用户行为及意图相关的洞见。

付费展示(也被称为横幅广告)的商业地位和营销成效正在遭受多方制约因素的夹击。但其中最主要的影响因素在于层出不穷的多元媒体广告单元和视频广告单元。此外,用户对网页横幅广告与日俱增的无视无疑更是雪上加霜。包括标准广告、互动游戏广告及社交媒体广告等各种形式的横幅广告单元无一不充斥着当今的数字媒体版图。如此高密度的呈现也诠释了网页横幅广告被无视的原因:用户太熟悉并已习惯付费展示广告的"把戏",以至于他们面对这类展示广告的第一反应就是将其屏蔽掉。对大多数用户而言,横幅广告的本质就是背景噪音,无须在意。这所导致的直接结果就是付费展示的浏览量和点击率日益下跌。早在广告拦截战争打响之前,用户对网页横幅的无视就已经形成,当然,广告拦截服务的出现更是把薪助火。广告拦截服务通常以第三方扩展服务或者插件的形式存在,用户可以通过在浏览器端进行简单安装就能实现屏蔽网页上的所有广告内容。自此广告拦截服务和广告发布者之间的博弈便拉开了帷幕,许多品牌网站要求用户将其列为白名单,或者要求用户拒绝使用广告拦截才能对其网页内容进行访问。即便如此,广告拦截服务在过去这些年仍赢得了不少受众的青睐。根据eMarketer的数据,截至2017年,广告拦截服务的市场渗透率已达到25%[2]。

横幅广告效果随多种因素的不同而发生变化,其影响因素中也包括横幅广告的类型。一个标准横幅广告单元的点击率大概在0.1%~0.2%,随横幅类型而不同。这意味着1000个看到横幅广告的用户中,仅有1~2个人真正点击了广告。不论以何种标准来看,这都是远低于平均水平的表现。甚至不如那些电子邮件抑或传统邮寄广告等看上去更不具吸引力的数字营销方案。当然付费展示营销也有它独具一格的优势,如我们之前提到,它具有完善而强大的目标客户识别、受众细分以及成效度量体系。也正因如此,付费展示可以轻松地将你的广告呈现给目标受众。

广告发布者和广告技术平台在通过cookie收集数据并追踪用户行为方面已经相当超前。实际上，目前这一块的业务比之前任何时候都更具规模。根据2017年度IAB（美国互动广告局）、Winterberry Group和DMA（数据和营销协会）的联合调研，2017年当年，美国公司在可以提供受众洞见的第三方数据方面的花费高达100亿美元。此外，还有另一个100亿美元花费在了数据激活方案上。品牌商们可以通过这些方案将洞见转化为实践。毫无疑问，这再次证明了用户数据将从2018年直至今后持续成为市场营销从业者的主要关注点（eMarketer, 2017）[3]。

锁定目标用户是通过将第一方和第三方数据结合分析来实现的。这意味着什么呢？自你作为用户登录公司（第一方）自有网站开始，你和你的访问数据就已经被该公司捕获。第三方数据的整合是基于公司已有的数据进行最大化的数据收集和完善。通过开展多种cookie数据的处理、设备ID的匹配、社交数据和工具与自有媒体资产的集成，进而实现数据整合并锁定目标用户。

ShareThis这种社交分享小部件便是一个再常见不过的例子。对于网站所有者而言，ShareThis让安装和预配置社交分享小部件所需的工作量变得微乎其微。并且这个简单而轻量级的小部件实现了让用户便捷地将网站内容分享至各大主流社交网络平台或邮件的强大功效。ShareThis不仅在安装及运行方面便捷省时，而且还是免费的。然而天下并没有免费的午餐。在这个场景下，这顿"免费"的午餐实际上是用你的用户数据所换取的。哪儿有数据采集，哪儿就有数据泄露。像ShareThis这样的分享小部件，主要是通过收集你的用户数据再将其出售给其他第三方平台来获利的。

ShareThis这类公司通过追踪用户的分享操作，分析并整合那些基于内容的用户喜好、阅读、分享、保存等行为数据。通过将这类数据与其他指标数据或受众数据进行结合便可以获得更高的溢价。

这些数据结合的结果通常能够产生一组可以由DMP（数据管理平台）任意划分或切割并进行分析的强大数据集合。市面上存在着大量成熟的DMP（数据管理平台），信手拈来便是Adobe、Oracle、Media Math和Salesforce等这类耳熟能详的平台。DMP是一个由马力十足的分析引擎拉动的cookie数据仓库。在DMP中运行着各种公司自有或采购的第一方和第三方数据，同时这些数据可以通过DMP进行清洗、管理和集成。DMP供应商版图自本书第1版出版以后经历了翻天覆地的变化。大量的平台之间发生了并购，同时平台本身功能的革新也层见叠出。具体如何选择适合你的DMP？这部分的相关内容将不在本书中展开介绍。但我们可以为你提供一个相关且实用的资源。Forrester Research这家技术和市场调研公司定期会对DMP供应商进行评估分析，同时也会详细解读每一家DMP供应商的优势和劣势。你可以在Forrester Research的官方网站免费订阅或者付费采购这份叫作*Forrester Wave—Data Management Platforms*的报告。

DMP 同时也提供了一些基于用户数据属性及媒体使用习惯等来预测用户趋势、了解用户、细分用户的高级功能。像赫赫名列于 Fortune 100 的大型公司往往需要开展复杂的、多维度的用户细分，因此他们对使用 DMP 的能力进行了标准化处理，并通过优化及锁定目标客户来提高业绩并提升效率。

1.3.2 自有媒体

对于数字数据和数字分析版图而言，自有媒体并不是一个全新的名词。随着受众分析、跨用户追踪和高级用户细分等功能在像 Google Analytics 及 Adobe Analytics 这类网页分析平台上的持续演进，自有媒体资产为市场提供了诸如竞争情报收集、用户体验反馈、内容分析、实时网页分析、网站优化测试和点击流分析等前所未有的丰富功能选择。

你的目标应该是将从每个媒体渠道上所获得的数据和洞见相互结合，从而产出一个更为深刻的故事。对于数据分析而言，从来不存在画蛇添足的数据资源，也无须做非此即彼的资源选择。请牢记，不同来源的数据是相辅相成的，每一个数据源都是构成整个图画的一块拼图。

尝试着去决定使用哪种数据和分析工具并非易事。但是，从事前确定的目标和学习计划出发可以将此类操作化繁为简。关于如何制定清晰及具体目标的相关内容，会在本书第 2 章中详细介绍。

制定学习计划是一种帮助你定义分析工作重点的有效操作。学习计划充当着行为指南的作用，预防你掉入有趣但是无关的洞见分析陷阱中。本质上，学习计划是针对你需要回答受众的具体问题而定义的。从而确保在后续的分析中，你能坚持不懈地专注于这些问题，不至于偏离计划的轨道。

> **注意** 在这个大数据时代，我们被海量的数据及丰富的数据处理方式所包围。但这不意味着你需要掌握全部信息。事实上，你实际需要掌握的远低于你自己的想象。许多公司都在和数据分析作困兽之斗。但究其原因是他们期望收集、分析和管理所有他们可触及的数据。因此，我们需要抵抗住自己希望收集和分析所有可采集数据的冲动。请牢记，虽然有趣，但是很多数字数据源充其量只能作为诊断指标，并不能对业务目标的实现产生实质性的帮助。采用"那又怎么样"的小测试可以简单有效地防止我们过分追逐那些有趣但并无实际业务价值的数据和分析方法。询问自己："那又怎么样？基于这些数据我能采取什么行动来进一步实现我的目标呢？"对于这个小测试得到的答案，如果你并不明晰，那么这可能意味着你只是通过一个工具得到了一些数据，而不是有价值的洞见。如果可以，你应该尝试对数据收集工作定义一些规范。一定要避免出现数据丰富但是洞见贫瘠的现象。

在以下章节中，我们会深入探讨关于自有媒体的数据分析所需要考量的每个要点。

1.4 竞争情报

知己知彼的战术应用由来已久。在这个时代，随着数据来源及其数量的增加，你需要关注的竞争对手信息不再止步于以往的一点基本信息。但幸运的是，与此同时你也有了足够的工具帮助你了解竞争对手们在他们自有媒体资产和社交媒体平台上的行动和表现。通过运用付费和免费工具的组合，可轻松获取竞争情报。

> **注意** 后续你会发现，运用付费和免费工具的组合去实现合理的数据分析将会是本书的主题之一。无论针对大型企业还是经费相对拮据、资源相对匮乏的小型企业，我们都希望大家能通过这个方式找到适合自己的万全法。

Google、Alexa 以及 SimilarWeb 提供的免费工具可以帮助你采集竞争者的网站和用户信息。当然，上述工具的付费版本在提供免费信息的基础上还可以提供更加强大的用户行为信息。进而可以帮助你回答以下具体问题：

- 竞争对手有哪些受众细分市场是你未触及的？
- 哪些信息可以作为你网站的有效参考来源？
- 竞争对手成功的关键词是什么？
- 竞争对手网站的流量来源是什么？

对于社交媒体而言，收集竞争情报不是一件难事。大部分数据对每一个有兴趣的人而言都是可以免费获得的。像 SimplyMeasured 这样的免费工具就已经可以为你提供包罗万象的跨社交平台的竞争情报数据，例如以下：

- Facebook 网页分析
- Facebook 洞见分析
- Facebook 竞品分析
- Facebook 内容分析
- Instagram 关注者分析
- YouTube 竞品分析
- YouTube 渠道分析
- Twitter 剖面分析

这些高阶分析并不总是能够给你的分析提供足够的深度。要想获得更多的信息，你也可以针对具体的社交平台借助专用工具获取更详细的数据和指标。例如，SocialBaker "度量和基准"解决方案会更具体聚焦于社交分析，你可以用特定行业的主要社交平台表现指标来对标你品牌主页的效果。类似报告可以让你切入发布评分、页面推荐、表现趋势预测以及关键词互动等的分析和洞见之中。

1.5 点击流（网络分析）

网络分析算得上是数字分析领域的"元老级人物"。与品牌网站相比，社交平台在用户使用时间层面上占据了上风，这使得市场营销从业者会更关注于内容互动及内容分析。但尽管如此，网络分析作为一名睿智、经验丰富的老成员，仍不失为一种能够提供分析和洞见的好工具。

网络分析工具从早期的日志文件分析到如今的高级度量分析工具套装，在发展过程中经历了巨大的进步。这些高级套装工具包括：

- **自定义的控制面板**：顶尖的平台往往会提供可自定义的控制面板。你可以在此基础上，根据自身业务需求对转化率、关键事件的阈值通知、KPI 以及业务目标等方面进行个性化的定制。
- **高级用户细分**：Adobe Analytics 或 Google Analytics 这类现代化的网络分析工具通常都提供用户细分分析的功能。通过借助这些工具，你可以在所有报告上建立、管理并运用这个强大的自定义用户细分功能。你希望了解 Facebook、Twitter 和邮件列表访问者在行为上的不同之处吗？对于用户细分功能而言，回答这个问题只算是小菜一碟。因为它可以轻松为你实现从概括性探索到低层次详细分析的需求，同时它也可以帮助你回答针对特定访问者群体的一些具体问题，而不是总是在总体上看流量。

此外，此类平台也可以帮你完成 A/B 测试和多变量测试。A/B 测试和多变量测试可以帮助完成对网站内容变化以及网站用户体验的反复试验，最终确定出可以转化率最高和用户满意度最高的用户体验路径。

- **移动端分析**：尽管越来越多的用户将移动端应用作为首要选择，但这并没有阻碍移动端网络用户的迅猛增长。因此移动端分析也不再只是一个锦上添花的功能。事实上，早在 2016 年底，移动端的网络流量就首次超过了桌面电脑的网络流量，这标志着我们正式步入移动端优先的时代。因此在营销计划中考虑受众设备的使用倾向和行为就变得至关重要。基于上述事实，不论是提供移动端优化的网站还是特定的移动端应用，移动端俨然已成为提供积极、有效品牌体验的核心需求。支持移动端设备的分析工具也应运而生，并可以从不同设备角度出发，提供大量的可用于移动端内容度量和分析的功能。以下常规问题都可以通过移动端分析找到想要的答案：
  ◆ 移动端流量的来源是哪里？

- 移动端用户最感兴趣的内容是什么？
- 移动端应用的使用情况如何？哪些功能可以发挥它预设的作用而哪些不能？
- 哪些移动端平台和版本最符合你网站的需求？
- 移动端访问者与你的网站的互动方式是什么？与传统的/桌面端访问用户互动方式有何不同？

值得注意的是，相对移动端网络平台而言，移动端应用的报告功能数不胜数。这也为移动应用开发工程师或品牌商们提供了详细了解用户及其应用互动的实时视角。移动端应用分析工具的版图非常丰富，其中值得一提的是 Flurry analytics、Localytics 和 Mixpanel。在此我们并没有一一列举，针对这三款工具，也需要你一一评估后再确定最适合你的方案。当然，这三款工具所提供的功能并非应有尽有，但是满足大部分营销需求是绝无问题的。

1.6 转化率分析

每个网站都一定有它存在的原因。具体而言，它可能是因为一组特定的转化事件、产品直接销售的需求、首批潜在用户的捕获，或者触发像下载白皮书这样的特定用户行为而催生的。顶级网络分析工具会基于网站存在目的提供相关的洞见，并帮助回答什么样的线上用户行为导致了最终的转化问题（无论在这里我们对转化的定义是销售、注册、潜在用户挖掘抑或其他）。

在这些分析工具中，最值得一提的便是转化分析板块的多渠道漏斗归因分析工具。它使我们不再局限于"最终点击"的归因限制。我们可以从针对特定转化目标的各种数字营销或广告渠道（包括付费搜索、付费展示、社交媒体营销、电邮营销甚至更多渠道）中获取我们所期待的洞见。

可视化用户体验路径也是一个非常有用的工具。它可以帮助我们确定用户转化率最高的路径。此外，它也可以回答一些有关优化网站用户体验的关键问题，如：哪些是网站最常见和最高效的页面入口？哪些是用户体验路径上产生阻力和失望的节点？在用户旅程中哪些步骤最容易导致用户流失？

一些像 Analytic Partners 这样的顶级供应商会提供多触点归因度量及模型。如果你希望搭建出一套预测模型，以便用来分析能够贡献转化的特定渠道，那么对于这些供应商而言，实现这些需求轻而易举。

1.7 自定义用户细分

借助自定义用户细分，你可以基于你的业务开展更相关的个性化网站分析工作。自定义用户细分可以量身打造定制化变量并确定每个单独细分用户及用户群体的定义。

对流量进行整体分析可能是一项有趣的工作，但并不是一个我们建议的分析方式。正如网络分析领域最具声望的专家之一 Avinash Kaushik 曾反复强调："数据的集合是无用的，你必须对数据进行分割"。分割则明，混合则暗。我们如今正面临着来自各种社交平台产生的海量数据。虽然不至于无从下手，但大部分平台提供的数据都是以集合的形式存在。因此这句话放在现今场景中再合适不过。Facebook 提供了一些基本的基于人口统计的细分方式，例如年龄、性别、地址等。

1.8 视觉叠加

视觉叠加虽不属于必不可少的工具，但它的确提供了一种通过视觉形式呈现网络分析数据的有效方式。视觉叠加的典型呈现方式包括热力图、点击地图、行为地图、访问者实际所处位置的地理地图等。

1.9 社交媒体报告

我们并不认同某些同仁将所有的社交档案都归类于赢得类型。毕竟真正的赢得媒体是建立在口碑、流行词之上的，因而完全有别于通过直接投资维持其社交平台品牌形象的方式。维持品牌形象需要品牌商们投入不少的时间和不菲的资金。因此，我们认为社交媒体报告更应该归属于自有媒体的范畴。

大多数网络分析工具都能提供不同程度的社交分析报告。各个社交媒体渠道应该相互结合考虑，而不是逐一进行分析。将自有媒体、付费媒体和赢得媒体结合进行整体考虑是目前营销分析的新标准。我们可以通过一些工具进行早期社交归因分析，进而度量特定社交媒体活动对重要指标及目标的具体影响效果。虽然它们存在一些限制，但确实可以提供如下功能：

- 识别那些能够带来最具价值访问者的社交推荐来源。
- 分析访问者互动最多的品牌内容以及分享最多的品牌内容。
- 了解用户在其他网站上与你的品牌内容互动的情况。
- 分析并度量每个独立社交媒体活动的表现效果。
- 为每个社交网络创建独立的用户细分。用户细分可以有效地帮助你真实地了解用户群体的不同点，并为你提供优化及个性化用户体验的洞见。
- 识别那些具有品牌内容放大效应的用户生成内容，这对实现真正的"赢得媒体"有帮助。

诚然，由网络分析工具集成的社交媒体报告仍存在一些短板：数据质量的顾虑、报告的不一致性（特别是 Facebook 的追踪记录工具），以及因跨市场和地理位置而导致的整体数据覆盖不完善等问题。例如，Google Analytics 目前确实可以支持主要媒体平台的追踪，但有些平台却被排除在外。不完整的用户行为和数字版图会让你产生认知盲点，进而作出不正确的分析及决策。

尽管将网络分析和社交媒体分析进行结合的方案看似完美，但在目前这个节点下，你最好分别使用网络分析和社交媒体分析中最好用且最适合的工具，而非直接采用结合方案。社交媒体分析版图的丰富程度和专业化给我们带来了不同的选择。但是这些选择中依然存在一些没有区别或者只有着细微区别的冗余工具，这可能会给我们带来令人沮丧的用户体验。正如早期数字营销领域中网络分析供应商的先行者那样，它们会通过并购的方式来实现整合，这种现象在社交分析产品之中也正在开展。然而这个整合尚在进行，因此市面上仍存在不少会让用户迷惑的第三方社交平台的分析工具。

1.10 用户体验反馈

客户之声（也称作访问者反馈）可以以站内调研的方式来协助你收集具体的、定性的用户反馈。所有这类工具都具有一个共同的特征，即可以持续和连贯地度量用户在网站上的实际体验。

点击流分析可以通过页面和转化提供活动流量相关的洞见，然而目前这仅是一个开始。因为点击流分析并不能提供网站上所有行为的全景图，这也是公司希望收集具体的定性反馈的原因。用户体验反馈可以帮助企业度量用户对网站的整体体验和感受，同时也可以回答以下关键问题：

- 用户是怎样评价他们在你网站上的整体体验的？
- 用户访问你网站的首要目标是什么？
- 用户是否可以通过你的网站完成他/她期待完成的首要任务？
- 网站体验可以在具体哪些方面进行提升？

像 iPerceptions 和 ForeSee Results 等工具，除可以提供网站调研服务之外，还可以提供一些额外的服务，如整合网络分析、提醒重大改变的阈值报警、对标垂直领域等。

通过结合点击流的定量分析以及用户体验反馈的定性分析，可以解答自有媒体资产的运行状况及需要改进的方向方面的问题。

1.11 实时网站分析

实时网站分析和传统的网站分析在功能上确有重复。实时网站分析,顾名思义,即具有超高的运行速度的分析。因此,实时分析可以让你了解目前在网站上正在发生的一切活动和事件。

类似 Chartbeat 和 Parse.ly 等实时网站分析解决方案,为管理内容发布及媒体网站的前线员工们提供了有效的洞见。假设该解决方案的终端用户服务于销售、市场和内容等领域,且并不希望被淹没于大量的数据和报告中,那么实时解决方案对几乎任何公司的终端用户都非常实用。因为它们可以为每一个用户细分领域提供实时的用户体验优化方案。

实时分析工具可以以秒为单位来分析用户在网站上的活动及行为,并产出相关报告。你可以通过这些工具来了解用户的页面活跃度和用户最倾向的页面互动内容,以及用户消费、分享和忽视最多的内容类型和话题,如果说网络分析关注于点击流分析,那么实时网站分析则是聚焦于每次用户点击之间所发生的一切。

1.12 参考文献

[1] "Ad Trackers Are On More than 75% of Websites;" Rahul Chadha, eMarketer, January 8, 2018. https://www.emarketer.com/content/ad-trackers-are-on-more-than-75-of-web-pages

[2] "eMarketer Scales Back Estimates of Ad Blocking in the US," eMarketer, February 15, 2017. https://www.emarketer.com/Article/eMarketer-Scales-Back-Estimates-of-Ad-Blocking-US/1015243

[3] "Audience Data: Where Marketers Are Investing Their Spending," Rahul Chadha, eMarketer, December 11, 2017. https://www.emarketer.com/content/this-is-where-marketers-are-spending-on-us-audience-data

第 2 章 Chapter 2

简析数字分析概念

数据及数字分析正以前所未有的速度进入市场营销领域,并将分析专家们推到了聚光灯下。以数据驱动的决策制定正呈现爆发式增长态势,这极大程度地带动了营销策略及分析工具的改变。在本章中,我们将深入探讨数字分析概念,这些内容可以为市场营销及传播工作者厘清一些重要的信息,从而帮助他们在激烈的市场竞争中脱颖而出。

此外,数字媒体的大规模泛滥也改变了市场营销从业者所面临的机遇,即从信息传递性质的营销活动转变成相关性及个性化消费者体验的构建。因此,数字数据和数字分析进一步推进了数据的可用性,从而能够指导市场营销从业者更好地策划营销活动、更有效地优化营销活动并以更稳健的方式来度量营销效果。同时,数字数据及数字分析也重新定义了该行业的营销及媒体产品。

对市场营销从业者而言,处于这种加速发展的环境存在的最严重弊端之一就是缺乏对关键术语的熟识。目前,市场上围绕着数字数据和数字分析的语言及词汇都缺乏清晰的说明,包括每个指标的含义、哪个指标最重要、每个指标要如何收集、如何制定目标,以及哪些指标与该目标匹配等。所以,接下来让我们深入探讨以上这些内容,从而帮助你了解如何设定合适的目标、哪些是数字分析的关键指标,以及如何将这些指标与传统的营销策略匹配。

2.1 从顶部开始

在深入研究具体的指标之前,重要的是为营销活动确定适合的指标。多年来,市场营销及公共关系的教科书一直在教导学生如何设定可度量的目标,但媒体及营销传播领域仍然在快速发生变化。营销专家可以通过新的渠道、平台及策略来触及客户，但这些内容不会出现在教科书中。

然而，使用新渠道触及客户并不意味我们要改变获取有意义的且具备相关性的指标的方式。那么，可度量的目标是由哪些部分组成的呢？每一个市场营销从业者，无论是数字领域还是其他领域，都应该知道以下三个方面：

- **行为**——这是目标设定的最关键组成部分。你是否希望提高品牌在目标受众中的知名度？或是希望目标受众采取某种行动？坐下来，花点时间把你期望从营销方案中获取的行为写下来。
- **变量**——确定你希望多大程度地改变行为很重要。它可以由一个原始数字来表示（例如，预计进入商店的新用户数量将增加5000），也可以由一个百分比来表示（例如，预计进入商店的新用户数量将增加10%）。
- **时间**——每个目标都应该包含时间要素。无论是一年、一个月，还是一个星期，专业人士都会确定营销项目或营销活动的持续时间。

市场上有很多可用的指标，但用来判定营销项目成功与否的实际使用指标，应该根据你想要实现的预期行为来进行选择。例如，你想要提高品牌知名度，那么与之适应的指标则可能是曝光量、页面浏览量，或是用户触及率。同样，如果你想吸引消费者访问某一网站，那么与之最适应的指标则将是追踪点击及访问的转化次数。

你需要花些时间来制定一些至关重要的信息，包括：计划改变哪些行为？这些行为的优先级应如何排序？实现这些行为的改变预计要花费多长时间？如果没有这些信息做基础，你很有可能会误入歧途，如，分析过多的数据点、分析错误的数据点，最严重的甚至可能是始终没有真正理解应该如何执行你的营销项目。

2.2 运用度量框架

数据可以提供你想要了解的几乎所有信息，而且几乎任何营销活动都可以被重新设计为一个听起来像是"完胜"的结果。因此对于市场营销从业者以及那些使用数字分析的人而言，至关重要的一点是要充分了解度量以及报告内容的上下文。通过创建度量框架可以确定出相关责任描述，从而真正实现共赢的愿景。

度量框架的工作原理是根据业务或品牌的目标来一步步制定出相应的指标。当需要跨渠道或跨平台开展复杂营销活动时，它在沟通协作方面通常能够发挥出团队合作及统一语言的作用。

图2-1是一个简单框架的使用示例，该框架的指标与KPI及业务或品牌的目标是匹配的。你可以设置一个宏观层面的度量框架，用样本指标替代未知的生态系统，或者也可以

设置一个针对具体渠道或平台的投资层面的框架。无论哪种情况，都必须根据企业对成功的定义来确定框架的具体内容。同时，这些框架也必须丰富、立体，以充分支撑关键业务或品牌目标。

目标	创建知名度	构建品牌个性	树立个人品牌
关键绩效指标	↑ 触达量 曝光量 回忆度 声音份额 ↓	↑ 情绪 对话量提升 内容消费 ↓	↑ 相关度 熟悉度 互动量 ↓
指标	见解 曝光量 独特的观点 截屏	分享或转发 互动率 评论 喜爱	喜欢量/不喜欢量 点击/浏览量 订阅量 注册量

图 2-1　记分卡格式示例

这些目标通常是由企业的 CMO、董事长或经理设定的，他们会对企业的营销投资整体战略及绩效负责，且设定的这些目标须能指导所有投资决策及战略决策。

关键绩效指标（KPI）通常是企业战略与度量团队工作效果之间的纽带。这些指标可以跨生态系统工作，并总结营销要如何运作以实现特定目标并达到预期结果。KPI 的通用语言可以使不同的营销生态系统协同工作，从而实现一个共同的目标。

通常，我们会结合渠道/平台的特性来设立这些指标，这项工作通常由分析团队主导完成。同时我们也可以设立一些关键的数据点，用来代表渠道或平台级绩效的转变。

在后续的章节中，我们将深入探讨 ROI 及 KPI 框架，当你在思考哪些指标与报告最相关的时候，最好能想到这些术语。

2.3　确定自有社交媒体和赢得社交媒体的指标

社交媒体指标可能是传播从业者最熟悉的指标，因为现在大多数的营销项目都与社交媒体相关。目前，市场上可供专业人士使用的指标有很多，但是这也导致了在选择"适合的"指标方面更具挑战性。由于每个平台都有其自有指标，从而造成了专业人士选择"适合的"指标的复杂性，同时也加大了跨平台开展并行对比工作的难度。为了简化该过程，我们把社交媒体指标分成两个类别：

❏ **自有社交媒体指标**——这些指标与你当前维护的社交媒体渠道相关（Facebook 主页、Twitter 账户、YouTube 频道等）。

❏ **赢得社交媒体指标**——当传播方案制定完成时，专业人士希望营销项目或品牌相关的对话也能在自有社交媒体之外的渠道开展，从而进一步设计出了相应的指标。对于营销项目或品牌非直接"推销"而产生的对话，可视为是赢得的。赢得社交媒体有很大的潜力可以帮助团队实现目标，因此你可以把它囊括至你所制定的度量策略中。

接下来，我们会用几个小节的篇幅来深入探讨自有社交媒体类别以及赢得社交媒体类别的具体指标。需要注意的是本章介绍的指标都是市场上最常见的指标。营销项目相关的指标必须与期望改变的行为一致。检验其他指标或许很有趣，但是会浪费精力。就指标选择而言，相关性胜过趣味性。因此，需要确保你选择的指标与你集中精力想要改变的行为及结果相关且一致。

2.3.1 自有社交媒体指标

如果你是一个传播从业者，目前正在为你的企业或客户制定一套营销方案，且方案中没有包含社交媒体部分，那么这种情况其实很少见。这并不是说所有的营销方案中都要包含社交媒体，只是在大多数情况下，社交媒体活动有其存在的必要性。

有很多种方式可以用来分析该主题（自有社交媒体指标），但我们认为，最有效的方式是通过传播专家们所使用的社交媒体平台来分析出相关指标。请注意，此处列出的都是主流社交媒体平台的指标，并非面向整个社交平台生态系统。因此，对很多相对边缘化的社交媒体渠道，我们在此不做深入探讨。

> **注意**　以下内容是针对大型社交媒体网络中，那些关键的自有社交媒体指标所做的描述。当然，你还可以选择其他指标。但请时刻切记，要把选择的指标与期望改变的行为结合起来看。所以，可以将此处我们列举的这些指标作为好的切入点。

Facebook

Facebook 是时下最流行的社交网络，拥有超过 20 亿的用户。如果你正在阅读本书，那么你也很有可能正在为一个品牌或客户维护其主页，你也可能创建了一个可以用来分享照片、喜欢的文章以及关于你自己的动态的个人主页。如果你正在管理一个 Facebook 上的品牌主页，那么你就有权限去访问 Facebook Insights。Facebook Insights 是 Facebook 系统自带的免费分析平台，它可以让品牌主页的所有者看到他们页面的运营情况指标，同时也可以获取与受众有关的洞见。

如果你最近登录过 Facebook Insights 系统，那么你就会知道它有多令人生畏。系统上有许多可选用的指标，然而你却不清楚应该选择哪一个指标来使用。还是那句话，你计划选用的指标应该取决于你想要改变的行为。然而，依然存在着一些几乎所有传播专家们在评估网页表现时都会关注使用的流行指标。以下是相关介绍：

- **总点赞数**——这或许是最常见且最容易理解的指标，总点赞数就是有多少人"赞"过你的主页。
- **触及率**——是指看过你内容的独立用户数量。这会影响你其他指标的选择：互动量、点赞数、评论数以及点击数。Facebook会将触及率细分成一些子类，包括自然触及、付费触及、病毒式触及、主页触及以及发帖触及。自然触及是指帖子通过非付费方式发布并可以被看到的独立用户数量。付费触及是指帖子通过Facebook上的广告发布并可以被看到的独立用户数量。病毒式触及是指通过朋友而看到品牌主页发布信息的独立用户数量。主页触及是指看过你品牌主页的独立用户数量。最后一个，发帖触及是指看到你发布的单条内容的独立用户数量。
- **曝光量**——是指你主页发布的帖子被曝光过的次数，与帖子是否被点击无关。无论人们是喜欢还是不喜欢你的主页，只要帖子被人们看到了都可以算成曝光量。人们可能会看到同一个帖子被多次曝光。
- **互动用户量**——是指在一段限定时间内，点击了你发布的某一篇帖子的用户数。这个数字可以成为一个良好的基准，以统计Facebook主页上实际有多少人阅读了这一篇帖子。
- **互动度**——是指看过你某一篇帖子并对其做出反应、分享、点击或评论的用户数，与看到这篇帖子的用户数相除得到的百分比。请注意，一些企业通过包含或排除特定的指标而修改了互动度，这是没有问题的。我们介绍这些指标的目的是提供标准的定义，你可以根据自己的业务来对其进行适当的应用。
- **视频指标**——Facebook上越来越多的帖子是以视频格式发布的。Facebook为用户提供了许多不同的视频指标，但我们更倾向于使用其中三个特定指标。第一个指标是视频观看量，具体是指你主页上的视频被受众观看超过三秒的观看数。第二个指标是视频观看率，即用视频浏览量与可以看到这条视频的人数相除。最后一个指标，我们倾向于查看视频的四分位值来衡量用户的互动度。这里所说的四分位值是指测量单个用户观看视频的程度，通常表示为25%、50%、75%、100%。
- **能效指标**——如果长期关注市场营销以及传媒行业的出版物，你就会知道在Facebook上触及率的下降主要源于这些自然活动。因此，度量能够触及受众内容的能效变得越来越重要。在度量能效时，你应该考虑哪些关键指标？第一个指标是每次提及成本（Cost Per Mention，CPM）。每次提及成本指标的计算方法是某个营销广告活动花费的总金额除以曝光量，然后再乘以1000。第二个指标是每次互动成本（Cost Per Engagement，CPE）。每次互动成本指标的计算方法是发布帖子的总花费除以帖子的互动量。我们知道，帖子互动量是一个模糊的术语，但它是有存在意义的。Facebook 有许多不同的帖子互动量指标，但你应该选择最适合你业务的那些。最后一个关键的能效指标是每次观看成本（Cost Per View，CPV）。这个指标是用视频总花费除以视频观看三秒及以上的数量计算得来的。

- **帖子的点赞数、评论数以及分享数**——我们前面提及的这些指标都是主页级别的指标，但是我们也需要关注一些帖子级别的指标。"点赞数"是指某个帖子被点击过"点赞"按钮的人数。"评论数"是指人们对某个帖子发表过观点的数量。"分享数"是指用户将你帖子的内容分享到其个人主页的人数，用户分享操作可以为你的品牌带来赢得媒体效应。

Twitter

自本书第 1 版编写以来，Twitter 在数据采集及分析方面的功能有了显著的增强。现在，用户可以通过系统自有的分析平台获取一些常规的指标信息，例如关注者数量、转发量、回复量及点赞量，还有一些关于提及次数、曝光量、主页资料访问次数等大量的社交媒体数据。与 Facebook 一样，Twitter 上的付费广告越来越多。因为各大品牌都想要垄断大部分用户最常关注的那些新闻。以下是一些可以评估你在 Twitter 上运营效果的常用指标：

- **关注者数量**——与 Facebook 上的点赞数类似，关注者数量是指关注你 Twitter 品牌账号的用户总人数，这是一个可以直接体现受众规模的快照。
- **转发量**——是指关注者将你的内容分享给他们粉丝的总人数。
- **提及量**—— 提及量是指人们在 Twitter 上直接提及你品牌的数量。
- **视频观看量以及观看完成率**——与 Facebook 一样，Twitter 上越来越多的内容是以视频形式发布的。Twitter 的视频观看量是指观看一个视频达到 3 秒的总人数。然而，由于受众观看视频时，系统具有自动播放视频的功能，因此这个方式也遭到了一些用户对 Twitter 平台的抨击。与实际真正观看视频的用户数量相比，这种方式会直接增加视频总观看数指标。但我们并不是说这个指标无效，重要的是你要意识到，当在对比不同社交媒体平台的视频用户互动量时，Twitter 视频观看量可能会比其他社交平台的结果高出许多。观看完成率，顾名思义，是指针对发布的视频完成观看的总人数。
- **能效指标**——如今，许多品牌在 Twitter 上都是以付费媒体的形式来发布内容的。因此，度量你的内容是否有效触及了目标受众这一点很重要。在 Twitter 上需要度量三个重要的能效指标。第一个指标是每次互动成本（Cost Per Engagement，CPE）。Twitter 上的每次互动成本指标与 Facebook 上的每次互动成本指标度量方法很类似，都是用总互动人数除以总曝光量计算得来的。第二个指标是每次观看成本（Cost Per View，CPV）。每次观看成本是用总费用除以视频观看达到三秒的总人数计算得来的。最后是每次点击成本（Cost Per Click，CPC），是用总费用除以发生的点击次数计算得来的。选择这三个能效指标中的哪一个，取决于你的目标。例如，你的目标是带动另外一个数字平台的点击量，那么每次点击成本指标则是一个比其他都重要的指标，如果你的目标是希望当前受众及潜在的新关注者最大化消费你的视频内容，那么每次观看成本指标则相关性更强。

- **点击量及点击率（Click-Through Rate，CTR）**——点击量是指对于你所分享的某个链接，获得人们点击的次数之和，点击率是指点击量除以有机会点击链接的人数，通常会用百分比表示。需要重点关注的是，如果你没有采用链接缩短服务（如Bitly），想要追踪点击量则是不可能实现的。直接在Twitter或Facebook上发布帖子，是无法追踪帖子的点击次数的。像Bitly这样的链接缩短器不仅能够追踪到缺失的信息，并且还可以将信息全盘展示。因此，我们建议可以将你要发布的链接与适用的链接缩短服务器相结合，从而避免在度量结果及报告中产生信息缺口。

 链接缩短服务是将一个非常长的网站字符缩短成能够适用于推文或者Facebook内容的字符长度的服务。它们还支持将缩短的链接自定义化或品牌化。

- **曝光量**——是指发布的内容被人们浏览或有机会被人们浏览的次数。Twitter上的曝光量指标存在一些争议，因为一些分析工具会将回复的数量纳入曝光量的计算中。如果你在Twitter上回复某人，那么可以看到这条回复的人只包括了你、收件人以及两个账号相互重叠的关注者们。如果你正在使用社交媒体管理工具，那么你应该去了解它是如何计算曝光量的。如果计算曝光量的方式是手动的，那么你应该手动从计算分析中排除掉回复的数量，从而获取最精准的结果。

YouTube

与Facebook一样，YouTube为企业的渠道负责人提供了一个强大的自有分析平台，可以用于追踪营销活动效果并生成报告。结合平台自身属性以及具体视频与目标受众产生共鸣的方式，YouTube也提供了相关的指标。平台负责人也可以借此获得大量的可用数据，以下则是最流行指标的示例：

- **浏览量**——YouTube上的浏览量可以细分为某一视频被人们观看的次数，或者YouTube某一品牌频道被人们观看的次数。当浏览时长超过30秒时，会被计为一次观看。
- **订阅量**——是指注册了YouTube网站，并能接收到你推送内容的用户数量。
- **喜欢量/不喜欢量**——是指受众喜欢或不喜欢某个视频的数量。通常会以一个原始数字表示，但也可以将数字进行聚合，用来显示几个视频中用户喜欢或不喜欢的比率。
- **评论量**——是指某人对你发布的视频或你的品牌频道所发表评论的次数。
- **收藏量**——是指视频浏览用户点击收藏链接以显示他们对某一特定视频喜爱程度的次数。
- **分享量**——是指你的视频在另一个社交网络上被发布的次数。YouTube 可以将这些分享次数汇总成为这个分享量的单个指标数字。
- **视频观看率**——YouTube 上的视频观看率可用你的视频被观看的次数除以视频在平台上的曝光量得到。
- **能效指标**——YouTube 上度量社交媒体能效最常用的指标是每次观看成本（Cost Per View，CPV）。YouTube 的每次观看成本指标与 Twitter 及 Facebook 的计算方法类似，是用总花费除以视频观看达到 30 秒的次数得到的结果。

关于 YouTube 值得关注的重要一点是，大多数情况下，可以将众多受众互动指标的数值最终合并成为一个指标数值。例如，如果你是渠道负责人，你可以将视频喜欢量、评论量、收藏量聚合成一个数值，以显示总体的用户互动量。或者，类似地，你可以用聚合后的数值除以视频曝光总数，计算得到一个互动率的数值。

SlideShare

人们通常不会把 SlideShare 视为一个流行的社交网站，但自从它 2012 年被 LinkedIn 收购后，就变得越来越流行。它是全球访问量最高的 100 个社交网站之一，并且用户上传操作超过 1800 万次、覆盖了 40 个不同的内容类别。另外，该网站有 7000 多万月活用户，每月的主页浏览量达数亿次。这是一个非常有价值的平台，可以为品牌商提供有关思想领导力的内容。如果你正在负责一家上市公司的品牌或产品的传播工作，这个平台还可以向关键干系人提供盈余公告、投资者推介，以及他们感兴趣的其他文档资料。尽管没有特别多可用数据供采集，但平台负责人仍可以发现一些可用指标：

- **关注者数量**——这相当于 Facebook 主页上的点赞量或者 Twitter 上某一账户主页上的关注者数量。当你决定在 SlideShare 上关注某人或某品牌时，你会在该账号发布新内容后自动收到通知，无须像在 Facebook 或 Twitter 上那样要手动进行检查。
- **浏览量**——是指你上传至社交媒体平台主页上的内容（文档和演示文稿）被人们浏览的次数。
- **评论量**——浏览过你内容的用户可以以发表自己观点的方式来加深内容的讨论。这个指标用来度量这类评论的数量。
- **下载量**——是指采取行动并点击下载来保存演示文稿副本的人数。
- **分享量**——你在 SlideShare 上传的所有内容都可以被分享到多个社交媒体平台。追踪你的内容被"选中"分享的频率以及其"去向"是非常重要的，因为这代表它在内容共情度方面具有很强的感应能力。这种具有赢得媒体效果的内容也应该被采集并报告，以便让你了解你发布和推广的哪些单个内容可以产生病毒式传播的效果。

Pinterest

当我们编写本书第 1 版时，Pinterest 大约拥有 1200 万用户。后来，随着视觉类网站以及相关社交平台的爆发式增长，Pinterest 目前已经拥有超过 1.75 亿月活用户，遍布全球。当用户在网络上发现感兴趣的图片时，Pinterest 可以为用户提供创建虚拟图板的空间。特别是对那些主要业务是零售、需要面向消费者的企业而言，他们在 Pinterest 上创建了品牌频道，相应的数据量也有了增长。值得庆幸的是，自 2014 年以来，Pinterest 平台的自有分析功能也得到了改进。Pinterest 建立了一个强大的数据分析及广告宣传平台，为用户提供能够查看品牌商图板及内容表现的窗口。以下是一些用户可用的关键指标：

- **关注者数量**——与前面所列的其他社交网络一样，Pinterest 上的关注者数量是指选择浏览你频道内容的总人数。
- **图板数量**——是指用户为其账号所创建的独立图板的数量。当前正在使用 Pinterest 的企业通常会根据产品类别来创建图板。
- **Pin ⊖ 图数量**——这个含义很简单，是指用户创建到自己 Pin 图图板的图片或视频的数量。
- **点赞数**——与其他社交媒体渠道相同，用户可以为喜欢的内容"点赞"。这个指标是用来计算这些"赞"的数量的。
- **再次 Pin 图的数量**——如果你喜欢其他用户已经 Pin 过的内容，那么你需要点击"保存"按钮才能分享给你的 Pinterest 关注者。这个指标是计算再次 Pin 图的数量。
- **评论量**——与其他社交媒体渠道一样，用户可以针对某一内容发表自己的看法和观点。该指标就是这些评论的数量。
- **曝光量**——曝光量是指你个人资料中的 Pin 图/视频出现在 Pinterest 主页推送、分类推送以及搜索中的次数。平均每月的浏览者包含那些从你的个人主页可以看到其 Pin 图的人。
- **点击量**——在这里，点击量就是其字面含义，是指在你个人主页中的 Pin 图被点击的次数。
- **互动度**——是用看过一个 Pin 图/视频的总人数除以 Pin 图/视频的总操作数计算得出的。
- **能效指标**——自从本书第 1 版出版以来，Pinterest 的广告平台持续在增长，因此需

⊖ Pin（图钉）：把自己感兴趣的图片用图钉钉到 PinBoard（钉板）上，类似于做简报。——译者注

要重点关注两个重要的能效指标。第一个指标是每次提及成本（Cost Per Mention，CPM）。Pinterest 的每次提及成本指标的计算方法与 Facebook 的类似。第二个指标是每次互动成本（Cost Per Engagement，CPE）。CPE 的计算方法是曝光量除以操作总数。

Instagram

我们猜测，大部分正阅读本书的人在 Instagram 可能都是活跃用户。自从本书第 1 版出版以来，这个广受欢迎的照片分享应用程序就迅速流行起来，这个结果很大程度上是由于它被 Facebook 收购了。Instagram 目前有超过 8 亿的月活用户以及 5 亿的日活用户。在美国，目前有超过 30% 的网民使用 Instagram，现在该平台已有 100 多万的广告商入驻。随着越来越多网民的行为模式从基于文字交流转为基于图片交流，可以肯定的是，Instagram 上的用户数量会持续增长。会有越来越多的品牌商使用这个平台，它们可以通过交互式营销活动及在视觉上有吸引力的广告单元来触及其关键受众。品牌商可以使用平台的许多指标，这些指标主要可以分为以下三个类别：

- **综合指标**——品牌商可以在这个大类别中抓取到 4 个关键指标。第一个指标是曝光量，是指你的广告可以呈现在用户屏幕前的次数。第二个指标是触及量，即那些可以浏览你发布的帖子以及文章的且具有唯一身份的用户数量。第三个指标是网站点击量，是指那些包含在你企业资料描述中的链接被点击的次数。最后一个指标是企业资料浏览量，即浏览过你企业资料的且具有唯一身份的账户总数。

- **帖子指标**——除了追踪点赞数以及评论数之外（这是不言自明的），用户还可以追踪其他五个指标：保存你发布的帖子且具有唯一身份账户的数量，每篇帖子的曝光量，每篇帖子的触及率，以及每篇帖子的互动度，即那些点赞、评论或保存一篇帖子且具有唯一身份的人数。像本章概述的其他社交平台一样，越来越多的帖子是以视频形式呈现的。因此，用户还可以去追踪视频观看量，也就是你的视频被观看的总次数。

- **限时动态（stories）**——Instagram 限时动态是用户获取 24 小时内所发生的实时活动的一种方式。可供品牌使用的限时动态有许多指标。展示量是指你的限时动态被观看过的次数。限时动态也可以获取触及率指标，这是指看过你限时动态且具有唯一身份的账户数量。用户也可以获取往返点击次数的指标，也就是受众点击想要跳转到下一个内容或限时动态的操作，或者点击想要回顾上一个内容或限时动态的操作。退出次数是指某人离开限时动态观看状态返回到他们每日推荐页面的次数。

> **注意** Instagram 也具有采集直播内容的功能，但是目前还没有供直播用户使用的指标。预计 Instagram 以及其他社交媒体平台上针对"直播"类媒体的数据分析及相关指标，会在 2018 年及以后大幅发展并持续完善。

Snapchat

与 Instagram 发展的许多原因相同，自本书第 1 版出版以来，Snapchat 也呈现出了爆发式增长。Snapchat 是 2011 年 9 月发布的一款关于手机照片传输信息以及多媒体分享的应用程序。最初发布该程序的目的是希望用户可以通过私人信息来分享那些暂时性的图片，这些图片可以在一个指定的时间段内被浏览。尽管这个应用程序的起源是基于图片信息的分享，但现在视频传输信息也已成为该平台的一个重要功能，每天平台上都会有 100 亿的移动视频被用户浏览观看。在过去的三到四年里，Snapchat 的用户数量在持续增长，现在平台已经有超过 2.25 亿的月活用户。然而，随着 Instagram 以及 Facebook 的限时动态的兴起，在本书出版时，Snapchat 平台用户的增长及使用就开始呈现出停滞的状态。尽管其未来尚不明朗，但可预见的是，对于一些特定受众（尤其是对于千禧一代及 Z 世代）而言，他们仍将会选用 Snapchat 来发布视频及图像内容。以下是在 Snapchat 上可以追踪的五个重要指标：

- **浏览量（唯一用户账号）**——是指打开第一个视频或者图像并至少观看了一秒钟的人数。对每个观看者，Snapchat 只计数一次，因此它可以提供关于每张照片或视频浏览量的准确度量数字。
- **截屏量**——在 Twitter 及 Facebook 等其他平台上，我们通常可以通过互动量如点赞量、评论量以及转发量等来追踪互动度。在 Snapchat 上，用户的互动度是通过对一个特定片段的视频或图像进行截屏操作来统计人数而得出的。
- **观看完成率**——这个指标用来度量有多少受众看完了你发布的内容。
- **衰减率**——衰减率的计算很简单，只需要找到一个快照与下一个快照之间浏览量的差值，用差值除以第一个快照的浏览量，然后乘以 100 即可得到衰减率。
- **每日活动时间**——虽然 Snapchat 不提供受众的行为指标，但你可以通过追踪不同发布时间的用户互动度来了解受众的关键活动时间。

 提示　Snapchat 正在为品牌商提供越来越多的付费媒体机会，品牌商可以通过这些付费媒体采集的数据以及分析的结果来补充未涵盖在上述清单中的指标及受众洞见。但是，在此我们不会对付费媒体展开介绍，因为目前这些付费媒体都非常昂贵，而且大多数品牌商不会经常使用它们。

LinkedIn

LinkedIn 是一个面向专业人士的社交网络平台，它可以支持注册用户：联系过去及现在的同事、寻找新工作、发现新商机，并且可以与特定的行业专家建立联系。自本书第 1 版出版以来，该平台已经成为各大品牌商通过新闻推荐及企业品牌主页向那些专业受众投递内容的有效途径。截止到 2017 年 4 月，它已经拥有超过 5 亿的用户，对于品牌商而言，这是一个不容忽视的平台。尽管对于外界而言，平台的广告功能似乎更像是一个黑匣子，有很多尚未知晓的逻辑信息，但对于品牌主页的负责人而言，依然有一些可用的指标。

- **访客分析**——这个指标被分解成流量指标以及访客基本信息数据。LinkedIn 让用户可以获取其页面的浏览量，也就是你的主页被浏览的次数。你也可以追踪具有唯一用户账号的访客数量，也就是 LinkedIn 的注册用户访问过你主页的次数，此处平台可以排除掉对单个页面的重复访问次数。该平台还提供了强大的基本信息数据采集功能，通过这些数据，可以让你对访问过你主页的受众有所了解。
- **内容分享量及点赞量**——顾名思义，这个指标用来统计分享或点赞你发布的内容的受众人数。
- **广告指标**——LinkedIn 推荐了一系列可以评估广告效果的指标——涵盖了包括曝光量、点击量、总互动度、每次点击成本、每次提及成本以及与用户社交行为相关的方方面面的指标。本章详细地讨论过其他平台对其中许多指标的定义，LinkedIn 对这些指标并没有特别的定义。假如你打算在 LinkedIn 上投放广告，记住要把你所设定的指标与业务目标对齐，就像我们在本章前面所概述的那样。

2.3.2 赢得社交媒体指标

最佳的营销方案会通过使用适当的渠道来与目标受众产生共鸣，但社交媒体的爆炸式增长也催生出了需要检验的另一个层面。这个额外的一层可以用许多术语来描述：赢得媒体、赢得报道，或者就社交媒体而言可以描述成赢得对话。当市场营销人员将创建的内容发布在自己的社交媒体网络上时，他们希望这些内容可以传播给他们已拥有的粉丝、关注者或社群之外的受众。这种传播可以以用户分享操作的形式开展（这部分的内容我们在本章前面已经介绍过），或者也可以通过用户在更广泛的社群中以自然交谈的形式进行。

企业传播负责人可以追踪两种不同类型的赢得社交媒体指标：

- **赢得对话**——这些社交媒体对话会发生在自有社交媒体平台之外。
- **网内对话**——企业传播负责人应该在在线社群群体中培养一种贡献意识。分别追踪这类网内对话的内容是非常有价值的，得到的结论可以帮助你了解这些内容是如何积极推动受众行为的（通常会获得附加的用户互动）。

大多数数据都是通过社交聆听平台采集的，这部分的详细内容会在下一章中讨论，但我们在此也会列出大多数企业传播负责人在评估赢得对话时会去采集的主要数据点，如下：

- **声音份额**——大多数企业宣传负责人都熟悉市场份额的概念，声音份额与其非常相似。声音份额（通常以百分比的形式表示）是一个品牌与另外一个品牌相比，产生对话量的比例。

- **对话份额**——对话份额通常会被忽略，但在我们看来，相比声音份额，对话份额是一个更详细、更准确的衡量标准。它可以用来衡量人们对广泛行业领域的产品或营销活动的认知程度。这个指标也通常会以百分比的形式表示，是指一个品牌与更广泛的行业领域相比，产生对话量的比例。声音份额通常是用于评估品牌级绩效的指标，而对话份额则是用于评估特定的产品、服务或话题级绩效的指标。
- **情绪**——有关情绪的话题极富争议。简而言之，它是关于一个品牌或产品，正面的、负面的或中性的（介于正面和负面之间）对话的数量。
- **信息共鸣**——你的公司以及你的营销宣传项目很可能正在尝试向受众传播一些具有战略意义的重要信息。此时，关键是要了解社群接受这些信息的程度（好或坏）。可以通过查看一些关键词及短语在品牌相关的社交对话中出现的频率来进行度量。另外，许多品牌已经开始利用传统的调查研究及向社交平台受众提问的方式来确定信息共鸣的程度。
- **整体对话量**——以追踪一段时间内对话量的方式来了解信息被受众接收的程度，这一点也至关重要。同样，了解一个品牌在社群中的可见度也很重要。如果对话量的趋势线看起来像过山车，则是时候开始重新审视你的社交媒体战略了。在评估整体对话量的时候，需要注意的关键一点是搜索字符串。你需要确保用于搜索的字符串尽可能精准，这样就不会出现对话量被夸大的情况。

赢得社交媒体指标的另一个元素是网内对话。是指社群自行生成的对话或内容，并把它们发布到了自媒体平台。这部分指标很容易理解并采集，因为这些指标与之前针对特定社交媒体渠道所概述的指标基本相同。唯一存在的区别是，企业传播负责人不应该只关注那些高视角的品牌主页层面的表现（点赞量、关注量、订阅量等），还应该关注帖子层面的数据（评论量、每篇帖子的点赞量、每篇帖子的分享量等）。

社交媒体拥有非常丰富的数据资源，并且随着社交媒体的主流化，将会涌现出更多的可用数据。由于数据量很大，我们的注意力很容易被所有潜在的数据点分散掉。如果你能关注我们列出的这些指标并思考如何将这些指标应用于你的目标中，则可以确保工作方向的正确性。话虽如此，社交媒体数据却只是所有难题中的一个。企业传播从业者还需要收集本章其余部分所描述的其他数字数据信息。

2.4 揭开网络数据的神秘面纱

大多数企业传播负责人都或多或少地接触过一些网络分析工具（如 Google Analytics 以及 Adobe Analytics）。然而，对于市场营销及传播领域专家而言，网络数据往往是一个令他们感到困惑的数据源。

对于市场营销从业者而言，好消息是，不同于社交媒体平台，网络分析在工具及供应商方面的标准化程度会更高，这也就意味着无论你最终选择哪种工具来收集网络数据，得到的结果都会非常相似。页面浏览量、访问量、独立访客量和平均停留时长都是网络分析工具标准指标的简单示例。但坏消息是，存在太多可用于采集和报告的网络数据，这一点与社交媒体数据相同。

市场营销从业者应该从哪里入手？无论选择何种工具，供应商一般都会提供一个培训方案，但你决定使用的网络指标需要与你试图改变的行为保持一致。如果你在持续关注要度量的目标，那么在数据海洋中选择出合适的指标应该不存在什么挑战，基于你已经完成的准备工作，便可以轻松剔除与你计划无关的那些指标。那么，企业传播负责人通常会选用哪些指标呢？在追踪网络有效性以及了解网络与其他社交媒体渠道的相互关系方面，你可以做很多事情。简单说来，以下内容是当今企业传播负责人使用最频繁的指标：

- **访问量**——根据所讨论的社交媒体平台，访问量是指人们访问过你网站的次数。访问量是以唯一用户账户进行统计的，例如当某一用户进入你的网站，点击一些链接，然后离开，这就算是一次访问。假如这一用户又快速地返回到了该网站，那么也会被视为是相同的访问。
- **唯一用户页面浏览量**——是指同一用户在同一会话期间所产生的页面访问量的总和。
- **跳出率**——跳出率是以百分比来表示的，是指只浏览了一次网页就离开网站的访客百分比。
- **每次访问的页面数**——这也许是最容易理解的指标。是指一个用户在单个会话期间访问的页面数。重要的是要了解一个用户在会话期间访问了多少页面及访问过哪些页面，进而查看哪些内容引起了用户共鸣。
- **流量源**——从本质上讲这并不是一个指标，但是了解流量源有助于将社交渠道的内容与网站相匹配。
- **转化量**——转化量可能是目前最具争议的指标，因为它并不适用于所有场景。在某些情况下，企业会使用社交媒体渠道来提高品牌知名度。在这种情况下，传统意义上的转化量会不适用。如果你正在研究转化量，那么你应该了解它是指某位用户在你的品牌主页上展开操作的次数总和，或者是在该页面上花费的金额数。如果一个访客下载了一份白皮书，从网站上购买了一些产品，甚至是通过电子邮件申请了优惠券，这些行为都可以被视为是一次转化。不管用户如何操作，转化量都是企业传播负责人需要持续追踪的一个重要指标。它可以清晰地展示营销项目的价值。因此，我们建议你为你的营销项目重新定义转化量：转化量应该是用户在网站通过点击可以带来相关结果或行为的操作数量统计，而不应该将其定义为与一次点击直接相关的销售或营销线索的操作数量统计。针对前文的例子，如果你是一个市场营销从业人员，正在试图触及并引导一个 B2B 领域的受众，那么转化量可以被定义为访客点击并下载了白皮书，这样的指标会更具相关性。

2.5 数字广告概念

如果你已经探索过数字广告领域，那么你很可能会对着手开展的工作感到不知所措。首先，这个领域充满了专业术语，对你来说这些可能都是新词汇。其次，取决于你所开展营销活动的类型，涉及的数据源没有上千可能也有几百个。再次，对于一个品牌商而言，他可以购买的广告单元类型也可以达到成百上千个。那么你要如何区分电视广告、线上视频（OLV）、展示广告以及程序化广告之间的区别？所有这些平台都有它们自己独特的创造性的应用程序，并且也具备了触及核心用户的功能。最后，可以用于度量数字广告营销活动效果的指标数量着实庞大。

针对以上信息，我们甚至可以专门写一本关于数字及电视广告度量的书，但这类书目前在市场上已经存在了。或者，我们也可以列出能够应用于度量数字营销广告效果的所有指标。但本书的目的是想让你了解当你第一次为品牌运行数字广告项目的时候可能会遇到的一些名词术语。所以这里只对一些关键术语做简单介绍：

- **A/B 测试**——这是一种可以用来比较不同版本的数字广告或者网站登录页面，以确定哪种效果更好的方法。
- **横幅/数字广告展示**——这可能是最常见的数字广告形式。这些广告单元（包括静态图片、视频和丰富的交互式媒体）将会在网页或应用程序中进行展示。
- **互联网广告交易平台**——这是一个由技术引领的市场，该平台允许互联网内容发布者以及广告商通过实时拍卖的方式来买卖广告资源。广告交易平台与以往广告资源购买的方式不同，以往是广告商和发布者之间通过价格谈判，以在特定的网站上进行广告展示的方式进行的。
- **广告资源**——网站发布者会在访客访问网页时向他们投放广告。可以投放的潜在广告数量会被视为其广告资源。
- **广告投放**——广告从网络服务器投放到终端用户的设备上时，将会显示在该设备的浏览器或移动应用程序中。
- **Cookie**——是指存储在访客浏览器中的网站信息。Cookie 会对访客在网站上的活动进行追踪，并记录下访客的行为及偏好。
- **广告需求方平台（DSP）**——这是一个允许广告商通过单一界面，围绕多个广告交易平台比价并购买广告资源的系统。
- **展示广告**——在网页上，可以以图片格式来显示的一种数字广告形式。展示广告可以是图片、视频、交互式图像，以及可扩展的横幅广告。
- **数据管理平台（DMP）**——数据管理平台可以帮助用户从多个不同的、潜在不相关的数据源中提取数据，从而定义出具体的细分受众群体。通过数字广告的方式，这些细分的受众群体信息通常会被用于定位目标受众群体。
- **频率**——是指在一个具体的时间内向同一消费者投放广告的次数。
- **相似受众**——相似受众是指需要锁定的与你现有客户相似的受众，这有助于提高转化率。
- **原生广告**——任何形式的付费广告，其形式与投放渠道几乎没有区别。
- **程序化媒体广告购买**——这是一种可以自动购买媒体广告的方法，可确保广告商在正确的时间、正确的地点触及正确的人。此处的广告是根据投放广告的公司预先设定的参数来实现购买的。程序化媒体广告是通过数据分析的方式来实时决定要购买哪些广告的。
- **广告可见度**——这是一个线上广告的指标，其目的是追踪实际被用户看到的广告的展示次数。例如，一个广告如果被加载在网页底部，但用户并没有滚动光标至足够大的幅度来发现它，那么这种展示就是不可见的。

在此，尽管我们可以列出几百个术语甚至更多，但我们只想介绍一些最关键的术语，以确保你在日后执行营销活动遇到它们时不会感到陌生。

2.6 适合搜索分析的指标

搜索分析与网络分析的情况类似，其难点在于度量什么以及如何度量。这个问题存在的部分原因是，那些拥有搜索引擎业务的企业（尤其是 Google 的排名算法），对外界而言充满了神秘感。但更主要的原因，对大部分企业的传播负责人来说，搜索分析仍是一个相对较新的领域，除非企业设置一个专门的岗位来负责相关工作，否则人们很少会去深入探索该领域的专业知识。

多年来，不断有专家涉足搜索分析领域，并且可以为企业提供该领域的相关建议。最近，社交媒体与搜索分析之间产生了关联，这使得所有行业及各个方向的市场营销从业人员都必须对搜索数据有一个基本的了解。搜索功能的重要性会持续加强，因此掌握该领域的知识变得愈加必要。自从本书第 1 版在 2014 年出版以来，消费者们不断完善其搜索意图的表达，Google 上的搜索查询语句也变得越来越长、越来越具体。但如果你知道如何将数据采集及指标拆解成为可管理的模块，那么它们就不再是难解的谜题。搜索分析通常会分为两个类别：

- **付费搜索**——是指将广告与具体关键字的搜索请求相关联的各种形式的在线广告。

- **自然搜索**——自然搜索的结果是指那些出现在搜索引擎结果页面上的列表信息，这些列表信息的出现是因为与搜索使用的词具有相关性。

这两种搜索分析都有相对应的指标。以下内容会对其分别介绍。

2.6.1 付费搜索

如前文所述，付费搜索是将广告（创意或文字）与具体的关键字进行关联，以便在搜索结果中突出显示与之相关联的各种形式的广告。这通常是搜索引擎优化（SEO）和搜索引擎营销（SEM）专业人士的工作职责。但是，传播方向的那些专业学科（如公共关系、市场营销、数字媒体以及社交媒体）已经融合成了一个整体，因此对于所有传播领域的专家来说，重要的是了解当他们实施付费搜索时，可以追踪哪些指标。

正如在整本书中我们反复强调的那句话一样，付费搜索指标（假设你的营销方案中有付费搜索部分）也应该与你想要改变的行为保持一致。以下是一些最流行的付费搜索指标：

- **曝光量**——当付费搜索广告出现在搜索引擎的结果页面上时，就会实现一次曝光。该指标计算的是这类曝光的次数。
- **点击量**——这可能是最容易理解的指标。它用来计算用户点击广告并访问预着陆页的次数。
- **点击率**——点击率通常会用一个比率表示，即广告的点击量与广告的曝光量之比。
- **每次点击成本**——每次点击成本是指广告客户为用户每次点击所要支付的平均花费。
- **曝光份额**——是指你的广告所获得的曝光量与它可能获得的曝光量之比。这与社交媒体分析中对话份额的计算方式类似。
- **每次点击的销售额或营收**——这个概念很简单，是指每点击一次广告所带来的收入。
- **平均广告排名**——这个指标用来度量你的广告在搜索引擎结果页面上显示的位置。

根据所设定的目标，你可以为付费搜索选择额外的10到20个指标。然而，我们在此处所列出的指标是最常用以及被引用最多的。如果你的营销方案中有付费搜索的元素，但你却未曾使用过这些指标中的任何一个，那么你可能要重新思考你的度量计划了。

2.6.2 自然搜索

自然搜索结果是指在搜索结果页面上呈现的列表，这些列表与具体的关键词关联，且不为某一具体广告商服务。自然搜索指标的好处在于，即使用户没有采取行动，但通过使用工具，我们也可以检索到用户的搜索意图，从而推断出用户正在搜索哪些信息。

当用户访问一个搜索引擎并输入一个单词或短语时，很可能有人正在另一端分析该行为。了解自然搜索行为至关重要，因为在市场上有部分行业的企业很少会关注网络上的交流对话。在线社群他们可能更关注不到，但这些行业的人肯定希望了解这方面的信息。这时搜索分析就可以发挥其作用了。

无论你的营销项目是否包含了付费搜索的部分，你都应该努力地去了解自然搜索领域的知识。那么可供企业传播负责人使用的自然搜索指标有哪些呢？以下是一些常用的指标：

- **已知及未知的关键字**——你知道有多少关键字可以把受众吸引到你的网站？又有多少你不知道的关键字呢？是否有机会可以基于那些未知的关键字来优化你网站的内容？很有可能你未知的那些关键字对竞争对手来说也是未知的。
- **已知和未知的品牌关键字**——与已知和未知的关键字相似，企业传播负责人也需要了解关于自己的品牌最常使用的关键字。
- **总访问量**——理想情况下，你会在网站分析平台上追踪你的网站的总访问量，但是这个指标也可以归为自然搜索范畴。
- **已知关键字的总转化量**——如果你根据人们使用的关键字正确地优化了你的内容，那么你应该会看到转化量呈上升态势。在这种情况下，转化量可以是具体金额、下载量、新闻简报订阅量等。
- **平均搜索排名**——是的，这个指标与付费搜索的指标重复，但重要的是你要知道你在搜索引擎结果页面中的排名位置，它是基于你所使用的那些最热的已知和未知的关键词，以及品牌相关和品牌无关的关键词而生成的。

搜索分析工具可能比较复杂，但是并非各个指标都如此。社交媒体指标，网络分析指标、以及搜索分析指标是传播从业者需要熟练掌握的三个主要模块。我们已经识别出了这些类别中最受欢迎的那些指标，但是你不应该局限于这些列表中的内容。如果每个类别中有两个或三个指标适合你的项目，那么就请充分利用它们。

> **提示** 不要仅仅因为数据可用，就陷入度量所有指标的陷阱。

当你确定了你的社交、网络以及搜索指标之后，接下来要做什么？如果仔细阅读了本章的内容，你可能会意识到我们暂未提及的一个非常重要的部分：传统分析。接下来会对这个主题展开说明。

2.7 数字分析与传统分析的结合

传统媒体及分析不会因为数字媒体爆发式的增长以及大量数据的生成就成为过去式。事实上，当传统分析与数字分析结合使用时，数字数据可以增强传统数据，反之亦然。

因此，最好的度量方法是既检测传统媒体趋势，又检测数字媒体趋势。当代的消费者把他们的时间花费在了一个全渠道的、线上及线下的世界，在不同的设备及屏幕之间游走。因此各地的市场营销人员都在尝试制定出综合性的营销方案，并由此确定相应的度量策略，以便可以更精准地衡量他们营销项目的有效性。

在这一点上,市场营销从业者对传统指标的了解应该比数字指标更加深入。因此即便你已经获取了大量的数字数据信息,我们仍会概述传统研究策略,这些需要大家持续了解。

2.7.1 初级研究

部分主流及数字商业媒体曾发表过一些文章,文章认为,调研及其他形式的初级研究已经消亡。事实上,除了极少数的特例,初级研究对各个公司来说仍是一项非常重要的投入。

> **注意** 当我们说初级研究时,我们指的主要是调研及焦点小组。

尽管数字数据非常丰富,但对传播从业人员而言,仍有很多问题无法通过这些信息得到解答。因此,初级研究的部分指标如下:

- **品牌感知**——我们已经看到许多研究试图将社交媒体呈现与整体品牌声誉联系起来,但是至少就目前来看,这些研究工作还不够完善。除非营销人员可以向目标受众提出一些更具体的问题,否则想要通过在线情绪及流量情况来确定一个品牌当前被感知的程度是非常困难的。我们可以做出一些合理的假设,但结论依旧不全面。
- **信息共鸣**——信息共鸣是社交媒体分析中的一个指标,但它仍然需要进行线下检测。一个网络受众获取了一条关键信息,这并不意味着该条信息会与公司的营销项目相关。此外,尽管有些令人难以置信,但相比线上活动,一些目标受众仍然可能会更倾向于参加线下活动。
- **高层声誉**——尽管越来越多的品牌开始开展社交媒体活动,但这些品牌的企业高管却并未以同样的节奏接纳社交媒体。如果那些高管通过社交媒体与受众开展了真诚的沟通,那么品牌将会受到那些在线社群的真挚拥护。当开展真诚交流时,品牌可以有很多收益。如果你想了解会有多少收益,那么就需要去询问在线社群群体关注品牌的原因,否则这个问题会很难回答。
- **广告效果**——回顾历史,很少有针对在线广告检测的实验。通常情况是,广告制作完成后会投放到传统渠道,然后再发布到社交网络上。在社交网络上逐字逐句地发布广告不仅无趣,而且如果广告没有娱乐价值,也很难引起共鸣。虽然这种情况在2018年依旧持续,但越来越多的品牌已开始采用最佳实践,即为合适的渠道制定合适的内容。通过小型焦点小组来快速并高效地检测广告依旧是最有效的方法。许多社交媒体平台都已支持这种操作,而在2018年,通过这种操作得到的结果更令人信服。Facebook就是一个很好的例子,它可以支持在广告小组中开展各种实验,你可以选择效果最好的一组实施并对其进行实时优化。

2.7.2 传统媒体监测

社交媒体聆听平台的出现及发展似乎使市场上大多数传统媒体监测平台变得过时。然而，传统平台仍然可以支持那些社交平台没有覆盖到的出版物。如果你想了解关于制定传统媒体外展宣传的记者名单事宜，那么优先选择的不应该是那些社交聆听平台。

我们并不是主张传播从业人员应该跳出社交媒体的圈子，在传统媒体监测平台上砸下重金。我们提倡的是，如果你希望在一些主流媒体上找到最近的文章，那么你应该为该项工作挑选出合适的工具。几乎在所有情况下，与这项工作相匹配的工具都是传统媒体监测平台。

2.7.3 传统客户关系管理的数据

社交化客户关系管理（CRM）领域正不断发展，但它仍仅限于在特定渠道上使用。因此，我们仍然需要从传统的 CRM 数据库中获取有价值的客户信息。目前，各大品牌还无法轻松实现 CRM 数据源与社交及数字平台的连通。如果希望社交化客户关系管理可以覆盖各个渠道，我们则需要开展大量的定制化工作。对于通过数字媒体创建出来的消费者数据财富，此处的目的不是对其滥用，即把它们丢到数据库中，然后遗忘掉。相反，我们的目标是希望从传统 CRM 数据中识别出趋势并与线上行为进行对比，找出相似点及不同点，然后深入了解应该如何将这些信息应用到所有消费者与品牌之间的数字化触点中，从而实现相关性、个性化的消费者体验设计。

2.8 综合范例

现在，对于如何设置合适的目标、使用潜在的数字指标并了解其含义，以及如何利用传统活动来更好地指导数字活动等方面，你应该有了更好的了解。假设你已经按部就班地构建出了你的营销项目，开始执行该项目，知道了要使用哪些指标来度量，并开始进行数据采集。那么接下来你该怎么做？显然，这是个非常重要的问题。你需要考虑应该多久做一次报告，报告的模板应该是什么样？相对于其他内部干系人，你应该向直接领导报告什么内容？当然，所有这些问题的答案都是："这取决于公司。"然而，传播从业者可以采用一些大众认可的方法。请继续阅读。

2.8.1 报告时间线

你的报告频率很大程度上取决于你的领导及你对数据的热情，同时还取决于你为既定目标制定的时间线。最好的度量项目会将多种方法组合使用。这些项目可以以每月的频率生成，内容涉及追踪核心指标的高阶概要。然后，企业会以每个季度的频率对其进行深入探讨，以呈现目标受众行为是如何逐步发生变化的。即便如此，对于关注渠道或平台级优化的一线管理者或参与者而言，应该需要以更高的频率来生成报告，可能是日报、周报或月报。

 用正确的数据武装自己。拥有的相关数据越多，在了解受众行为是如何发生变化的方面，你会有更深的领悟。数据可以消除异常现象，并且让你能够通过传播工作与目标受众建立真正的联系。

2.8.2 报告模板

传播从业人员可以使用很多报告模板，通常情况下，会是一个简单的电子邮件或 Word 文档，其内容包含了按照时间线来追踪的关键指标信息及执行摘要信息。然而，大多数最佳实践的度量项目都会创建相关的记分卡，然后可以基于这些记分卡来构建演示文稿。记分卡通常为整合生成的信息（传统方式与数字方式结合）提供一个结论快照，并深入展示这些项目是如何运行的。

 关于记分卡，可以考虑创建一个简单的矩阵，在矩阵的最顶部列出希望改变的受众行为，然后在最左侧列出影响这些行为所要使用的渠道。

2.8.3 不同的人群，不同的策略

并不是企业中的每个人都需要仔细查阅你所提供的报告。你的经理可能会有这方面的需求，但对于更高级别的利益相关者，他们可能更想看到一个精简的、可供领导层级别查阅的结论快照。这份报告可以用一封电子邮件简单表达，通过使用一些项目符号，清晰罗列出关键信息。或者也可以同有删节的记分卡矩阵一样复杂。弄清楚领导想看到什么内容，希望多久更新一次报告，对你的工作而言是非常有益的。

我们相信，在设定可度量目标、了解重要指标及其含义、如何使用传统研究技术指标，以及如何将它们结合在一起形成月度或季度（或者两者都包含）的报告等方面，你已经具备了坚实的基础知识。现在，让我们继续深入吧！

Chapter 3 第 3 章

选择分析工具

开展数据分析实践包含了两个必要的要素：工具以及使用工具的分析师。借助数据分析工具，可以使数据采集工作变得更加轻松，还可以帮助分析师快速提炼出可行性洞见。工具也可以帮助大型企业扩展其数据采集和洞见提炼的可用方法。

对于数据分析领域而言，工具很重要，分析师也很重要。分析师可以为企业提供有价值的业务信息，明确数据采集和研究的目标，同时他们可以通过引用多个数据集构建出解决业务问题的能力，还有最重要的一点是分析师们知道如何在这些工具中作出选择。因为对于传播从业人员以及分析师而言，可用的数据数不胜数，而可用的工具也非常繁多。

本书的前两章，我们为读者介绍了协同媒体的概况以及开展数字分析实践的背景。通过这两章的内容，我们为大家展示了在过去几年中，随着新渠道的激增，可用数据是如何呈现爆发式增长的。这导致了可以帮助企业收集各式各样渠道数据的工具也达到了成百上千种。在本书的第 1 版内容中，我们用了很大的篇幅介绍可以应用于社交聆听、搜索分析、受众分析、内容分析、互动度分析以及影响者分析的工具。在当时，我们觉得所呈现的内容对读者而言会很有帮助，然而我们也意识到，随着行业的快速发展，这些内容也在快速地更新迭代。所以在本书的第 2 版内容中，我们仅用一章的篇幅来介绍这些工具，再在后面的章节中为读者们推荐一些具体的工具，但是这些信息仅为示例，供读者自行考虑及评估。

在后续的内容中，我们将为你提供一套管理营销功能的框架。其中详细论述了如何评估企业需要接触哪些新的营销功能，如何构建技术栈以实现效率最大化，应该将哪些工具视为必备工具，以及如何采用和使用这些工具。接下来我们会从评估新技术的框架开始进行介绍。

3.1 评估新的营销技术

如果你就职于一家代理公司或者一家大公司，那么你很可能会通过邮件或 LinkedIn 这类的社交媒体收到一些新式的营销技术推送。毫无疑问这些推送已经泛滥。让我们来看一下营销技术行业的增长情况。根据 ChiefMartec.com（营销技术行业权威网站）发布的信息，目前市场上已经存在 5381 种营销技术解决方案[1]，其中 4891 种是独一无二的企业。增长的比例如何？从 2016 年至 2017 年，这两年每年的增长率均为 40%。更令人感到惊讶的是，在 2016 年，只有 4.7% 的营销技术解决方案从发布清单中被删除，另外只有 3.5% 的营销技术解决方案更改了其基本业务模式。这些工具不是由兼职程序员开发出来的，其中，6.9% 的营销技术解决方案是由多于 1000 名员工的大型企业开发完成的，44.2% 的营销技术解决方案是由少于 1000 名员工的私企开发完成的，48.8% 的营销技术解决方案是由投资人投资的初创企业开发完成的。大多数情况下，这些企业都有充足的资金，可以为世界各地的营销部门提供相关支持。营销技术行业中的长尾效应也是非常重要的，不应该完全被忽略。

由于这些营销技术解决方案的快速增长，开展适合的严格评估变得愈发困难，因为大部分人经常不清楚应该对哪些工具进行评估。此外，对于市场上已经开发出的那些工具，中型公司客户会比企业级客户更适合应用它们。但不幸的是，除非市场营销从业者花费大量的时间来使用这些工具，否则他们可能无法区分出各个工具之间的差别。在这种情况下，我们又该如何评估这些解决方案？首先，我们需要招聘一个营销技术负责人。由于工具的爆炸式增长，也推动了营销技术行业的持续发展。该角色通常是由拥有 IT 技术背景的人或市场部拥有技术背景的人来担任。他们在公司承担着一个重要的职责，就是要弥合业务需求与技术能力之间的鸿沟。他们同时也是跨部门使用这些工具的纽带。假如你无法聘用一个营销技术专家，可替代的最好的办法是与 IT 部门积极合作，让他们来帮助你制定营销技术栈并开展评估。不要觉得 IT 部门与你有距离，他们会成为你最好的合作伙伴。

不论你们是否设有营销技术岗位，都需要思考这个问题：你可能会通过电子邮件或 LinkedIn 的推送了解到某个工具，抑或是在某次大会中接触到某个工具，那么要采用哪些方法来对这些工具开展有效评估？根据我们的经验，这里有几个标准对于执行评估最有效：

- **专有数据集**——你可能想知道，如果明确了一个营销技术解决方案，对于终端用户而言，什么东西是他们专有的呢？答案其实很简单，通过这些营销技术解决方案，几乎每个企业都可以采集其关键受众的数据信息，其中既包含潜在受众也包含顾客。因此当这些数据集与企业专有数据集相结合时，将会为企业带来重大价值。如果你遇到了可以采集这类数据集的营销技术解决方案，请将其置为最高优先级。
- **受众数据**——如果你在市场营销和传播领域工作了很长时间，那么关于受众数据的重要性应该是不言自明的，所有能帮你采集可以更有效了解受众的数据集的营销技术解决方案都应该被置为高优先级。市场上存在着很多相关的营销技术解决方案，不论你在医药行业、IT行业，还是快消品行业。同样，当这些数据集与企业专有数据集相结合时，产出的信息可以帮助你在市场上获得竞争优势。

- **更好的度量**——我们在整本书中都将讨论度量基准带来影响的价值。但它不应该是你唯一的度量标尺，正如我们在第7章中会展开讨论的内容，了解营销项目中的投资回报率也是至关重要的。如果采集一组数据集可以帮助你更好地执行度量，那么请优先对其评估。
- **内容表现**——我们应该都听说过"内容为王"这句话，因此市场上有许多解决方案可以帮助你评估内容发布的有效性。同样，市场上的工具也可以帮助你把你的内容有效地推送给目标受众。因此，如果一个营销技术解决方案可以帮助你了解内容营销的效果，同时也可以帮助你更好地开展内容营销，那么请对其进行评估。
- **渠道组合**——受众及内容之后，另一个重要的评估标准是正确的渠道组合。我们意识到这个标准的范围可以非常广，它可以囊括从社交媒体聆听供应商到协同研究合作伙伴的各个方面。在渠道组合这个方面，营销技术负责人可以极为有效地影响你的工作，因为该负责人既能很好地理解各种业务需求，还可以了解各种可用供应商的技术能力。如果没有营销技术负责人，我们则建议最好遵循业务需求。如果需求是需要你寻找一个社交媒体聆听供应商来帮助你构建正确的渠道组合，那么就请按照此需求来操作。
- **集成和采用的能力**——采用的阻碍之一是无法将目前已有的营销功能与其他的数据集集成，详细内容我们会在本章的结尾部分进行讨论。如果你面对的解决方案可能很难被采用，或者很难与可能已经是堆栈的一部分的其他东西集成，那么请继续完成评估。
- **成本**——我们有意将成本这一项放在了列表的最后。大多数情况下，如果你先将注意力集中于营销功能为企业所带来的价值方面，那么会很容易判断成本的合理性。但在评估一个营销技术解决方案时，成本不应该成为首要考虑的因素。

我们没有预见到这样一个场景，即市场营销从业者可以使用的工具数量会很快下滑。随着数字营销领域的不断发展，新的市场需求将不断涌现。随之而来是新工具的出现，它们可以帮助营销人员扩展其执行的任务的边界。我们相信上述评估框架可以帮助你不断获取与这些供应商保持持续交流的机会。

当你开始评估新的营销技术解决方案并决定正式使用之后，重要的一点是需要用业务可以理解的方式来组合这些营销技术解决方案。接下来，让我们深入探讨该主题。

3.2 组合你的营销技术栈

如前文所述，对于当代的企业而言，市场上存在着数以千计的营销技术解决方案。但如果你不了解要如何评估它们，即使你已经决定了要采用一套营销技术解决方案，那么对于如何组合技术栈也会仍然存在些许困惑。你可能会认为"这与企业本身实则无关，而应该与识别、评估以及采用营销技术解决方案的能力有关"。如果你有这样的想法，其实完全没有问题。它确实与最终能够对业务产生帮助的以上能力相关。因此，我们认为可以从三个方面来阐述组合营销技术栈的重要性。

- **采用的必要性**——大多数情况下，你所开展的市场营销技术解决方案评估，代表了公司内部的其他利益相关方。尽管供你选择的工具有很多种，但很显然，不会存在那种可以满足企业所有需求的解决方案。假如相关的利益方不清楚采用这些工具能给他们带来哪些好处，那么他们采用的可能性会非常低。
- **持续的投资**——营销技术解决方案，尤其对大型企业而言，它们并不便宜。大多数情况，这部分的投资需要获得企业高层领导的批准，然后才能采用。几乎可以肯定的是，你需要继续证明投资的合理性，因为新的解决方案对你的业务会很有帮助。因此，如果营销技术栈的组合不清晰，那么获得投资的可能性也不大。
- **成功的度量**——在本章中我们不会对这一项展开详细的讨论，但不论是何种营销技术解决方案，其中最重要的部分都是建立明确的关键绩效指标（KPI）。这些关键绩效指标（KPI）可以涉及多个维度，包括采用、内部能力建设或者有效交付营销项目（成本节约）等各个方面。因此，如果没有很好地对营销技术栈进行组合，那么也会很难正确评估其有效性。

希望你会认同我们的观点：对任何一个涉及营销技术的项目而言，组合都是至关重要的，不论你目前评估出了几种还是上百种的工具（希望不会有上百种）。如果你认同，那么接下来需要思考，应该如何进行组合以凸显其业务价值？据了解，Cisco 和 Intel 是率先开发并采用营销技术解决方案的两家公司。接下来，我们将深入探讨这两家公司是如何开展营销技术栈组合工作的，同时，也会对 Intel 的实践案例进行详细研究说明。首先，我们介绍的是 Cisco 的案例。

3.2.1 Cisco 的营销技术栈

Cisco 是最早采用营销技术解决方案的企业之一。这家企业很早就意识到，它正面临着一个复杂的工具生态系统，需要大量的资金投入及组合工作。这家企业也很早意识到，组合和采用应该取决于一支专门的团队，该团队的唯一职责就是管理这些技术栈。Cisco 的营销技术栈是一个非常好的示例，因其组合良好，而被视为同类最佳营销技术栈。它的组合方法是精湛的，在企业内的采用程度也很高。

Cisco 部署的营销技术栈是以顾客为中心开展的，实际上，顾客也是客户购买旅程中每个阶段的中心。以下为 Cisco 客户购买旅程的四个阶段：

1. 我知道
2. 我购买
3. 我安装使用
4. 我续约

每个解决方案都根据其运行的各个阶段进行标识。有些解决方案会集中为某一阶段提供服务，而另一些则可以作为"记录系统"为四个阶段都提供服务。

其中客户购买旅程又可以被分为四个部分：

1. 销售部
2. 合作伙伴
3. 经销商
4. 数据与运营

前三个部分通常以直接或者间接的方式为客户提供服务并产生互动。最后一个部分则关注于市场营销内部运营，涵盖了与其他三个部分协作为客户提供服务、内容管理及分析等方面的作用。因为 Cisco 本身是一家既采用直销又采用分销的企业，所以这种特殊的堆栈模式对其很有帮助。

我们最欣赏该公司的营销技术栈组合及说明之处在于它不关注解决方案的数量。正如我们在本章中暗示的信息，解决方案的数量无关紧要。但是，如你想知，Cisco 的营销技术栈包含了 39 种解决方案。它是由 Google、Adobe、Salesforce 以及一些领先企业的营销技术解决方案组合而成。在本章的最后部分，我们会讨论关于 Cisco 和 Intel 用来开展部署的一些具体工具，需要你也将其视为技术栈的重要组成部分。

尽管我们不确定这些解决方案最终是否会被你的公司很好的集成或采用，但可以肯定的是，它们与 Cisco 正在使用的解决方案具有相同的自然属性。大多数人（不是所有人）都会考虑以单点解决方案集成的方式来完善他们的营销材料。另外，我们也与 Cisco 营销团队中负责活动和会议的部分同事进行了交谈，得知这些营销技术解决方案被采用率相对较高。我们将取得的这个结果归功于出色的营销解决方案组合。

Cisco 并不是唯一一个具有极好的营销技术栈组合的公司，Intel 在这方面也毫不逊色。接下来让我们深入了解 Intel 的营销技术栈。

3.2.2 Intel 的营销技术栈

Cisco 的营销技术栈被广泛认为是当前部署最好的企业级营销技术栈之一。我们认同这个评估的结论，但是我们认为，这是一场 Cisco 和 Intel 之间争夺第一的激烈竞争。两个品牌几乎同时开展它们的营销技术栈计划，两者也都部署了相似的解决方案，也都有专门的团队专职于技术栈的开发。

在本书撰写的过程中，我们对 Intel 高级营销总监 Geoff Ivey 进行了采访，了解了 Intel 是如何构建其营销技术体系的。他是本书合著者之一 Chuck Hemann 的前同事，并且也在这个领域深耕多年。他是营销技术领域里最权威的领导者之一，因此我们认为，他在组合营销技术栈方面的案例研究将会非常有用。在本章的最后，我们还将介绍 Geoff 的另一案例研究：有多少公司最终实现了解决方案的采用。接下来，我们会先介绍 Geoff 的关于营销技术栈组合的案例研究。

在大型企业中，组合工具的生态系统非常具有挑战性，但实际上也很简单，重要的是构建出执行流程。首先，明确业务优先级、业务目标以及成功的标准。这些信息需要我们根据每年的业务计划流程来定义。然后再明确支撑这些业务优先级所具备的全套营销能力是什么。这个人员—流程—系统的集合也可以定义你的业务能力。在每一个功能模块内，我们又再次定义了一套技术解决方案，这套技术解决方案将成为我们的营销技术解决方案组合，或者也可把它称为"黄金技术栈"。最后，对于该组合，我们也要确定出需要投资的一些离散技术集（平台、工具、供应商），所有操作完成后，需要再对整个技术基础架构进行审视，以确保我们的分析能够体现实际要部署的内容。在采用这种方法时，执行流程是从需要实现的业务需求开始的，并以确定的一套高优先级的工具及供应商为结尾，从而确保我们可以拥有正确的工具组合，并帮助我们识别需要调和的缺口及重叠之处。

流程的下一个重要阶段是评估所有功能模块和所使用的平台及工具的成熟度生命周期。通过完成以上操作，我们可以定向了解每项功能模块的成熟度情况，并确保所选择的平台及工具与业务需求紧密相关，我们还可以了解到：

- 在哪些方面，我们需要考虑试点一个新的营销功能，进而推进业务创新。
- 在哪些方面，我们可以进行投资，从而能尽可能广泛地扩展营销功能以提高投资回报率。
- 在哪些方面，我们已经具备了成熟的营销功能，但是仍然需要持续演进其功能特性。
- 在哪些方面，业务需求发生了变化，我们必须正确地处理。
- 最后，在哪些方面，某些功能已无法满足业务需求，需要考虑将其淘汰。

组合技术栈通常是一项最容易实现的工作，但挑战之处是在于要始终保持一个最佳组合。不幸的是，企业各部门的人过于容易就可以找到能够满足他们日常工作的营销功能。当这种情况发生的时候，通常会有三种风险：

- 在冗余的功能上过度投资，并让使用工具的用户感到困惑：哪个才是真正应该使用的工具？

- 割裂消费者的购买旅程，消费者体验会变得不一致，平台缺少集成，这将会使消费者旅程断裂不连续。
- 第一方的数据将会变成信息孤岛。无法连接客户触点，无法获得端到端的、全面的洞见，也无法使用那些通过利用数据带来的更多体验相关的功能（定位和个性化设置等）。

因此，我们需要做三件事，以维护我们所集成的技术和工具堆栈的一致性和组合。当然，这不是一个百分百的解决方案，但我们发现，通过这三件事可以帮助我们避免把时间浪费在"打地鼠"游戏上，以更好地确定营销功能进而与市场大环境保持同步。首先需要明确决策权和所有权，然后开展良好的沟通和培训，最后开展一系列强有力的控制和治理：

- **决策权和所有权**：定义引入新的营销技术解决方案的流程，针对所有的工具，通过文档来可视化出 IT 侧及业务侧的所有权。此外，需要有一个完善的决策制定框架，并且你要清楚这一项是引入新工具的先决条件。我们使用的是一个被称为"数字 MRC"（用于管理审查委员会）的框架，需要由业务侧及 IT 侧的决策者共同执行。
- **沟通和培训**：阻止使用新工具最好的方式是确保企业已经有可用的工具。以我个人经验而言，如果企业中已经有了一个很好的营销功能，那么很可能企业不希望在烦琐的新工具培训上再投入。如果决定使用已经存在的框架，那么你需要给利益相关者分享：目前工具具备什么功能，工具的哪些方面在持续演进，以及业务是如何指导其使用的。
- **治理和控制**：直白地说这一项工作意味着要"兴师动众"。因为我们与关键业务部门、IT 部门财务部门以及采购部门会形成合作伙伴关系。这样一来，也意味着我们可能会失去一些接触新的营销技术解决方案的机会，一定程度上也阻碍了我们前行的道路。

Geoff 和他的 Intel 团队在组合营销技术堆栈的方式方面是非常专业的，这一点希望你们会认同。尽管本书的读者并非全部来自像 Intel 和 Cisco 这样规模的公司，但我们知道这两个公司构建出的营销技术栈的架构可以普遍适用于所有企业。无论你就职于小型公司还是非营利机构，我们都认为这两家公司营销技术堆栈中的一些要素对任何一个企业营销技术栈的架构而言都有可取点。

> **注意** 你可能会注意到，我们只是粗略地探讨了这些营销技术栈的架构，但是并没有对工具进行详细讨论。接下来，我们将深入讨论你所在的企业可以获取的营销功能，并最终组合出像 Cisco 和 Intel 一样的营销技术栈。

3.3 识别重要的营销技术解决方案

正如我们在本章中开始部分所提及的内容，本书的第 1 版主要介绍的是工具。在 2013 年撰写本书的时候，当时市场上大多数企业才刚刚开始了解这个新兴的营销技术解决方案生态系统，因此本书的内容在当时会显得很有意义。第 1 版发布之后的四年时间里，这个行业的发展变得越来越成熟。单看我们已经记录的解决方案，数量就在持续地增长，而且这些解决方案的终端用户比以前更了解相关领域的知识。

正因如此，同时也由于这个行业每年都在发生快速的变化（请参阅本章节前面展示的统计数据，即 2016 年至 2017 年的增长率达到了 40%），所以我们决定在本章中重点介绍你需要评估、组合以及采用的营销技术解决方案。就像我们所说过的那样，我们认为把一些营销技术解决方案以文档的形式记录下来，这一点也非常重要，它也属于技术堆栈工作中一个重要的部分。接下来，对于我们要概述的这份列表并非详尽无疑。因为其中的部分解决方案是我们在以前已经使用过的，且大家都已熟知这些解决方案可以给客户带来哪些价值。它们也是我们心目中行业顶尖的 Cisco 和 Intel 营销技术栈的关键组成部分。以下是我们认为的一些很关键的营销技术解决方案：

- **BlueKai 或者类似的数据管理平台（DMP）**——在第 2 章我们概述了什么是数据管理平台。重申一下，数字管理平台是企业用来组合第一、第二、第三方数据的一种方式，可以用于制定战略和策略从而更有效地触及核心受众。当今市场上有许多数据管理平台，但是我们认为该品类中最好的是 Oracle 的 Bluekai 产品。同时，Google 和 Adobe 也都拥有具备竞争实力的数据管理平台解决方案，并拆解出许多细分的解决方案供不同类型的客户使用。总而言之，我们认为数据管理平台是所有好的营销技术栈的核心组件。
- **社交媒体聆听供应商**——我们在整本书中都会提及，目前市面上存在很多社交媒体聆听供应商。然而，我们认为在该领域最好的解决方案之一是 Crimson Hexagon。Crimson 的平台可以与其他内容推送平台进行集成（稍后将进行详细介绍），并实现利用复杂的机器学习技术来解析对话趋势，同时能稳健地采集社交媒体数据。不论你选择了哪些营销技术解决方案，社交媒体聆听都应该是你营销技术栈里一个重要的部分。
- **Sprinklr 或 Spredfast**——在过去四年中，社交媒体内容推送领域发生了重大的整合。今天，大多数大型公司都会选择两家供应商：Sprinklr 和 Spredfast。两者都不仅能提供强大的内容推送功能、丰富的数据，同时也有出色的客户支持团队来帮助管理和实施。你可以参考我们在本章开头中所概述的评估标准进行评估。
- **Google 分析和 Adobe 分析**——尽管市面上有许多网络分析的供应商，但是大多数企业还是会选择 Google 或者 Adobe，并对其进行了标准化的实施。两者各具优劣势，但它们都可以帮助其产品的终端用户深入了解消费者与企业是如何产生交互行为的。最终决定使用哪个平台通常取决于终端用户所在企业本身，它们在使用这些新工具方面的能力，及与现有工具进行集成的频率。同样，请参考本章开头内容选择最佳的方式来评估这些解决方案。

- **Eloqua**——市场上存在着大量的电子邮件营销平台，但我们更倾向于使用 Eloqua。它可以提供丰富的数据，并且能够帮助企业进行受众群体细分，而且也可以与 BlueKai 等其他数据管理平台进行很好的集成。如前文所述，数据管理营销平台是所有营销技术栈中最关键的部分。Eloqua 固有的良好集成能力，很容易帮助它在评估中胜出。

- **数据可视化软件**——本书是一本关于数字分析的书籍，因此你需要知道数据可视化将是营销技术栈中非常关键的组成部分。同样，市面上有很多该领域的供应商，但是我们更倾向选择 Domo 和 Tableau。Domo 是一个基于云服务的可视化平台，终端用户可以无缝地将多个数据端点连在一起。Domo 可以帮助终端用户了解市场偏好，是一个可以将数据清晰可视化呈现的平台，因此适合营销人员操作。而 Tableau 则更适合分析人员使用，因为它可以让终端用户更便捷地处理数据。Tableau 平台同时也受到了 IT 部门的青睐，因为它可以与内部的数据仓库无缝集成。如果企业希望用较少的预算最大化实现数字可视化的效果，那么 Microsoft 的 PowerBI 平台也可以成为优选的解决方案。

- **Tealium**——这个平台可以为其终端用户提供多种解决方案，但是它的两个主要功能是标签管理和受众分析。如果你需要管理一个复杂的网站，其中包含了多种类型的活动并需要为这些活动做不同标签的标记，那么像 Tealium 这样的平台则可帮助你有效地进行管理。该公司的 AudienceStream 产品支持终端用户跨渠道去创建受众统一视图。当你面向受众开展的营销是遵从客户旅程而非只是单一渠道时，该解决方案便可凸显其价值。

- **Adobe Experience Manager**——AEM 并未像数字管理平台那样得到了行业的大肆追捧，但这并不意味着它不重要。相比其他解决方案，AEM 在管理网站及社群内容优化部署方面更胜一筹。如果你的企业更关注于受众网络足迹追踪，则可以考虑将 AEM 视为一个必选工具。

以上解决方案将被视为构建营销技术栈所需的基础解决方案，因为市面上还有成千上万的解决方案可供你选择。在选择添加其他解决方案之前，我们建议你对所列出的供应商进行适当地评估、整合，并制定出一份采用计划。确定引入工具的过程中，最好与公司的其他部门同事共同讨论完成。不论他们是否是购买决策者，但是在采用过程中，他们一定会发挥不可忽视的作用。

3.4 购买决策者

大家都希望自己能成为那个最终决策者。在大型企业中通常会有多个决策者，所以挑战之处是在于要找到那个能最终拍板的人。然而，最终购买营销技术解决方案的决定，似乎大多由市场或者 IT 部门中的某位同事来主导的。在与跨职能团队协商后，该同事（他或是她）会成为最终购买决策者。跨职能团队应该包含了以下部门的代表：

- **公关或市场部门**——如前文所述，这两个部门之一可能会成为最终购买决策的"掌舵人"。其他部门的人也会加入这个团队，组成跨职能团队。
- **法务部门**——需要一位代表进行谈判并对合同进行最终审核。
- **采购部门**——需要一位代表最终确定并完成支票付款环节。
- **客户支持部门**——许多数字营销项目都需要专人负责客户服务支持工作，所以可以咨询该部门代表的意见来明确聆听工具及互动工具的具体需求。
- **IT 部门**——虽然 IT 专家们在数字媒体圈中口碑不佳，但他们仍可以扮演一个重要的角色。如果 IT 部门可以同你一起完成营销技术解决方案的采用过程，则能帮助你减少所要面对的技术难题。

在各部门达成一致意见并确定选择了一个工具进行使用之后，接下来的重要步骤就是采用。本章的最后将会对这部分的内容展开论述，向大家介绍企业如何才能采用这些营销技术解决方案。

3.5 营销技术解决方案的采用

企业完成了营销技术解决方案的评估过程，研究了如何组合营销技术栈，并从本章前面分享的列表中选择了一些工具作为基础级的解决方案。那么接下来要做什么？显然答案应该是需要安装并开始使用这些解决方案，对吗？错。根据我们的经验，大多数企业会对已选择的平台完成购买，然后进行培训，最后再开始尝试使用。通常情况下，这将导致营销技术解决方案只会被临时采用。因为仅仅有一组核心成员参与了该营销技术解决方案的选择过程，并不意味着在方案确定及发布后，所有的人都会采用它。这就像你从《梦幻之地》电影里摘取改编的台词一样，它不会因为你的改编就变成现实。关于营销技术解决方案的采用计划，你必须做到深思熟虑。

Cisco 和 Intel 的营销技术栈之所以可以保持同类最佳水平，其原因之一就是在企业内部具有极高的采用率。采用率已经达到了 100%？不，我们永远不会把 100% 的采用率设置成我们的目标。但在企业内部，你可以通过开展一些工作来推进采用结果。这里我们邀请了 Intel 的 Geoff 提供了一个案例研究，来介绍 Intel 是如何实现采用的。以下为具体介绍：

"在大型企业中，我们很难看到营销功能和工具被大规模采用。老实讲，对我们而言采用确实是最大的挑战。针对营销功能涉及的三个模块（人员、流程、系统），人员部分似乎总是最难实施的。尽管对于这块所存在的阻碍还没有一个完美的解决方案（每个企业都不一样），但是你仍然可以采取一些策略来增加采用成功的概率。"

我们团队的出发点是：首先需要了解哪些角色会对采用工作产生影响。每个人都有不同的需求，大家会利用不同的方法来完成各自的工作。因此，按照营销技术解决方案为第一要务的方法来推动采用，成功率会最低。如果你不了解利益相关者的需求，以及如何通过这些营销技术解决方案为他们的业务决策或策划工作带来有效信息，那么你很可能无法参与到他们的话题讨论中，也无法向他们介绍你想要推荐采用的那些工具。我们在这方面已经有了相关经验。因此，我们建议根据角色或者各个利益相关者会使用哪些营销功能等信息，来调整我们需要展示的内容。例如，在营销部门，我们通常会将"用户"分为三个角色。虽然一些人将会扮演多个角色（身兼数职），但是我们需要清楚地了解以下几种角色：

- **营销战略专家**：这个角色的职责是了解业务需求，将它们转化为营销战略并融合到客户旅程中，进而实现吸引目标受众、促进互动及转化的目的。这个角色可能永远不会直接使用那些营销技术工具。但是他们对营销技术解决方案仍然有三个方面需要了解：首先，如何通过使用营销技术栈来连接用户旅程，以适合的方式触及目标受众；其次，如何通过营销技术栈提炼洞见，进而提升营销活动的有效性；第三，如何利用这些有效的数据来实现细分受众的定位及个性化营销。
- **营销推进者**：这个角色的职责是将营销战略转变为营销策略并执行。营销推进者与营销战略专家一样，具有相似的需求——通过使用数据来连接用户旅程，从而获得相关洞见并推进营销项目——但区别是，营销推进者需要更了解营销技术栈使用细节，以实现最佳项目交付。像我所在的大型企业，担任这个角色的同事依旧在通过第三方代理或者合作机构来执行这部分工作，因此他们需要了解营销技术工具在用户体验方面是如何发挥价值的。也需要了解技术和数据会如何帮助他们实现创新，并从竞争对手中脱颖而出。
- **工具使用者**：这个角色的职责不言而喻。他们始终要通过电脑完成工作。对于这个角色而言，他们主要关心：会有哪些工具，根据流程如何对这些工具进行配置，为配合营销策略的实施，需要如何操作工具。对于这方面的内容，他们还需要对其他人进行培训，以加深大家对数据连接方面的了解，从而帮助营销团队衡量归因以及市场投资回报率。

在我们了解了以上这些角色及各自的需求之后，我们只需要定义并设计出一个采用框架，该框架包含了四个部分：

- **培训/培养**：以商业战略及实用案例为背景来构建培训内容，这是成功的关键。另外，还需要明确定义使用营销技术栈的角色和职责。当营销技术栈达到价值最大化的时候要向相关角色的同事传递明确的信息。针对营销技术栈的部分，与团队成员开展半天沉浸式体验也是非常棒的培训方式。但是，针对一些重要的业务节点会议（例如年度营销计划），可以考虑利用会议开始前关键的 30 分钟，向你的团队成员做有关营销技术栈信息的更新或同步，效果可能会更佳。
- **持续的沟通**：让大家及时了解当下的变化以及创新很重要，此时，信息更新的时效性以及信息的有效性是两个重点要素。可以通过电子邮件的方式帮助我们完成这项工作。但是，如果能主动地直接与关键利益相关者取得联系（如采用面对面沟通的方式），则可以帮助我们更有效地向利益相关者们传递出通过借助平台提高营销效率的相关建议。
- **有效的摄入过程**：这是将营销战略专家、营销推进者与工具使用者连接在一起开展工作的方式。重要的是，营销漏斗从上到下都需要使用一致的分类法，摄入过程以及摄入形式自始至终需要保持一致，而且集中摄入的操作会更便于信息查找及使用。
- **度量、评估采用以及成熟度**：在我们的案例中，我们已经开始使用成熟度模型来调查一系列由业务主导的活动中（数据分析和使用、内容创建和管理、用户体验和优化等）评估工作的有效性。这为采用建立了一个基线，并支持我们能够随着时间来追踪成熟度的变化。

我们认为，Geoff 为采用这些营销技术解决方案而实施的方法是非常出色的。再次强调，虽然你的企业可能并不具有像 Intel 一样的规模，但我们认为，他提供的这些方法及建议可以普遍适用于所有企业。

3.6 结语

在本章中，我们概述了成功的工具评估的标准，论述了如何组合营销技术栈，展示了可以用于入门的部分工具，并介绍了一些可以帮助你实现营销技术栈采用的方法。在接下来的章节中，我们将继续深入介绍有关数字分析及相关工具的实用案例。

3.7 参考文献

[1] Marketing Technology Landscape Supergraphic (2017): Martech 5000, ChiefMartec.com, Scott Brinker, May 2017

第 4 章

数字分析：品牌

依照本书观点，毫无疑问，我们可以通过数字营销、社交媒体、第三方数据平台，甚至是新型的物联网（IoT）设备来获取大量的有效数据。幸运的是，市场上有越来越多的工具可以帮助我们诊断数字品牌健康状况，进一步了解全体数字受众。同时，借助数字分析工具，可以帮助你更清楚地了解受众对你品牌的认知。

4.1 数字品牌分析的益处

为什么要做数字品牌分析？管理学大师彼得·德鲁克曾经说过"你如果无法度量它，就无法管理它"，这句经典的名言也提醒着我们要定期评估品牌在协同生态系统中的定位。20 世纪 90 年代中期，随着消费类互联网的兴起，我们首次经历了当下这种阶段：数字渠道的创新已经扩展到了体验、设计策略以及功能等方方面面，且覆盖了社交平台、移动应用以及物联网设备等各个数字渠道。换句话说，事物总在不断地发生变化。数字品牌分析可以帮助你了解：如何通过搜索排名来进行内容优化；如何通过内容和体验让你的社交媒体主页及品牌网站更有吸引力；如何让品牌在同类竞品中更具竞争优势，同时也可以满足目标受众的期望。

获取以上信息，则可以很大程度地影响数字营销决策。这意味着，如果你希望你的品牌持续被关注，那么必须保持一个健康的数字品牌形象，并且要掌握数字受众的脉搏。

我们需要以什么样的频率来开展数字品牌分析？所有品牌商都需要思考这个问题。我们建议你根据完成一次数字品牌分析所花费的时间、金钱和资源来做判断，同时也要权衡数字品牌分析的投资是否与产出的价值、洞见及分析的清晰度相匹配。部分公司会将这些价值作为年度战略规划的输入信息,我们也了解到很多公司会将数字品牌分析用作企业数字生态系统的预警系统(打个比方,像矿井中的金丝雀一样),进而监测受众在态度、观点或行为方面发生的重大变化。

开展数字品牌分析的原因还包括:

- ❑ 它可以帮助你更好地评估数字品牌工作的整体效果。
- ❑ 数字品牌分析可以帮助你识别你在品牌营销技巧和方法方面的优缺点。例如,如果你陷入某个单一的数字渠道,并且专注于在某一具体渠道开展内容优化策略,这会使你忽略应该要保持信息在数字生态系统中所有渠道上的一致性,品牌定位及传播也会出现割裂。
- ❑ 对于以下问题示例,可以通过数字品牌分析帮你做出解答:我们通过电子邮件和Facebook传递的信息,对于用户来讲是否有一致的品牌体验?我们通过YouTube和品牌官网传递的信息,对于用户来讲是否有一致的品牌体验?我们通过移动应用程序和移动网络传递的信息,对于用户来讲是否有一致的品牌体验?
- ❑ 最后一点,这些数字渠道和平台从表面上看,可以为品牌提供很多的信息,但却无法帮助该品牌获取数字生态系统更全面的信息。数字品牌分析的关键是收集受众的客观反馈。你可以从一些重要客户那里定向获取高度相关及定性的反馈,然后将这些重要反馈与其他洞见相结合,根据得到的信息来调整你的数字营销策略及内容营销计划。可以将调整后的内容应用于品牌官网、Facebook主页、Twitter账号、LinkedIn主页、YouTube频道等社交媒体,甚至也可以将内容同步给合作伙伴们。品牌内容是数字营销项目成功的关键因素。如果你的内容无法和你的目标受众产生共鸣,无论采用何种内容宣传形式(文本、音频或视频),想要获得成功的概率都是非常小的。

4.2 数字时代的品牌分析

本章主要介绍开展数字品牌分析所涉及的方法和技术,略带也介绍开展数字品牌分析可使用的工具,这里需要牢记第3章中提到的内容:数字媒介中的工具在时刻变化。我们不希望你的关注点只局限于本书或本章中提到的这些工具,而是可以多多关注未来可能会出现的新工具,也不要只局限于工具的某一种使用方式,不要止步于本书介绍的内容。

那么,数字品牌分析由哪些部分组成?在本章中,我们将其分为以下三个部分:

- ❑ **品牌份额**——市场营销从业人员一直使用市场份额这一概念,用来衡量消费者对品牌的关注度及品牌偏好。通过计算品牌份额也可以有效地衡量品牌知名度、品牌资产及品牌互动的情况。建立数字品牌份额包含几个不同的维度,我们将在后面详细展开介绍。

- **品牌受众**——我们正处于一个需要围绕受众、关注和体验来开展数字营销的时代。因此，我们需要重新思考和调整如何通过数字形式来把控受众的期望和脉搏。同样，我们也需要设计一种新的度量方法，从而以一种简单的方式来分析品牌受众，但最终结果可能会因碎片化的数字渠道、承载平台和使用设备而受到影响。换句话说，我们可以用量化的方法来度量品牌受众，并且根据这些量化的结果，我们可以定义出触及、互动、内容曝光以及思想领导力的相关指标数字。我们会在后面深入讨论如何做到这一点。

- **品牌与消费者的一致性**——听起来熟悉吗？你已经通过焦点小组和调研对消费者进行了研究，并且从网络分析、社交媒体分析及 CRM 工具中得到了可用的数字数据源。结合这些输入信息，你为你的产品或服务制定了数字营销战略，并且觉得自己可以很好地掌控品牌营销定位及内容营销，但是出乎你意料的是（不要意外），在推进过程中你却发现预期的结果与早期预设结果不一致。

信不信由你，上述情况实际上很普遍，这也是为什么数字品牌评估如此重要的主要原因之一。因为它可以识别你的品牌与你的目标受众不匹配之处。重要的一点是需要使展现的品牌内容与用户体验保持一致。

因此，我们后面会介绍如何评估并确认你的品牌与消费者是否一致，如果出现不一致，应该如何解决这个问题。此处的分析需要使用具体且有针对性的社交聆听分析工具来对消费者的定性反馈进行分析（虽然不是开展定量反馈的分析，但不要因此而忽略定量反馈的分析）。这种分析为品牌提供了一个独特的视角，这个视角是无法在其他数字分析工具（搜索分析、网络分析等）上获得的，因此你可以通过它来获取强大的洞见。只要你选择的社交聆听分析工具在你品牌相关的数字资产中具有良好的数据覆盖率，那么你就可以选择使用它。详细信息可以参阅我们在第 3 章中介绍的有关社交媒体聆听工具的内容，每个工具都会有各自细微的差别，但它们都是我们重点推荐使用的工具。

4.3 品牌份额

我的品牌在相关产品品类中有多少占比？我的品牌在相关品类总受众中有多少占比？接下来，让我们来深入探究市场营销从业者是如何回答这类问题的。在本节中，我们将讨论数字运营中品牌份额的三个维度（见图 4-1）。让我们来详细探讨。

这三个维度中的任一维度都有其自身价值，因此无论是对三个维度分别展开研究还是一起研究，都会帮助你洞察到有趣

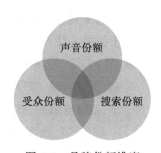

图 4-1 品牌份额维度

的趋势，但是如果脱离了这些维度则将无法洞悉。例如，人们普遍认为消费者对产品或服务的评价、消费者的认知（他们的真实想法和价值观），以及消费者的实际行为之间不存在稳定的关联关系。消费者的实际行为往往与他们传达出的信息或他们的态度不相符。这就是要以三个维度为整体来评估品牌份额的重要原因。如果我们只考虑其中的某一维度，也就意味着我们很可能会基于错误的观点或消费者洞见来制定产品决策，从而引发一系列实际问题。

4.3.1 声音份额

关注声音份额，或者了解"大家说了什么"，可以帮助我们了解对于一个品牌的讨论在相关品类的讨论中所占的比例。换句话说：

$$声音份额 = 某一品牌的讨论 / 这个品类的讨论$$

举个例子，假如你的品牌是快餐品类（QSR），例如 Subway，那么声音份额是指在针对快餐品类数字 / 社交渠道的所有讨论中有多少是关于 Subway 的？你也可以与其他快餐品牌的声音份额做比较，从而了解 Subway 在快餐品类中的竞争优势（见图 4-2）。这是市场营销从业者用来衡量其数字品牌整体健康趋势所使用的较为普遍的方式。借助社交媒体聆听工具，声音份额也相对更容易计算。

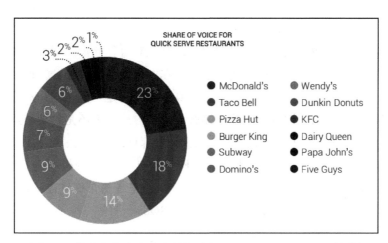

图 4-2　快餐品类中的声音份额（由 Brandwatch Analytics 提供）

如我们在本章开始简述的内容，计算声音份额可以帮助你了解在营销或广告方面是否取得了成功。但在宏观层面，这个方法是否依旧能发挥作用？品牌方的数字品牌知名度是否在提高？答案如果是肯定的，那么你的声音份额也会随着时间的推移而取得增长，这种增长是基于一个事实，即：消费者对于你的品牌有更多的讨论，并且有更多的消费者参与了这些讨论。

请务必理解任何声音份额分析的结果都只是某一品牌相对其品类在某一时间点的"快照",因此重要的是要充分了解上下文。随时关注声音份额的趋势发展,可以引导你发现真正的洞见,从而采取行动并作出改变。采集"快照"是一个很好的起点,但是分析工作并没有到此就完成了。你可以手动对声音份额的趋势继续进行分析,由于有了社交媒体聆听工具,趋势分析的过程也会变得较为轻松。通过自定义设定规则及过滤条件,你可以得到一个自动更新变化且能将趋势可视化的控制面板。你可实时对其进行监控,当你发现自己或者竞争对手的声音份额发生了变化时,也可深入挖掘更多信息。在声音份额控制面板中,也可添加有关竞争设置的选项。这是一个高阶的指标,如果你监测到你的竞争对手调整了其数字营销策略,从而引起了消费者共鸣并提高了其声音份额,那么你可以对该竞争对手展开深入研究。

4.3.2 搜索份额

关注搜索份额,或者了解"人们在做什么"或是"人们打算做什么",可以帮助我们了解品牌的产品或服务在相关品类中搜索次数的占比。之所以写"人们打算做什么"是因为在谷歌或者其他搜索引擎上,用户通常会进行自然搜索操作,通过输入具体问题描述,搜寻具体答案或者相关答案。在过去几年中,搜索方式已经从基于简单关键字的搜索转变为基于用户意图的搜索,这导致营销人员需要在付费搜索营销、自然搜索营销以及内容优化的应用方式等方面做出较大改变。就像客户关系管理和直复营销一样,市场营销从业者长期以来一直使用对潜在客户评分的方法来明确潜在客户或商机并细分,现在营销搜索从业者也已经开始这样做了。你关注的关键字是"高意图"还是"低意图"?若能将你的内容及关键字与"高意图"的关键字相匹配,那么不论是自然搜索还是付费搜索,都会大大提升内容被发现或被点击的可能性。正如我们所介绍的那样。市场上领先的付费搜索平台(如Wordstream)已经开发了一些相关功能,并应用到了它们平台的分析系统中:可以根据搜索意图对你的关键词进行评分,并根据这个得分,为你这些关键词提供建议。

接下来让我们回到如何计算和使用搜索份额(SOS):

搜索份额 = 某一品牌的搜索次数 / 这个品类的搜索总次数

继续沿用快餐品类的例子,假如你的品牌属于快餐品类(如 Subway),所有消费者对该品类的搜索量中,Subway 的搜索占比是多少?然后将这个结果与其他快餐品类品牌的搜索份额结果进行比较,以了解 Subway 在竞争中的优势,如图 4-3 所示。这是目前市场营销从业者为衡量搜索趋势而普遍使用的方法,同时也可以将这个方法应用于衡量数字品牌整体健康趋势的场景中,衡量的前提是需要基于消费者意向展开分析。借助众多搜索分析工具,与声音份额（SOV）一样，搜索份额也很容易计算。

搜索份额可以根据地理位置进行过滤及分解。这一点很重要，因为我们知道各地的消费者对品牌的态度和偏好并非普遍一致。不同的地区及地理位置之间，存在很大的差异。例如，我们关注如图 4-3 中所展示的搜索份额，若按照子区域的搜索再进行分解，从谷歌趋势分析的结果中可以发现，在美国的各个子区域 McDonald 和 Pizza Hut 的搜索份额分布情况（见图 4-4）。本节主要专注于向大家介绍通过使用搜索份额来了解整体品牌健康情况，因此尽管微观的地理区域可能存在分析偏差，我们在此也不会再展开讨论，或对偏差进行解读。

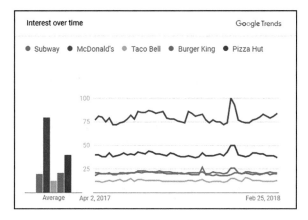

图 4-3　快餐品类中的搜索份额（来自谷歌搜索趋势分析）

图 4-4　按照子区域划分的快餐品类搜索份额（来自谷歌搜索趋势分析）

与声音份额一样，将搜索份额合并至品牌份额分析的一个维度，可以提供另一个数据点，来帮助你评估营销或广告工作是否成功。

同声音份额一样，任何搜索份额分析都只是某个品牌在某个时间点的"快照"。搜索趋势会因很多原因而发生改变，因此重要的是建立可视化搜索份额变化趋势并将搜索份额分析工作的收益最大化。

4.3.3 受众份额

受众份额是数字营销分析中一个相对较新的概念。之所以提出这个概念，是因为市场营销从业者需要通过多种方式来了解其所有受众的相关需求。无论从传统上来看还是从时下的操作来看，其方法都大致相同，即通过利用曝光的范围和频率，对线下渠道（如传统广播媒体）进行度量，得出的结果可以帮助你回答如下问题：

- 我们的受众是谁？
- 我们的市场营销活动或广告宣传可以触及多少人？
- 相较于竞争对手，我们面向消费者所展示内容/信息是更多了还是更少了？

以上这些问题仅为示例，重点是很长时间以来，市场营销从业者就开始致力于了解品牌受众的意图。通过数字分析，可以重塑市场营销从业人员对受众的了解和认知。虽然，没有办法只通过一种特定的数字分析方式或方法就可以完成受众分析工作，但是我们仍然可以为你介绍一种简单易操作的方法，它几乎可以适用于所有市场营销从业人员，不论你在可口可乐工作还是在本地的食品超市工作。这种方法都可以从小品牌的应用无缝地扩展到大品牌：

受众份额 = 某个品牌的受众人数 / 该品类中每个竞争对手的受众总和

因为获取受众份额的计算结果要比获取另外两个维度（声音份额和搜索份额）的计算结果要更复杂，所以，接下来让我们深入探究受众份额的定义。以下是计算受众份额的步骤，可以纳入任何你希望包含的品牌：

1. **盘点所有相关数字媒体平台上的总受众人数**。首先，你需要确定盘点范围，因为想要通过所有数字触点来收集受众数据，其工作量相当大，并且在这项工作上的投入与所能获取的洞见似乎并不成正比。但是请记住，声音份额、搜索份额和受众份额都可以帮助你以较高的视角来查看品牌的健康度。这三个维度的分析结果可以帮助你检查品牌战略发展方向正确与否，但它们不适合被用于细节的、战术级的营销决策的制定中。尽管工作量繁重，但你可能仍想覆盖你所运营的所有主流的社交平台，获取相关自媒体平台所有订阅用户的数据（如官网或订阅的电邮简报）。

2. **将各个数字触点所收集的受众人数汇总相加**。显然，这很容易计算，所以最难的部分还是第一步的收集工作。

3. **分别计算出每个竞争对手的受众份额**。将你的受众人数与竞争对手们的受众总人数相除，可以考虑借助工具（其实用一个简单的 Excel 表格就能计算）。

我们可以用 Facebook 平台上的用户数据来实例化一下以上步骤。图 4-5 是 Facebook 上几个品牌受众份额的简单视图。

显然，从受众份额维度来看，McDonald 在图例的快餐品类中拥有最高的品牌知名度和影响力。然而，这里仅展示了 Facebook 社交平台上的数据，因此这张图表还需要加入其他平台的数据信息，进而创建出一个品牌的整体受众份额视图。不用对每个平台的结果都做图例这种视图分析呈现，在对其他平台进行受众分析的时候可以跳过这一操作，可以考虑用简单的数字形式来表示品牌的受众份额结果。如表 4-1 所示，下面一行是受众份额的计算结果。这张图表展示了你以及你竞争对手的品牌受众和受众份额的分布情况。

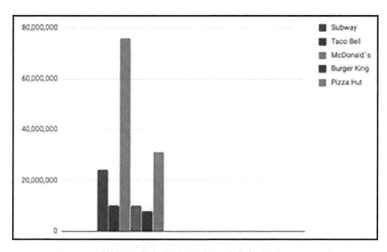

图 4-5　快餐品类中每个品牌的受众份额（Facebook）

表 4-1　快餐品类中的受众份额

	Subway	Taco Bell	McDonald's	Burger King	Pizza Hut
品牌总体受众	75,123,452	53,871,621	112,098,773	24,018,862	44,000,123
Subway 的受众份额		139.45%	67.02%	312.77%	170.73%

在这个受众份额的快照中，Subway 在我们所列举的数字及社交平台上的总体受众人数超过了 7500 万。对于表 4-1 中展示的信息，我们用 Subway 的受众数量分别与这些竞争对手的受众数量相除，得到了每个竞争对手所对应的受众份额指标。Subway 对于 TacoBell，其受众份额为 140%，但对于 McDonald，其受众份额仅为 67%。通过这种方法可以获取相对于各个竞争对手的受众份额指标，帮助你了解你的品牌与竞争对手品牌之间是否存在一些主要差异。通过发现差异，你可以有效地识别可以提升改进之处。因为竞争对手可能通过营销活动获取了一个用户的关注，但该用户却可能从未听说过你的品牌，或未曾与你的

品牌产生过任何互动。

受众分析可以很有效地帮助你发现数字生态系统中的盲点,但这种方法还不够完善,存在一定的局限性。一个明显的问题就是存在跨平台之间受众重叠的情况。例如,你喜欢 Subway 的品牌并在 Facebook 上关注了它,那么,你也会选择在 Twitter 或 Instagram 等其他社交平台上也关注它,所以会出现重复数据删除计算的问题。

4.4 品牌受众

与衡量受众份额相比,衡量品牌受众则可以通过一些更有效的定量和定性方法来实现。尽管市场营销从业者可以使用多种方式来确定品牌受众的规模、受众触及率、受众互动度以及品牌健康度,本书仍然提供了一种方法,通过三个维度即可帮助市场营销从业者了解品牌受众的以上相关信息,如图 4-6 所示。品牌营销从业者经常会问这样的问题:

- ❏ 我们触及的受众总数是多少?
- ❏ 我们受众的互动度如何?
- ❏ 我们的受众会花费多少时间和精力来关注我们的内容?

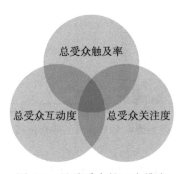

图 4-6　品牌受众的三个维度

4.4.1　总受众触及率

分别从品牌受众总数量、关注者数量以及订阅者数量的角度来了解品牌受众,可以帮助你了解品牌知名度和互动度随时间变化的健康状况。但这几个指标不一定能解答你关于内容营销、广告宣传以及社交媒体活动是否有效触及了受众的问题。如果关注总受众触及率的指标,则可帮助你找到答案。对同一数据源的数据使用不同的数据分析(如社交平台自有分析、网络分析、邮件营销分析),你就可以对得到的结果进行整合并可视化出一张完整的总受众触及率视图。它不会告诉你最多拥有多少潜在受众,但是可以帮助你了解你的每一次营销活动及广告宣传可实际触及受众的情况。可以将潜在受众与实际受众做简单的对比。这两个视角都有用，但是如果只了解其中一个视角，则只能获取到有限的洞见。总受众触及率不是从某一分析平台获取的某一标准指标，而是需要通过收集所有分析工具的触及率指标及效果，并将其整合成为一个单一视图，再计算得出。

举个例子，你可以在 Facebook Insights 中通过导出 30 天内每篇帖子的相关数据来获取一个受众触及指标。另外，Facebook 还将自然搜索和付费搜索进行了细分，也就是说你可以把你的品牌受众按照自然触及或付费触及进行细分。值得注意的一点：在开展这类工作的时候，尤其是在 Facebook 平台上，可能会让你血脉奔腾、血压升高，因为 Facebook 的自然触及已经做到了近乎神话的状态。对于大部分品牌来说，运营主流社交平台是属于付费玩家的世界。换句话说，分别追踪自然推送广告和付费推送广告的受众总数，能帮助你发现在何时、何处，会因为自然推送的广告获得某一意想不到的成功，或因为赢来媒体的活动而引发了显著的受众互动。

同理，其余的受众触达指标则可以由其他社交平台（Twitter，YouTube，LinkedIn）的自有分析或洞见模块来获取。

4.4.2　总受众关注度

时间是最宝贵且最有价值的商品。我们总会觉得时间不够用，因此，品牌之间的竞争也要看消费者是否愿意在某一品牌上花费他们的一点点时间。当代的数字营销和广告宣传若想取得成功，他们将面临前所未有的挑战。你的品牌及内容需要克服这些挑战并成功抓住受众的眼球。顺便提一句，当今大众的注意力也逐渐呈现出了碎片化的趋势。根据微软公司发布在 Time.com 的一项报告，调研人员对参与试验的人们进行了大脑活跃度的研究，发现人们在一件事情上的平均注意力持续时间为 8 秒。然而在 2000 年的记录是 12 秒，人们保持注意力的时间明显降低了。同时，调研人员发现注意力持续时间降低的原因是移动电话的兴起。现在所呈现的结果是，用户可以一心多用，他们可以同时看多个屏幕的信息，且抗干扰能力也明显减弱。此外，广告拦截器、使用设备的碎片化、屏幕内容的持续变化，以及社交平台算法的频繁变化（品牌内容的可见性），这些都会加剧问题的严重性。因此，品牌需要努力摆脱这些干扰来吸引人们的注意力，尽管注意力时间仅能维持 8 秒，但此刻你却正处于这些挑战的漩涡中。

由于存在这种变化趋势，内容营销商们开始专注于以不同的方式去理解、衡量并总结相关报告，以阐述品牌是如何与受众进行有效互动的。因此，"花费的总时间"或者"花费的总分钟数"已经升级成为衡量总受众关注度的最高指标或最高思想，以便营销商们进一步查看品牌的整体健康状况。

庆幸的是，计算这个指标同其概念描述的一样简单，因为几乎所有数字分析工具或社交平台的自有分析工具都会按时去采集与品牌产生互动或者受众参与的相关数据。每个平台都有其自己的数据采集与计算方式，但这不影响我们建立一个衡量总受众关注度的目标。所以，像 Facebook 如何定义受众花费时间、Adobe 如何统计网站停留时间、以及 YouTube 如何计算观看时间等问题，我们不会展开讨论。

时间度量的计算方式存在差异，尤其是在不同类别的工具之间。与 YouTube 这样的社交平台或 Snapchat 这样的系统自有分析结果相比，通过网络分析计算出的平均网站使用时间结果大不相同，且精准度也不同。简单起见，我们可以只关注数字平台提供的时间指标，再使用这些时间指标来构建所需视图。

当你收集了全部所需的时间指标后，你可以构建出一个受众总体关注度的单一视图（或者也可以是受众愿意花费的时间的单一视图）。然后持续关注这一指标的变化趋势，并对可能表明受众花费时间减少或者受众关注度降低的任何变化进行监控。

4.4.3　总受众互动度

总体受众互动度是我们要在本书中介绍的可以用于描述如何衡量、如何掌控趋势以及如何监控总体受众的最后一个方法。你可能已经在开展这方面的度量及报告的有关工作。社交营销经理或社群运营经理也许可以为你提供有关受众互动度的报告，你也可以与团队的分析师合作共同生成有关报告。在任何情况下，你都可以将这些原材料汇总，产出总受众互动度视图。实际上，根据当前使用的数据分析工具，你也可以立刻构造出这个视图。在本书中，我们介绍的某些社交媒体管理系统（SMMS），例如 Hootsuit 或 Spredfast，它们是将分析和报告功能集成到自身系统，可以全方位地向你展示总受众互动度视图。如果你已经完成了将配置文件集成到 SMMS 这一操作步骤，接下来在尝试自行构建分析和报告功能之前，可以先检测 SMMS 系统是否已经具备自动完成分析和生成报告的功能。

建立总受众互动度视图的最重要步骤是明确并定义出互动度这一指标对你而言究竟意味着什么。这是至关重要的一步，若没有这一步的操作则会导致一系列的麻烦问题。首先，你会去追踪当下每个社交媒体平台受众互动度的指标，收集这些信息仅仅是因为你可以这样做而不是你应该这样做。不同的品牌，对受众互动度指标重要性的界定是不同的。因此，需要仔细考虑你的受众应该参加哪些有意义的"互动"，可以对品牌产生实质的影响。然后再从这些"互动"着手，展开策划市场营销活动。追逐不相关的互动度指标是一场逐底竞争，你将深陷其中，并感到困惑、迷失，甚至不明原因。

4.5　消费者自我概念与品牌个性的一致性

消费者自我概念与品牌个性的一致性是最有趣的领域之一，也是品牌营销从业者最容易忽视的领域——通过数字分析来帮助缩短品牌与消费者之间的距离。在多数情况下，消费者自我概念与品牌个性之间存在巨大的差距，因为品牌与消费者实际想要的 / 需要的 / 期望的 / 相信的可能都存在不一致性。这种情况很容易发生，正如我们在本章前部分所介绍的那样，"人们说什么"与"人们做什么"与"人们感觉 / 相信"之间是弱关联的。

这里有一个对市场营销从业者而言的好消息：你可以通过一个框架来解决这个问题，并可以识别品牌与消费者之间存在的有关一致性的问题，也可以帮你找出你没有感知到的却已经存在了的问题。这个框架的名字被称为品牌之窗（稍后你会知道为何可以如此简洁）。它通过使用社交分析工具来工作（主要是社交聆听工具），即聆听消费者对品牌的意见并分析他们在社交平台上的所有相关讨论，进而评估品牌营销和广告宣传的影响范围以及潜在吸引受众的机会。

"品牌之窗"利用了三个独特的消费者对话视图（图 4-7）将问题进行分解，从而可以轻松将消费者实际谈论内容与品牌展示内容做对比。如果这两者不同，则不一致之处会体现在结果中。

- **消费者**感知——消费者可以讲述出品牌相关的额外报道
- 品牌**实现**——消费者会放大讲述品牌相关的报道
- 品牌**诉求**——消费者从未讨论过品牌相关的报道

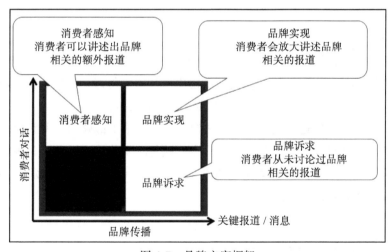

图 4-7　品牌之窗框架

总结一下如何执行此部分的工作，步骤如下：

1. 收集相关数据——使用社交媒体聆听平台来识别与品牌相关的所有讨论。
2. 导出数据，用于下一步的分类操作。
3. 根据主题或话题对帖子以及讨论进行分类。
4. 根据分类的结果，填充品牌之窗框架中符合各个窗口的内容（参见图 4-8）。

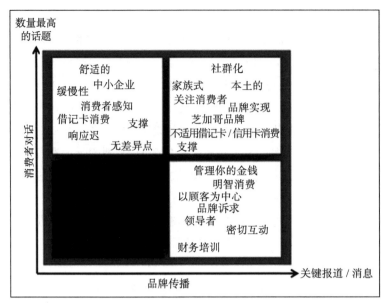

图 4-8　品牌之窗——输出的品牌内容填充完成示例

5. 分析结果，找出有意义的差异点，或查找到品牌展示内容与消费者讨论或兴趣不匹配之处。

品牌之窗分析是"快速而粗糙"的，也就是说，品牌之窗可以帮助你以一个较高的视角进行分析。如果你有足够的数据和时间，也可以进一步展开更详细的分析。如前文提及，分析所使用的工具与分析产出的价值应该成正比。如果做得好，品牌之窗可以提供非凡的洞见，但如果做得不好，输出的信息可能有趣，但并非有价值。

关键是要记住：希望通过使用"品牌之窗"分析达成的战略目标是识别消费者和品牌之间存在的差异。如果你能识别其中的差异点，就意味着你为营销策略以及内容营销提供了有价值的输入，市场营销从业人员们也会依此来重新调整他们的市场定位和营销策划，进而提升品牌与受众之间的一致性。

4.6　数字品牌分析的未来

通过使用数字分析工具来管理品牌，该领域未来前景会很广阔，但是工具的利用率肯定不会和过去几年所呈现的一样。在本章中，我们提供了一些或新、或修订过的旧的方法，将这些方法应用于数字分析中可以产出最准确、最可靠以及最新的品牌健康状况、品牌知名度、互动度趋势的视图等。未来，我们希望能够看到更多数字实战方法以及混合数据源的相关信息，通过这些信息的输入，可以帮助市场营销从业人员从更高视角来判断数字品牌健康状况。

第 5 章

数字分析：受众

对数字营销和广告宣传而言，受众洞察从未像今天这样发挥其如此大的价值和重要性。相比 2013 年，现在各个形式的付费媒体几乎均可实现精准定位功能。甚至是传统的大众媒体，如广播电视，也朝着个性化体验方向做了演进和发展。将电视广告按照不同区域进行定制化设置，可以支持广告商们向不同的家庭展示不同的、特定的广告内容，这种操作可以增强广告与观众之间的相关性，同时也可以提高付费广告的效果。

如果你对你的品牌希望触及的受众群体及个人还不了解，那么就无法实现上述类型的操作。本书的第 1 版内容，曾介绍过品牌个性化早期的概念及方法，即我们可以通过灵活管理 cookie（小型文本文件）、设置账户偏好、使用地理位置以及浏览相关记录的数据集等操作，来开启一个独特的数字体验。但随着近几年市场的飞速发展，以上这些实践早已从早期实验阶段发展成了具有一套标准规范的阶段，也造就了受众洞察在市场营销及广告宣传中充当着重要角色的情景。

供市场营销从业者使用的受众数据数量在激增。现在，通过各类受众相关的数据分析方法来获得洞见，已经成为开展各种形式数字传播的先决条件，而且其应用远不限于此。体验时代由 2015 或 2016 年开始兴起，便更强调受众洞见的重要性，因为这些洞见为设计、创造并实现超个性化，以及全触点的品牌体验提供了关键信息。因此，它比以往任何时候都更重要，自此便出现了一个双赢的局面——消费者可以有效地接收到更相关、更个性化的广告、内容和体验。品牌方也可以通过各个数字渠道及社交平台，持续满足消费者的体验需求。假如，你的竞争对手运用了个性化营销，但你没有，那么对消费者来说，除非他们有不可抗拒的原因去选择你的品牌，否则他们会直接转向你的竞争对手。因为，一个品牌带给消费者的感受是被了解、舒适、相关；另一个品牌带给消费者的感受却是混乱、嘈杂、不知所云。

现在，对于与消费者有供需关系的企业而言，消费者在这些企业发布的内容及体验偏好设定方面，有越来越强的话语权。在 2018 年我们已经很难想象，消费者们会有多么的信息灵通，同时他们也具备了精通各种技术的能力（多年来，消费者们在数字平台及社交平台上花费了大量的时间，因此他们可以以自己习惯的方式有效驾驭这些平台，他们在这方面表现得自信且自如），当品牌商们解决了他们的问题或者响应了他们的需求时，消费者们就会表现出即时满足感。

通过使用受众数据来推动个性化内容曝光及优化用户体验的实例有很多。一种行之有效的方法就是用受众数据来反哺我们的时间，因为时间是我们最宝贵的商品之一。个性化不是指让消费者们在品牌体验上浪费无用的时间，而是消除消费者们在品牌体验过程中产生的摩擦：无论是你想要强迫消费者们看一条与他们无关的广告，要求他们提供给品牌方已经提供过的个人信息，还是想要了解他们在某一个时刻的想法/需求。大多数的数据信息都已经存在于消费者的脑海中，这些数据信息可以用于预测消费者问题的答案，也可以用于个性化设置用户体验从而帮助品牌商快速且准确的实现目标效果。无论消费者们在世界何地，无论是通过 Google、Amazon 还是 Apple，抑或是其他设备或渠道与品牌商进行互动，这些数据得出的结论也成为定义消费者期望的新黄金标准。

让我们更详细地来看一下 Google，以理解它通过应用受众数据来实现预测、交付、内容优化、信息传递以及用户体验所采用的多种方式。多年以来，Google 一直在竭尽全力地了解用户的习惯和期望。从 Gmail 到 Google 搜索，甚至是通过使用 Android 手机而产生的数据，Google 因此而储存了大量不同类型的用户信息以及这些用户对其产品和服务组合的偏好的数据。

Google 掌握了你可能希望获取的所有基本人口统计信息：姓名，性别，出生日期，地址（用户的住址、工作地址以及通勤地址）。用户的声音是什么样的，用户的独特声纹呢？如果用户在手机上安装了 Google 助手，或者在其他地方安装了 Google 的人工智能物联网（IoT）设备，例如 Google Home，Google Mini 或者 Google Max，当用户使用这些程序的时候，Google 就能获取用户的声纹。

不要忘记 Google 的核心产品，也是我们使用最多的产品——搜索引擎。通过搜索引擎，你点击过哪些搜索结果，你在 YouTube 上搜索过什么视频，并观看、点赞及分享了该视频，对于以上类似的行为，Google 也掌握了你的历史搜索记录。略微延展一下这个话题，如果你想深入了解 Google 搜索、大数据以及 Google 通过对比用户的搜索和人们的讨论可以掌握哪些信息，那么我们推荐你阅读一下 Stephens-Davidowitz 在 2017 年 5 月出版的一本名为 Everybody Lies: Big Data, New Data, and What The Internet Can Tell Us About Who We Really Are 的书。这本书提供了大量的相关信息和深刻见解，该作者也是对谷歌搜索数据进行大规模分析的带头人之一,正是通过这种大规模的分析,进而识别和映射出了在一些关键领域的消费者行为。

让我们继续回到 Google 数据采集这一话题。当然,它做的远远不止于此!Google 还会列出一个它认为用户会最感兴趣收到的广告类型的清单,这个清单详细且复杂。图 5-1 是针对某个用户可能会感兴趣的 Google 广告主题示例矩阵,依此来确定用户喜欢或不喜欢哪些广告。

图 5-1　Google 广告个性化矩阵示例

如果想查看特定于你的 Google 账户个性化视图,可以登录并点击"个人信息和隐私"类别下列出的"广告设置"链接,然后单击"管理广告设置"。关键点:我们并不是想表达 Google 在做任何邪恶或者错误的事情,而仅仅是想要展示短短几年内 Google 在数据采集方面所做的努力。

Google 正通过使用我们所描述的这些数据类型和消费者信息(很有可能比我们了解的还要多),以使它交付给你的内容尽可能是实时信息,且与用户强相关。看上去,我的搜索结果和你的搜索结果看起来一样的日子已经一去不复返了。很可能，我们也不会再看到相同的广告，无论是展示出的广告信息、广告的视频格式、还是是否需要付费点击观看（Pay-Per-Click, PPC）。我们的搜索结果一直会不同，因为 Google 一直在以非常复杂的、独特且个性化的方式抓取数据。

前文提及的采集数据类型，它们是一些我们所知道的最常见的数据类型，但并不是唯一的。许多公司（例如 Google）也会依赖专有的第一方数据来决定其展示内容、广告以及相关用户体验。

想要成功地设计出个性化体验，表面看工作可能会简单轻松，但幕后工作实为繁重。因为只有对受众自身、受众需求、受众期望以及他们的行为有敏锐的认知，才能最终实现个性化体验设计。正如我们在介绍 Google 的段落中所强调的，有效的个性化定制，需要从各方来源及各种设备中提取数据，并持续开展绝对可靠的分析。最终得到的结果会是一幅非常清晰的视图，它能告诉你哪些信息可以促使受众群体或个体做出选择。同时，在制定市场营销和广告计划之前，你也可以依据此视图来让展示信息与你的品牌保持统一。2013 年，我们把这个过程命名为受众分析，从那以后，受众分析在营销人员以及分析工具供应商之间得到了广泛普及和应用。

5.1 什么是受众分析

受众分析并不是一个新概念，尽管除了那些专业作者，其他人对这个概念可能并不是很熟悉。传统意义上讲，受众分析是专家作者在准备一份文稿或者一次演讲的时候，为了符合受众的一些最重要特征而选择的最佳风格、形式及合适信息的过程。大致说来，受众分析是一种用户研究方法，这种方法可以确保你向目标受众交付了价值。

为了可以支持营销工作，受众分析需要开展多项不同的研究工作，通过得出的关键信息可以帮助你了解：对于你想触及的受众最重要的影响因素是什么，例如 Google 的操作。我们之所以采用这个传统概念，是因为我们相信数字分析在揭示受众洞察方面具有非常大的潜力。为反映当代数字受众的具体需求，我们也对此概念做了一些调整。为方便记忆，我们把该系列专业名词的英文首字母缩写，连起来变为受众的英文单词（AUDIANCE）：

分析（Analysis）——受众是谁？

了解（Understanding）——受众对品牌的了解程度以及态度如何？

特征（Demographics）——受众的年龄、性别、教育、地址等等分别是什么？

兴趣（Interest）——对于品牌推送的内容，受众会因为什么而去阅读、分享并与之产生互动？

环境（Environment）——受众会选择在哪些平台上花时间上网？

需求（Needs）——围绕你的品牌、产品或服务，受众会有哪些需求？

定制化（Customization）——为了让受众感受到附加价值，品牌应该强调哪些个性化设计和体验属性？

期望（Expectations）——受众对自己与品牌商之间的互动，有哪些明确以及未明确的期望？

显然，以上的部分概念对于数字媒体来讲并不新鲜，多年来，我们已经采集了部分类型的相关数据，并将它们应用在了数字营销和广告项目中的用户定位相关工作。对于受众分析来说，新的且不同的地方是在于：它可以不限于采集基础的人口统计数据，也可以通过其他来源扩充数据集，例如基于社交网络活动的心理数据、行为数据，甚至是用户交互数据。

社交网络是这类数据的丰富来源。Facebook 的迅速崛起，很大程度上要归功于其近 20 亿用户向 Facebook 提供的海量自我报告的资料。在有关消费者行为、兴趣、观点、态度以及价值观的数据方面，Facebook 很可能拥有最大的数据源。其数据量可能会仅次于 Google 搜索量的"金矿"，因为全世界的人都会优先使用 Google 搜索，不会再选择其他。

受众分析将我们前面介绍过的几个不同概念组合在了一起，并添加了一些我们在本章后面部分会讨论的新概念，通过这个方法，最终可以将输出的结果组合成为某个特定受众或个体的整体视图。你还可以将此技术应用于那些通过现有工具采集的数据中，用得到的结果与附加的元数据进行合并，便可增强你对受众的认知和了解。

5.2 受众分析用例

受众分析是一个全面的方法，所以如果完全遵循其定义，可能要耗费大量的时间和精力来实践。不过，这并不意味着当你每次描绘某个受众的时候，你都需要采用不同的分析方法。与我们在其他章节中讨论过的大部分主题一样，分析工作应该始于你的目标和目的。因此，在这种情况下，受众分析会依赖于用例。根据用例以及你可以工作在受众分析上的时间，受众分析可以快速而粗略地开展，也可以严谨并正式地推进。

以下是一些常见的受众分析用例：

- 数字战略制定
- 内容策略制定
- 互动策略制定
- 搜索引擎优化
- 内容优化
- 用户体验设计及优化
- 受众细分

接下来对这些用例详细展开说明。

5.2.1 数字战略制定

除了明确定义出业务目标外，你还需要对市场、竞争对手以及受众有清晰的认知，才能制定出稳健的数字战略。你在努力寻找客户，但是先需要识别他们的需求、欲望和期望。因此识别以上信息是获得成功的先决条件。如果你忽视了这些信息，那么你的数字战略将只能依赖于那些对客户而言无关紧要的内容和体验，然而这些内容和体验几乎不会为企业带来任何价值。通过受众分析获取对内容及体验的清晰认知，这是确保品牌商想要通过内容或体验与客户产生相关性而获取成功的关键因素。W2O 的 Gary Grates，他是来自 W2O 的"相关性模型"设计师，这个模型主要被应用于受众传播。他完美地总结出一点："相关性就是新的品牌声誉。"

可用于支持数字战略举措的受众分析，往往比其他策略所需的受众分析更为全面、冗长。这是数字环境的复杂性所决定的。我们已经远离了"盖好楼了，不愁客不来"的数字世界。"社交技术以及移动设备加速了互联网的碎片化。你的受众零零散散地分布在了一个巨大的网络和平台中。这也意味着你必须从多个不同类型的平台中获取数据。"

5.2.2 内容策略制定

内容营销领域近几年来发展迅速，2016 年 9 月，eMarketer 发布的一项研究显示，有 76% 的营销人员表示他们将计划加大创建内容的数量。（见图 5-2）

图 5-2　内容营销的增长

在跨渠道和跨社交平台方面对内容进行优化，可以使数字交互发挥出最大的潜力。无论内容的形式如何（文本、图像、音频，还是视频等），内容策略专家们都会将内容视为产品。因此，他们计划、设计、调研，并对不同的内容开展测试，这就和你要负责一款产品所需要开展的工作一样，通过以上工作，可以确保这些内容对于接受者来讲是相关且有价值的。想要制定出有效的内容策略，就需要尽可能多地去了解受众。

在开展下一步工作前，内容策略专家们会整合众多信息，以更多地了解他们所要面对的受众。受众调研包含了人口统计、行为、心理信息、角色以及用户体验流程等。同时，他们也尝试去识别并区分受众的内容消费偏好及相关行为。数字分析可以为他们提供答案和受众洞见。

5.2.3 互动策略制定

当你的公司决定要利用合适的、信息灵通的一套社交平台组合来匹配受众行为时，这也就意味着互动活动会尽快开展了。通过互动策略的制定，品牌能将社交平台可以达到的预期结果最大化。然而，即使是最周密的计划也可能会出现偏差，所以过程中需要不断进行修正。此时，互动分析可以帮你挽回局面！

互动分析可以帮助你发现洞见：受众喜欢什么、在想什么以及需要什么。几乎所有主流的社交平台都会有一个系统自有的用户互动分析工具。Facebook、Twitter、LinkedIn、Instagram 以及 YouTube 为所有入驻平台的品牌商们提供了其平台自有的分析功能，Snapchat 是目前唯一的例外。同时，市场也发展出了一个互动分析第三方工具的生态系统。所以，现在的问题不是缺少度量及优化用户互动的分析工具，而是有太多可以选择的工具。

5.2.4 搜索引擎优化

搜索引擎优化（SEO）对于数字营销从业者来讲并不新鲜，尽管可能每年都是如此，但影响 SEO 改变的因素却在持续涌现。内容的出版和发行从未像现在这样容易，但不幸的是，这意味着想要受众通过自然搜索来发现你的内容，会变得更加困难。现在还有一些可以影响 SEO 的其他因素，其中之一就是将社交数据纳入搜索引擎算法中。

5.2.5 内容优化

通过优化数字内容，来使用户能最大范围地发现相关信息，这样做是远远不够的。你必须在社交状态、推文、博客文章、评论等处也同步发布这些内容。由于在社交平台上发布的内容或链接也是品牌商们在 Google 等搜索引擎上获取排名的信号，因此，也意味着搜索引擎优化（SEO）分析得出的结果可以有多种用途。我们还不清楚这些排名信号在搜索排名算法中的权重，但是 Google 已经证明，它们确实是其计算因子。所以，内容与社交平台规划、信息发布和生成的链接之间存在着一种固定的关系。

5.2.6 用户体验设计

数字世界充满了各种复杂的系统。用户体验设计让事情变得足够简单，且重要的是，用户可以在完成预期任务之后获得满意的数字体验。正如前文所描述的通过数字分析开展的受众分析可以回答的问题：用户的需求和期望是什么？或者过程中哪些设计会被破坏，引起不满和放弃？这些问题的答案在用户体验设计师设计消费者旅程相关步骤方面，可以发挥至关重要的作用。通过网络分析、网站研究，以及社交平台分析，我们可以获得针对人们的行为以及对他们讲述自己经历的综合信息。设计人员们可以将这些反馈机制合并为统一的输入信息，并开展用户体验流程优化。

5.2.7 受众细分

正如我们在第 1 章 "解析协同数字生态" 中所介绍的内容，受众细分至关重要。这些独特的细分组成了受众群体，每一个细分部分都有一组特定的线上行为。通过使用本书前面介绍过的一些第三方数字分析工具（具体介绍会在后面几章详细展开说明），你可以开始构建自定义的用户分层，这种操作能帮助你发现用户关键行为和活动，从而使你的营销活动与用户保持统一。Forrester 的 Technographics 就是一个很好的例子，它可以对消费者细分并对消费者的在线行为活动进行处理。Forrester 的 Consumer Technographics 的研究于 2017 年进行了最近一次更新，这次更新添加了研究主题，这些主题可以提供跨类别的关于数字行为的洞见。例如：社交媒体行为、数字商业和消费、智能手机和物联网（IoT）设备的所有权、数字支付方式、用户偏好、用户态度等。

5.3 受众分析工具类型

上文中，我们从较高视角介绍了受众分析的用途。接下来，我们将开始深入探究可执行的工具。近年来，受众分析工具领域变得比较复杂，并且市场上的可用的工具越来越多。目前部分类别的数字分析工具已经集成了受众洞见的功能和特性。假设，你想开始选择一个合适的工具，于是开始对数字工具或者社交平台分析工具逐一排查，检查它们是否具有能够提供受众洞见的功能，但是这样操作会带来令人生畏的工作量，且非常耗时。因此，我们可以按照第 3 章中介绍的步骤来进行操作，从而确保工具选择不会是一个比较痛苦的过程，最重要的一点是你可以得到一个能满足你需求的解决方案。

数字分析工具箱中包含了几类工具。用户可以从各个类别中选用不同的工具，但是基于工具具体的功能及特性，各个工具类别之间依旧可能存在一定的重叠关系，因此选择一款合适的工具变得愈加困难。这里为你提供了一些最常见的可用工具类别：

- **搜索洞见**——搜索洞见工具可以分两个不同的子类别。第一个子类别是基于用户所使用的谷歌或其他搜索引擎的搜索洞见工具。它可以有效采集跨地域、行业分类、品牌以及竞争对手在搜索引擎上的搜索体量模式，从而识别可行性洞见。Google Insights for Search（现已更名为 Google Trends），对于该类别的分析而言，仍是比较有效的解决方案之一。搜索洞见的第二个子类别很大程度上是要基于关键词，其中，重点是付费点击或付费搜索所涉及的搜索行为及数据。Google Ad Planner 是这个子类别中的一个免费的产品，像 Wordstream、Keyword Tool Pro 和 KW Finder 等许多此类别领先供应商的产品一样，它也可以支持付费类型的服务。这些领先供应商的产品可以提供多种用例的洞见，但是它们的主营业务是为付费搜索广告提供相关服务。如果在你的公司里你要负责付费搜索或者付费点击相关工作，那么很有可能，你需要每天都花时间来使用这些工具。即使你的工作不需要关注付费搜索或付费点击，你也可以从这些工具所输出的洞见中获益，因为它们可以帮助你更深入地了解消费者的想法和意图。

- **搜索引擎优化**——你仍然可以使用搜索引擎优化工具来监控、跟踪并管理你和你竞争对手们的关键词排名。事实上，确保消费者可以自然地"发现"你，此刻显得尤为重要。随着人们注意力的减弱以及付费媒体空前高涨的"声响"，营销人员开始逐渐意识到，简单地专注于高品质、相关的内容及体验，才是自有媒体取得成功的方式。对于这一类别，Google 对内容相关性的权重进行了处理，随着时间的推移，你在网站上所呈现的高质量内容的比重也会增加。

    因此，大环境的变化导致了分析工具市场的竞争异常激烈，甚至比我们发行本书第 1 版的时候还要严峻。目前市场上领先的付费工具供应商依旧是我们熟悉的 Moz Pro、SpyFu，以及 SEMRush 等公司。尽管大家对这些工具都较为熟知，但市场上仍然有很多免费的可用工具，如 Google Keyword Planner 和 Screaming Frog 等。但是，以上我们所列出的工具都还只是搜索引擎优化工具市场的皮毛。还有太多付费的、免费的，以及优质的工具有待深入研究。你想自己完成该部分工作还是全部外包给第三方操作，这取决于你在该领域的专业度及从事这方面工作的意愿。对任何人来讲，你总能找到一款合适的搜索引擎优化工具来满足你的需求。

- **用户研究**——客户声音（VOC）研究可以帮助品牌通过设定自定义问题及具体问题的方式，来收集网站访问者们的回复，进而对这些问题作出解答。这种研究可以提供更高阶的功能，例如可以跳过逻辑性、保持随机性、实现与网站的集成、生成报告，以及开展分析等功能。我们可以通过该研究收集有价值的定性反馈，再把这些反馈与网络分析数据结合，便可以将受众的讨论与他们的实际行为联系起来。将这些通过客户声音（VOC）收集的反馈与线下收集的定性反馈相结合，便可以对你的发现进行验证，同时也能识别那些需要继续深耕的工作，以进一步清晰你对受众的讨论及他们实际行为的认知。你可以选择像SurveyMonkey、Google Forms以及LimeSurvey等低成本的解决方案，也可以选择像ForeSee或OpinionLabs等付费解决方案，相对于低成本的解决方案，这些付费产品可以支持自定义设置采集变量、支持高级细分（至关重要的一点是需要把不同的问题推送给网站上不同细分层级的访问者们）、筛选以及专业服务的支持，从而帮助你执行用户研究工作。

- **网址剖析**——网址剖析类别的作用正如其名：你可以输入一个网站的URL，然后通过使用解决方案控制面板上的数据检索功能，便能返回一个可以展示出网站流量统计、网站搜索量、引荐流量来源、访问者信息统计数据、相关站点等信息的网站实时快照。近年来，这一领域的领军企业发生了很大的变化。目前，SimilarWeb、Alexa（已被亚马逊收购）以及Follow.net在该领域处于领先位置，他们均可提供免费版本以及付费版本的工具。
- **网络分析**——那些传统的网络分析工具实际上是数字分析工具的鼻祖，尽管属于它们的时代已经过去，但它们仍然是数字智能基础的核心。它们拥有收集、分析和生成数据报告的部分最先进的功能，因此可以帮助你了解受众并优化网站体验。根据Forrester Wave：Digital Intelligence Platforms 于2017年第二季度发表的调研报告中显示，有近四分之三的营销人员将网络分析工具列为收集数字智能的首选技术解决方案。（图5-3）

这些工具主要被用于了解：流量表现、网站体验路径、内容互动趋势、引发病毒式传播的内容以及信息分享趋势。当然，它们也依旧是用户行为数据的丰富来源。对点击量进行分析仍然可以提供超凡的洞见及价值，但是这种分析也有很多局限性。许多关键性的操作其实是发生在两次点击之间，这主要取决于消费者们当下在如何处理内容，以及使用什么类型的设备。当然，设备本身不需要能点击，但是它们会被接触或输入语音指令。因此，一种全新的工具类别出现了，它可以专门回答"两次点击之间发生了什么"这个问题。现在已经不再是一个需要每天计算总点击量的时代了。

借助网络分析可以帮助你发现受众的一些行为模式，这些行为模式与前文提及的几个用例都相关，特别是用户体验设计用例。（优化用户体验设计＝减少品牌与受众之间的摩擦＝一位满意的受众＝双赢模式！）许多网络分析工具都可以提供自定义受众细分、多变量测试、数据广泛摄取，以及数据源集成等功能。对用户而言，这些功能很重要，因为它们能够允许你对不同的数据集进行混合试验，同时通过测试不同的变量因子，可以帮助你了解受众最希望接收到哪种形式的内容（文本、图片或视频）。目前只有该领域市场的领导者如Adobe及AT Internet Web Analytics Solution具备了对市场活动进行追踪及管理的功能，它们可以轻松关联付费媒体营销活动的具体内容,以及网站上的用户操作,因此可以轻松地帮你获取市场营销活动受众以及受众互动情况等必要信息。所以,值得你投入成本。定义、计划以及执行用户行为测试等工作需要花费一些时间,但是这些工作是值得开展的。最终得到的结果可以帮助你发现具体的、有价值的洞见,这些洞见与受众意图、喜好和需求相关。同时,它们也可以帮助你明确网站需要呈现的内容,以及可以对哪些内容形式进行创新(例如视频、图片、链接)。谷歌分析(免费版本)依然是一个非常强大的网络分析平台,如果企业没有预算,可以考虑用谷歌分析代替那些付费工具。

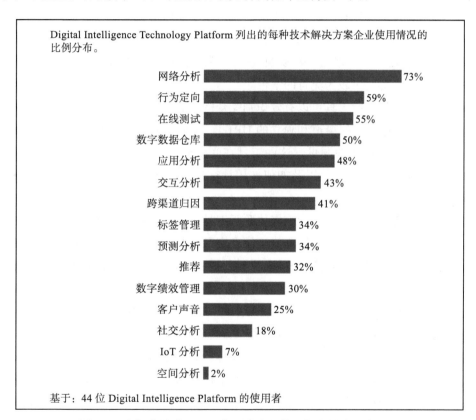

图 5-3　市场营销从业人员使用最多的数字智能技术解决方案

资料来源:2017 年第二季度,Forrester Wave:Global Digital Intelligence Platforms 客户引用在线调研。

- **社交媒体聆听**——在开始撰写本书之前,市场上就已经存在了数百种社交媒体聆听工具。但是,该领域在很短的时间内发生了非常多的变化!我们从 Forrester 发布的最新社交媒体聆听工具图谱可得知,最近这段时间,可以说社交媒体聆听市场经历了巨大的变化和震荡。从 2012 年开始,Radian6 和 Visible Technologies 就以领导者的身份出现在了大众视野,且 Radian6 占据了社交媒体聆听领域 90% 的市场份额，这在以前是闻所未闻的。(https://www.forrester.com/report/The+Forrester+Wave+Enterprise+Listening+Platforms+Q2+2012/-/E-RES61648)。

从2012年快进到2014年，仅仅两年时间里，市场就发生了翻天覆地的变化。由于Radian6被SalesForce收购并与其平台进行了集成，因此，它就这样把市场领导者的地位拱手相让给了Synthesis和Sprinklr（新起之秀），而Visible Technologies仍然处于领导者序列。(https://www.forrester.com/report/The+Forrester+Wave+Enterprise+Listening+Platforms+Q1+2014/-/E-RES101261)。

尽管社交媒体聆听市场在当时已经发生了这些变化，但接下来，市场依旧在持续发生震荡。到了2016年，这个行业看起来又不一样了。Synthesio、Brandwatch以及Sprinklr在市场上成为领跑者，紧随其后的是Crimson、Hexagon以及Clarabridge等时下较为流行的平台。

社交媒体聆听工具可以有效识别受众围绕品牌、产品或服务所开展的社交对话的源头（媒体类型的渠道和独立的URL），同时也可以提供基于人口统计信息及受众心里分析而得出的洞见，这些工具在受众分析中也能提供此类支持。关于如何选择社交媒体聆听工具以及如何使用社交媒体聆听工具的更多介绍，请参见第3章内容。

对于受众分析来讲，社交媒体聆听工具可以发挥出一个独特的功能，在本章中我们也会对此进行介绍，即通过运用自定义标签及分类的方法，帮助你回答应该如何更好地了解受众的观点及喜好。如何对特定的品牌、产品或服务开展有效的情绪分析。

- **影响力分析**——发现出受众"羊群"中的"领头羊"角色至关重要（羊群效应）。关于这一类别，我们会在第8章中详细展开介绍。
- **分享行为分析**——这是一类专门用于追踪跨数字平台内容分享行为的工具。这类工具提供了一个窗口，以帮助用户了解什么样的内容是受众最需要、最感兴趣的。可以通过URL缩短服务工具（如bitly）以及免费分享工具（如AddThis、ShareThis或Gigya）来获取受众分享行为的分析报告。如果想要实现一些定制化功能，则可以尝试Buffer之类的付费工具。
- **社交档案与行为分析**——品牌社交档案与行为分析是目前市场上第三方社交平台分析工具能提供的最常见的功能之一。不管你是分析自己品牌的社交档案还是竞争对手的，这些工具可以对你的互动行为、朋友/粉丝/关注者，以及发布过的内容进行详细记录，从而帮助你发现相关的洞见及趋势。

例如Socialbakers，这是一个可以管理你在Facebook、Twitter、Instagram以及YouTube上社交档案的第三方工具，它可以为所有的账户提供以下类型的分析：

- ❏ 关注者的地点分布
- ❏ 关注者的语言分布
- ❏ 品牌页面发布帖子的趋势
- ❏ 受众互动的趋势

这些信息比以往其他任何工具的输出信息都更有用，因为与早期的"计数"性质的社交行为相比，趋势分析与受众互动分析可以提供更具体、更具可执行性的洞见，而你的报告恰恰可以依赖于这些洞见内容。现在，我们正朝着正确的方向前进：可执行的洞见！通过应用这些社交分析工具，你还可以自定义品牌互动营销活动，以吸引特定人群或让受众产生兴趣，但是这种操作只能覆盖小范围的关注者，而不是全部的受众。

随着社交平台分析工具市场的逐渐成熟，大多工具均可提供以上这些工具类别中所提及的细分功能，同时这些工具在实用性方面也有显著提升。尽管市场上的社交平台分析工具的核心功能多年来不断地演变并趋于成熟，但是网络分析工具、搜索分析工具以及付费媒体分析工具在功能细分以及实用性方面仍然具有很大优势。

关于此类别的最后一点说明：在本书第 2 版撰写过程中，社交分析类别在功能以及专业化方面仍然是一个"大跨度的波谱"。这个波谱的其中一端是那些可以提供具体指向性服务的工具，它们只专注服务于某个社交平台，比如 Twitter 的 Hashtracking、Instagram 以及 Snapchat 的 Snaplytics。波谱的另一端则是社交分析控制面板。这些解决方案可以支持所有主流社交网络上开展的分析并提供相关服务。在这个领域你可以深入了解的好评工具有 SimplyMeasured、Spredfast、TalkWalker 以及 Sprout Social。

Sprout Social（https://sproutsocial.com/）是社交分析控制面板的一个很好示例，它可以通过直观的、可视化的控制面板形式，提供关于以下方面的详细报告：

- ❏ Twitter 用户资料分析
- ❏ Twitter 用户互动分析
- ❏ Twitter 用户趋势分析
- ❏ Twitter 用户反馈报告
- ❏ Facebook 品牌主页分析
- ❏ Facebook 用户互动分析
- ❏ Facebook 受众洞见报告
- ❏ Instagram 社交档案分析
- ❏ Instagram 品牌竞争对手分析
- ❏ LinkedIn 品牌主页分析
- ❏ Google 分析报告

当然，Sprout Social 远远不是唯一一家可提供全方位直观的、可视化控制面板的供应商。在第 3 章中，我们介绍的一些社交媒体管理系统（SMMS）工具也可以为社交网络分析提供与之类似的分析控制面板支持。如果你已经选择了 Hootsuite 以及 Sprinklr 等市场领导者产品，它们也可以提供这方面的服务。社交媒体管理系统市场已经成长并发展壮大，因此，它们现在会经常被定期评审，也会被纳入 Forrester Wave 的研究中。相关工具的特性、功能，以及如何与其他数据源或系统进行集成，这部分的信息一直在频繁的发生变化，因此，需要密切关注那些与社交媒体管理系统有关的未来波动性报告。

Altimeter Research Group 的行业分析师 Jeremiah Owyang 编制了一份完整的社交媒体管理系统清单，你可以通过以下网址查看：http://www.web-strategist.com/blog/2010/03/19/list-of-social-media-management-systems-smms/。

5.4　受众分析补充技术

本章所介绍的大部分内容是关于什么是受众分析、为什么要进行受众分析，以及受众分析输出信息的具体用途是什么。在本节中，我们将详细介绍一些技术，相比直接使用工具，我们认为通过应用技术来使用工具可以获得更多的收益。

尽管我们把关注点和介绍的内容都放在了工具上，但有一个重要的提示，即数字分析工作与工具本身无关。工具很重要，因为它们具备解答不同类型问题的能力，但是所有的工具都只是达到目的的一种手段。分析师的水平以及分析师们针对不同类型的数字数据所应用的分析技术，这两点都会直接影响分析的质量。工具可以使分析师的工作更有效率，但是它们不会魔幻地自己提供答案。

因此，社交数据分析是我们当下需要关注的一个领域，因为用户可以通过该分析获取更多的洞见。各大品牌商们都在努力回答受众相关的问题，例如：
- 受众对我们品牌有哪些对话讨论？
- 受众谈论最多的话题和/或主题是什么？
- 我们的受众是哪些人？
- 他们会在哪些数字平台上花费时间？
- 我们对受众的内容消费习惯、偏好以及互动行为了解多少？
- 对于受众来讲，我们的品牌有哪些地方可以吸引他们，并可以与他们的兴趣产生关联？
- 我们的受众表达出了哪些已满足或未满足的需求？
- 我们的受众，对具体的品牌、产品或服务有哪些看法？

社交媒体聆听工具可以对以上部分问题作出回答，但不是全部。可以把这些问题视为受众学习计划的起点，在此基础上再使用其他数据源及工具进行构建。接下来，让我们详细分解社交媒体聆听工具的使用范围,以及分析师们要如何应用它们来开展工作。针对我们所列举出的这些问题,通常可以通过词云、词频以及行业情绪报告等工具来获取答案。虽然工具提供的答案看上去还不错,但这些答案可能仅针对以上问题相对有效,对于该类别的其他问题则解答有限。但针对这一点,可以通过设定自定义标签的方法来创建出额外的元数据,从而帮助你加强分析并得出具有执行性的洞见,而不只是获取有趣的信息。社交媒体聆听工具(以及一些社交媒体管理系统工具)也可以帮助你获取受众对于你的竞争对手所开展的在线对话。

5.5 对话类型

想要了解受众偏好并获得答案,可以通过自定义设定标签的方式来实现。一些先进的社交媒体聆听平台可以支持用户对工具进行这种自定义操作,但是在操作之前用户也需要考虑如何能最大化工具的使用价值。

一种设定自定义标签的常用方法就是对"对话类型"设定标签。概括来讲,"对话类型"就是简单地把你的对话细分成一些常见的类型。但是,这是基于你所关心的某些具体对话类型而预先定义出的。

例如,一个较大的品牌商每个月都可能会找出受众关于产品或服务的成千上万条对话。这些对话存在共性,但又来自不同的受众群体或受众分类。常见的对话类型如报怨、赞美或企业官宣,存在于所有的类别中。同时,还存在着一些针对品牌、产品或服务的独特对话类型。将这些自定义的元素添加到受众对话分析中可以帮助你更好地了解受众在讨论什么、他们真正关心的是什么。

举个例子,假如你正在查看受众对某个产品的评论,或受众们围绕某一具体的市场活动或会议的有关对话。当这种自定义标签的形式被应用于产品或服务属性层面时,可能也会非常有效。与其了解一个品牌发布的最新产品(例如,一款新游戏机)的对话数量,不如去了解受众中对于不同游戏玩法的对话所对应的比例分别是多少,或受众对具体产品某一属性存在的疑惑,再或对整个产品体验评论等相关问题,这样岂不是更好?以下为对话类型清单概览:

标准/自定义的品牌回应	线上平台评论类型
标准	抱怨
标准	赞美
标准	企业官宣
自定义	产品属性1
自定义	产品属性2

自定义　　　　　　　　　　产品体验反馈

对于创建并应用哪些标签通常是没有限制的，尽管你定义出的标签越多，你做的工作就越多，但是你的分析也会更具体。关键点是，对于你的业务来讲，当代的分析方法比以往任何时候都更具关联性。从市场营销到售后服务/支持，再到产品研发，当代的数字分析不再需要与品牌强相关，而是可以非常精准地对标到某一具体的业务领域。这是一种针对性较强的社交数据分析方法。

可以通过手动分析以及自定义标签的方法，将标准数据进行分类，把有趣的数据转变为可执行的数据。例如，一个品牌商可以利用这些数据所获取的洞见，来改进产品研发并修复bug、根据受众体验反馈来改变产品研发路线图，甚至可以根据那些从具体产品属性的对话中获取的反馈，来改善对外市场营销以及广告宣传工作。

5.6　事件触发

一方面我们需要对分解品牌不同对话类型有所了解，另一方面，我们对品牌被提及的累积次数也要有所掌握。你可以更多地去了解受众在做什么，知道是什么在引领着这些对话，进而优化社交媒体组合、内容营销，并得到一个最有利于受众与品牌的互动策略。想要得到这些内容的答案，则需要你对事件触发类型的话题有敏锐了解。

事件触发分析是我们在为一家财富五十强企业开展大型社交媒体聆听项目时首次开展的分析。当时的情况是企业必须对其产品相关的对话数量及对话类型有所了解，并需要知道引发这些受众对话的原因。所以我们制定了一种新的社交媒体聆听分析技术，我们将其称之为事件触发。

事件触发技术本质可直观其名，但是对于任何社交媒体聆听工具而言，它们都不会展示出在这方面的即时可用功能。事件触发技术是在前文描述的对话类型方法确定之后才出现的。事件触发分析是对自定义数据功能的自然增强拓展。基于前面介绍的示例，该分析过程将对特定类型的所有对话进行检查，并确定出最初引发该类对话的根源事件。尽管该技术目前存在一定的局限性，并且并非能适用于所有场景。但在大多情况下，针对识别相关对话并将其链接回具体事件的相关工作，用这种技术来完成通常不会花费我们特别多的精力。

以前文提及的游戏机为例，实际可能存在许多独特的事件来触发相关的对话。按照类似于对话分类的相关方法，你可能会发现：游戏节目或线下集会、同行业产品评论、发布公关稿件、竞争对手官宣，或者消费者发布的产品评论，这些可能都是触发相关对话的事件。

该技术的价值在于，它能帮助你发掘出可以提高产品属性的增强性洞见，进而优化你的市场营销活动以及广告宣传，并使之更为有效，它甚至可以帮助你发现新的商机。

总之，你可以使用多种不同的方法来获取那些你想要触及受众的有价值信息。市场上还没有任何一个现成的工具可以为你提供 360 度的受众信息概况功能，从而为你解答如何通过品牌相关的所有数字触点，向受众成功传递具有相关性的内容及体验所需的一切信息。但是，如果你正在使用我们详细介绍的受众分析方法，以及本章所涉及的各个类别的工具，那么此刻就是你了解目标受众的最佳时机。

Chapter 6　第 6 章

数字分析：生态系统

本书的第 4 章和第 5 章着重介绍了如何通过数字分析来衡量品牌健康度，以及如何利用数字分析工具对目标受众有一个全面的、深入的了解。本章将重点介绍品牌正处于的复杂且混沌的数字生态系统。过去五年中，数字媒体及设备的碎片化加剧了市场营销从业人员所要面对问题的复杂性。因此，我们需要一种方法，可以将复杂的数字财产、平台及资产清晰化。营销人员可以使用现有可用的数字分析工具，帮助我们了解品牌独特的数字足迹。你不需要触及这个协同数字生态系统的方方面面，也不应该去做这样的尝试。尽管如此，许多品牌营销人员依旧想要去追求最新潮的数字化闪亮目标，而且是在既没有数据驱动也没有基于事实论证的情形下。在本章中，我们将着重介绍为何要开展数字生态系统分析以及如何开展实施。

为什么要开展数字生态系统分析？坦白来讲，它可以把事情简化。它还可以帮助你确定，相对于你的品牌、你的受众、你的影响者，甚至是你的竞争对手，哪些数字财产及平台是更重要的。数字生态系统分析是社交媒体聆听分析与技术的结合体，用户体验设计师们可以把它应用于设计或优化用户旅程路径的研究中。我们可以根据自己的目的调整部分框架，从而使品牌的协同数字生态系统更具逻辑性、组织性及前瞻性。

生态系统分析存在的意义是可以回答以下这些有关数字财产或平台的问题：

❑ 为什么会存在这个平台？对于我的受众而言，它可以扮演什么样的角色？
❑ 它在生态系统中处于什么位置？我的受众要如何才能发现它？
❑ 这个平台的优先级如何？是重要紧急还是重要不紧急？
❑ 哪些细分受众群体会使用这个平台？为什么会使用？使用目的是什么？
❑ 品牌运营这个平台会有哪些收益？

❑ 它可以设置哪些品牌触点？是平台本身就具备了的独立功能，还是需要与其他平台或工具进行集成？

对任何一个品牌而言，数字生态系统的发展速度都到了难以接受的程度。因此，不要试图弄清楚你的品牌还需要多少个数字平台，取而代之的是需要确定你的数字产品可以与哪些数字平台匹配。如果没有适合的，那么就要为品牌考虑哪些数字财产与平台会是最佳组合。

每个数字品牌都有其独特的数字资产成分。对于你的品牌来讲，你的受众和顾客都是独特的。当然，对于你的竞争对手，他们可能也会表现出共性，但重要的是要避免产生"直接复制"竞争对手数字生态系统的冲动。你需要通过分析来确定适合自己的方法。此类分析主要是对与你的品牌及受众有关的数字财产的评估或盘点。

6.1 生态系统分析

开展生态系统分析的第一步是需要在数字平台上广撒网。截至目前，本书中大部分与分析有关的章节都聚焦于介绍知名的、大型的平台以及重要的自媒体平台（例如品牌官网）。然而，我们并不想遗漏任何信息：除了那些知名的、大型的数字平台，我们还需要找到一些孤立的数字平台。类似这些边界用例的数字平台可能目前并没有引起你的关注，但可能是受众所关注的。以下是与生态系统分析有关的主要步骤。

1. **整理一份数字渠道清单**。通过使用社交媒体聆听工具，你可以搜索出与你的品牌、产品/服务以及受众有关的内容。与其他社交分析不同的是，你需要关注的重点不仅仅是找到相关搜索结果的数量，还要掌握搜索结果中具有唯一相关性的内容。许多社交媒体聆听分析都忽略了边界用例的数字平台，这些边界用例也包含了相关的对话或搜索结果，我们忽略它们往往只是因为在搜索方面，与那些大型平台（例如 Twitter）包含的大量类似对话的数量相比，它们会显得很微不足道。这种操作有一定的局限性，因为它关注的是搜索结果的相关性及质量，而不是受众规模。当然，这并不是要让你找到一个第三方平台，平台上某个特定的话题恰好适合你的品牌产品，并且十倍于 Twitter 上类似讨论的数量。请先降低这种操作的优先级。现在，你应该处于信息收集阶段。需要尽可能多地找出与品牌和受众相关的数字平台。不要放过任何细节，这部分的工作是为接下来的优先级排序做铺垫。请确保你收集了各个平台上的具有相关性的附加指标，因为你需要它们来完成优先级排序的工作。

2. **确定对话的数量**。这一步很容易实现，你的社交媒体聆听工具应该能很容易区分并识别在某个数字资产或基础平台上产生的相关对话数量。

3. **确定流量**。这一步不是很容易确定，但是仍有一些方法可以用于网站流量的估算。

回顾一下第 5 章中介绍的有关网址剖析工具的内容，这些信息可以帮助你了解这些可用工具的详细信息。通常情况你会通过收集网站流量信息来评估品牌商机的规模和范围。你可能也会寻找具有相关受众及讨论的孤立数字平台，但是却发现它的流量非常低，受众也很少。尽管如此，这并不意味着这个孤立的数字平台对你没有任何潜在价值，只是它的排序优先级不应该比其他更具潜在价值的数字平台高。

4. **确定内容相关性**。这一步至关重要，因为内容相关性是数字生态系统分析的重要影响因素之一，它可以决定某个数字财产或平台在你的数字生态系统中扮演什么角色。想要确定发布内容与受众讨论的相关性，这部分工作不是很复杂。可以创建一个简单的评分方法，这个操作不会特别繁重但可以有效地帮助你。可以利用这个评分方法，为你清单中的每个数字财产开展内容相关性评分。这样做可以消除一些主观性，尤其适用于多人参与的生态系统分析。

5. **发现品牌形象**。明确你的品牌是否在任一数字财产上都能吸引受众。为什么要把这方面的内容包含在分析步骤清单里？如果你公司中的某个人正在与你所评估的某一数字财产上的受众进行互动，那么你可以从这个人身上了解很多东西，进而帮助你确定该数字财产目前在数字生态系统中所扮演的角色。另外一点是它可以帮助我们确定某个特定平台的"品牌友好度"。消费者通常不希望被数字平台上的各种品牌所捆绑，尽管他们会在这些平台上花费大量的时间。你可能会问，那 Facebook 呢？上面遍及品牌连同其品牌的消费者。确实如此，但对于品牌商而言，只有部分数字平台给了它们这种机会，没有机会的反而是常态。以 Reddit 为例，Reddit 拥有一批积极旺盛的、忠诚度极高的用户群，但是它还没对外开放允许品牌商们入驻 Reddit 社区。直到今天，品牌以及市场营销从业人员们仍然在试图破解有关 Reddit 社区的互动规则。正因为如此，Reddit 反而没有被忽视。Reddit 通过分析受众在 Reddit 社区的讨论内容，得出了有关受众观点、态度及偏好的大量洞见。

6. **数字平台优先级排序**。现在你已经收集了有关生态系统相当多的信息和情报，现在，可以通过利用它们来对你所列清单中的数字财产以及平台进行整合并打分。最好以电子表格的形式来完成此操作，因为电子表格可以创建一些公式来自动计算分数。当然你也可以手动完成此工作——但我们最好尽量避免采用这种方式，大部分人不喜欢手动操作，因为它会更耗时且容易出错，尤其是在处理表格信息的时候。

完成各个数字财产的评分之后，对于最终得到的结果你可能会有意外发现：与你经常使用的那些数字财产相比，一些你没有关注过的数字财产在列表中的得分可能会更高。进而，你可能还会发现，那些拥有大量受众的、知名度较高的平台得分反而较低，这个得分并没有办法印证利用平台本身的声誉能够为你带来机会的结论。这些都是生态系统分析的正常且常见结果。

6.2 生态系统分析的产出

我们把本章的精髓内容留到最后。从数字生态系统分析中获取洞见及输出信息，这是最有意义的工作之一。相关信息最好能以可视化的方式呈现，并配上前后对比图，从而可以更生动地描述出品牌数字生态系统的样貌。接下来，我们将示例一个数字生态系统图，它以一种可视化的简化方式，呈现了数字生态系统分析中的相关数据。

在本例中，我们将使用 EMC 作为示例品牌（参见图 6-1）。EMC 是一家向各个企业的 IT 决策者们销售硬件产品以及软件技术的厂商。

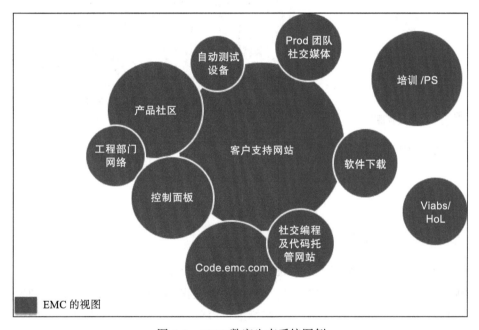

图 6-1　EMC 数字生态系统图例

如图 6-1 所示，我们可视化出了 EMC 的数字生态系统，在实施本章前文介绍的步骤之前，需要进行预分析。仔细观察，我们并不会发现有什么特别之处。从这张图可以直观地看出这是 EMC 自有媒体财产的一小部分组合，IT 决策者们会通过图示内容来收集信息、共享，并制定最终购买决策。接下来，我们会将其与以完整数据集为基础所呈现的 EMC 数字生态系统视图（按照清单中的步骤操作，并进行相应的分析）做对比，如图 6-2 所示。

较浅的灰色圆圈代表着 EMC 受众发现并经常使用的相关数字财产，其中也包含他们需要查找的内容类型。如果没有对比，第一张图例里深灰色圆圈也不会如此凸显。这一点也印证了我们本章前文中提及的绝佳示例：需要识别孤立的平台以及那些之前未被发现的数字财产。

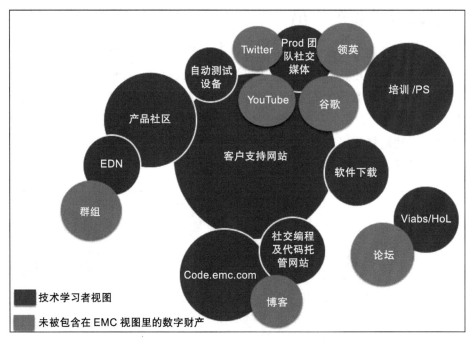

图 6-2　EMC 数字生态系统分析图例

6.3　数字生态系统图

　　如果你在谷歌上搜索数字生态系统图，呈现的结果会让你感到眩晕。和数字信息图一样，目前还没有真正所谓标准的数字生态系统图。值得高兴的是，我们已经看到通过实践得出的一些标准在逐步被建立，应用这些标准可以创建出各个品牌能易于沟通的生态系统图以及其详细信息。这样做的好处是，针对数字生态系统图所传递的内容以及视觉设计，你可以尽情发挥创意。我们认为，如果将这类分析的相关数据与数据可视化领域的最新创新方法结合，未来的世界将会有无限的潜力和可能。同时，如果能在这两个领域之间增加自动化集成功能，随着时间的推移，数字生态系统图也可以获得更可靠和有效的更新和维护。对大多数从业人员来讲，目前他们都还处于通过手动操作来处理这类工作的阶段，尽管进展缓慢，但未来有望取得突破。企业必须要以更正式的姿态来采用数字生态系统分析方法并制图，从而实现营销工作自动和高效地开展。

　　数字生态系统分析在市场营销新项目发布及品牌优化等方面可以发挥重要作用。

第 7 章 Chapter 7

投资回报率

准确了解数字营销的有效性从未像今天这样显得如此重要。数字营销领域已得到了加速的发展,从单一的平台阶段进入混合现实阶段。市场上的企业,正以前所未有的速度追求数字化转型。到处都是数字化转型相关的炫目的产品或解决方案,企业在这方面的投资也常常让人感觉很随意。各个公司都正持续加大在这方面的预算。据 Forbes 报道,截至 2021 年,美国在数字营销领域的支出将会达到 1200 亿美元,会占全部营销支出的近一半(46%)额度。此外,企业正在采用 ROI 的评估方式来重新检查其投资结构。现在,正是我们设置准确可靠的 ROI 度量的好时机。

数据的可用性,意味着市场营销从业者和传播者们不能再以缺少有用信息为由说自己无法证明营销项目是否成功。数据已经全在那里,你只需要花一些时间来明确你的目标,并设置收集及分析数据的相关机制。所以问题的关键点在于确定出我们需要追踪什么?

在第 1 章及第 2 章中,我们对数字分析的一些基本要素进行了描述,其中就包含了设置可度量目标的内容。如果没有那些可度量的目标,接下来的度量过程将会是一盘散沙。如果你设置好了合适的目标,那么应该有很多可供你选择的潜在指标。其中一个就是投资回报率(Return On Investment,ROI)。

ROI 是指所有营收减去投资的成本再除投资的成本而得到的结果。将投资成本设置为分母可以得到收益或亏损的百分比。这个计算公式真的非常简单。但是,根据很多行业研究发现,在度量 ROI 方面总是存在一定的困难。而且我们总是很难回答出 CMO 的提问:他们希望加大在数字营销渠道上的投入,却因为我们不清楚数字营销渠道对业务会产生哪些贡献而犹豫不决。

产生这些问题的原因有很多,我们将在本章中一一进行探讨。同时,我们也会介绍度量 ROI 的不同方法。在本章的最后部分，我们会为大家推荐一个模型，该模型是 ROI 以及其他度量方法的结合体，模型里的这些度量方法可以帮助你更全面地表达出数字营销渠道对业务产生了哪些影响，从而帮助你更好地把控数字营销效果。

7.1 定义 ROI

ROI 本身的概念并不复杂。重申一下，ROI 是指所有营收减去投资的成本再除投资的成本而得到的结果。通过这个计算可以得出收益或亏损的百分比。这很容易理解，对吧？不幸的是，随着数字营销渠道的爆炸式增长，计算 ROI 的过程也变得愈加复杂。现在，营销人员吸引受众的可应用触点有很多，随之而来的问题是我们需要知道该如何确定这些触点对业务的贡献值。为了解决该问题，数字营销行业试图以创建不同缩略词的方式，来应对数字营销项目中计算财务回报的需求。自本书第 1 版编写至今，虽已时隔很久，但我们看到这些缩略词依旧会出现。

我们不是故意想要暗示那些提出使用缩略词方法的人有什么恶意。实际上，我们认为这些人只是想帮助大家了解数字营销可以为企业带来哪些价值。不幸的是，高管不太能理解并接受 ROI 的任何演变形式。尽管你的直属领导有可能会接受一些 ROI 的替代方案，但根据我们的经验，高层领导们只会把 ROI 视为是度量财务投资回报的唯一指标。

接下来，我们将对 ROI 的所有不同演变形式进行概述，以便大家理解它们的含义和它们为什么会带来一些问题。

7.1.1 互动回报率

ROI 的一个演变形式是互动回报率（ROE），它可以帮助企业度量数字营销活动对受众互动率的影响。这里有一个前提假设：受众与越多的内容互动，品牌的知名度就越高，再进一步则可以提高受众的购买可能性，或增强受众对品牌的好感度。因此对于市场营销从业人员而言，这个指标比 2018 年的时候显得更重要。

> **注意** 现状核实：品牌关注度的价值是直线上升的。对受众而言，现在比以往有更多的选择空间，所以如果受众愿意花时间去关注品牌商推送的一条内容或者广告，那么这应该被视为一份礼物。品牌商们应该牢记这一点，重视它，并对其进行度量及优化。但是要用衡量喜爱程度的方法来衡量它，而不是用金钱。

也就是说，数字很重要。ROE 背后的计算公式往往是不同的，在某些情况下，甚至会因为社交平台的不同而不同，这是使用 ROE 存在的主要问题之一。通过计算 ROE 可以帮助我们了解当某位社交媒体经理或品牌代言人与某位受众产生互动后，对其品牌产生了哪些影响，但前提是该受众之前在网络上提及过该品牌。例如，企业的社交媒体专家或社群经理联系到了那位投诉其品牌的受众，并对该投诉进行了纠正，则可能的 ROE 计算是统计联系该受众及解决该问题所花费的时间。

另一种计算 ROE 的方法是查看社交媒体社区上互动用户的百分比。但是这种计算方法的公式会因社交媒体平台而不同。以下是关于 Facebook、Twitter 和 YouTube 平台上 ROE 计算方法的介绍：

- Facebook——用户互动回报率的计算是将一个帖子的点赞数、评论数及分享数相加，然后与总的粉丝数（或点赞数）相除而得出的。
- Twitter——用户互动回报率的计算是将一个帖子的转发数及点赞数相加，然后与总关注者数相除而得出的。
- YouTube——有几种方法可以计算 YouTube 平台上的用户互动回报率。第一种方法是对于某个特定的视频，将其评论数、评分数以及点赞数相加，然后与视频的观看次数相除而得出。另一种演变的计算方法是将某一频道上的以同一种方式计算得出的互动回报率相加，再与订阅者总数相除得出的。

如果了解了受众互动回报率并掌握了社群经理改善或帮助客户的实例，这些信息将会对品牌建设非常有价值。然而，可能会存在部分分析团队采取不同计算方法的情况，你应该注意到这些不同的计算方法会导致互动回报率结果不一致，并导致你的分析最终误入歧途：

- 模糊数学公式——在本章中，我们着重介绍了几种计算 ROE 的不同方法，但是可能还有许多其他计算方法并没有在本书中提及。当你向高层管理人员汇报计算结果时，必须确保公式是清晰且可靠的。虽然我们在本章中列出的方法是可靠的，但是我们并不清楚不同的计算公式对企业会有什么影响。
- 确定用户的互动数据是否等于销售数据——事实上，在 Facebook 或 Twitter 上有 25% 的用户与你有内容互动，但这些用户却不一定会转化成销售。想要实现二者的关联性，则需要在后端实施大量的工作，进而可以追踪你的粉丝或者关注者的行为。（在接下来的内容中，我们将对这方面进行更多的介绍）
- 聚焦于营销漏斗不正确的部分——ROE 不能替代 ROI，因为用户互动并不代表用户购买。如果你专注于建立品牌知名度、改善客户体验，并希望用户在实施购买决策前更愿意积极地考虑你的品牌，那么采用 ROE 的方式来计算会更合适。

基本论点：如果你想了解受众对你发布在数字渠道上的内容及参与互动体验后会有什么反应，那么计算 ROE 是一个很好的方式。但是对社交媒体或数字媒体上所发布营销活动的财务情况，则无法通过使用 ROE 进行追踪。

7.1.2 影响力回报率

影响力十分重要。营销人员花费了大量的时间和金钱来寻找那些可以影响消费者的路径。影响力的复杂之处是在于它对任一品牌和产品而言可能都有所不同。但是,影响力有两个属性对所有人却是一样的:

触及:对话或内容可以被广泛传播或有较高的可见度

共鸣:对话或内容可以影响用户心智

然而,这并不意味着影响力回报率是一个可以被简单计算的度量标准。影响力回报率这一概念的根本问题是在于它并不一定能与销售行为挂钩。当然,数字营销从业者可以设计出一个方案,可以通过吸引那些有影响力的人来促进最终购买数量的增加,但是不需要持续这样操作。多数情况下,数字营销从业者创建影响力项目是为了增加对话量及实现广泛触及,或者是能够向一批全新的目标受众曝光。这种项目可以带来很好的销售商机,但数字营销从业者通常不会建立受众行为追踪机制(即创建自定义链接,将那些有影响力的人及其粉丝引流至销售页面)。

构建你的企业影响力回报率观点时需要记住以下几个关键要素:

- **推文量,转推量,评论量及点赞量,这些并不是交易量**——可以思考一下你自己的线上行为。当你点击"点赞"按钮或者转发某人的帖子时,接下来你的行为是会去购买对应品牌的商品吗?大多数情况下,你的答案会是"否"。你又会有多少次因为某个朋友在某个品牌就职而转发或点赞其推送?这种情况可能会带动一些交易行为,但很可能也不是直接的交易行为。

- **粉丝/关注者价值的计算存在误差**——统计一下在社交媒体活动上的花费,然后用它与通过社交媒体活动获得的粉丝或关注者数相除,这种操作很容易产生误差。存在误差的主要原因是忽略了获取粉丝的方式。有些粉丝是可以自然获取的,有些则是通过付费媒体或者广告宣传获取的。每一项活动的开展,所对应的回报程度是不同的,这取决于企业。如果我们假设了点赞行为等于可能增加的购买行为,那么就意味着这会导致一个巨大的偏差,因此我们不希望建立这样的等同关系。

- **并非所有粉丝都是等同的**——仅仅因为我点赞、转发或评论了一个帖子,这些操作并不会增加我的购买欲望。实际上,我可能完全不是品牌的目标受众。因此,如果我转发或分享了一条推送信息,我是否帮助了该品牌?也许这样的操作有利于提高品牌知名度或扩大影响力,但是我的"分享"很可能不会触及任何可能购买该产品的受众。那么作为品牌经理,这对你有价值吗?

- **改变受众行为固然重要,但这不是财务问题的根本**——我们采用的是一个非常直接的方法来计算 ROI。毫无疑问,ROI 是一个财务指标。影响力回报率的计算结果以及先前讨论的互动回报率的计算结果却不一定与财务相关。但它们却可以帮助你很好地追踪你对某些受众行为的影响。但是，人们转发、分享，甚至更积极地谈论一个品牌，这些行为并不等同于销售。

与互动回报率的计算一样，计算影响力回报率可以帮助你了解有哪些方式可以影响受众行为。实际上，在转变品牌舆论方向方面，它可以为你提供一个长远的视角。但是，在决定用户是否有意愿付费方面，它对你没有什么实质性的帮助。

7.1.3 体验回报率

由于混合现实（数字＋物理）的出现，体验回报率成为一个可以度量成功的有趣标准，并受到了越来越多的关注。社交媒体也持续地成为使用这种度量方法的驱动因素。这种方法的基本思想是对受众群体与品牌之间的互动加以量化。然而，由于这种方法才刚刚兴起，所以还不够成熟。而且如果想要把它视为一个成功的度量方法，目前体验回报率缺少对品牌及受众的特异性，但是这二者的特异性却在其他度量方法中有包含，如 ROI。这类方法存在的主要问题是品牌无法对其进行衡量。令个别客户感到惊喜而创造出正面口碑，这一点很棒。但是，对于大部分企业来讲，想要精准并可靠地追踪这类行为不具备什么可行性，因为他们可能并不具备开展度量以及分析所必需的资源。坦白来讲，如果我们坚持要定义出度量目标的相关原则，那么"惊喜"这一原则并不合适。

与其他度量方法相比，这种方法的另一个不同之处在于，它本质上并不是一个财务指标。假如你的团队为你的客户创造了一次非凡的体验，这可能会带来一次额外销售机会，或者是一次来自该客户的同行者的销售机会，但是你要如何确定呢？答案是需要建立一个归因机制来追踪这位客户的行为。但是如果你选择了这种操作，则不是在追踪体验回报率。实际上，你又回归到了投资回报率。

体验回报率会持续发展，未来也将会在度量方法工具箱中找到属于它自己的位置，但就目前而言，它仍然有一些需要成熟之处。如果这种方法对你的团队来讲具有较高的优先级，那么你可能需要从长远角度来考虑"体验"的价值。体验对于品牌和消费者来说都是有价值的。当体验回报率成为一个深入且长期的方法来执行的时候，那么体验投资则能帮助你改善关键绩效指标（KPI），从而形成净增长势头。然而，"长期"这个词并不是随口一说，必须用多年来的年增长率进行对比，才能真正理解这种观点的价值。另外，度量必须由与品牌舆论相关的指标组成，这些指标通常需要由持续且高成本的定性研究来支持。市场上存在的另一种度量方法是情绪度量。这里存在的问题与前文提及问题一样，它并不是一个财务指标。使用体验投资回报率的基线是：请避免将这个方法应用于营销活动层面的报告中。

7.2 正确地追踪 ROI

市场上还有很多由 ROI 演变的非财务相关的指标，在此我们不予赘述。对你的品牌而言，这些指标都有价值吗？可能有，但它们不会成为一种可以用来追踪你的举措对业务产生直接影响的方法。真正意义上的 ROI 应该是营销人员要追踪的一项重要指标。但不管怎么说，这都不是度量成功的唯一标准。然而，它却是高管最关心的度量指标。由于这个指标对高管们很重要，所以对你来说它也一样重要。因为这些人能决定你的预算，并能掌控你的事业发展。

需要注意的是，在我们找到能正确获取或计算 ROI 的方法之前，并不需要分别计算每场市场活动在财务方面的影响。实际上，一个可靠的、可被合理利用的 ROI 是很多市场活动共同计算得到的结果。

回想一下第 2 章的内容里，有关设定可度量目标重要性的相关讨论。有些时候，市场营销活动的一个重要指标是促进销量，但并非所有情况都是如此。一个市场营销活动的目标通常也会设定为建立品牌知名度和美誉度。这两个方面可能与销量有一定的相关性，但它们的出发点并不是为了促进销量。

现在，你已经对社交媒体活动中不适当的 ROI 演变形式有了更多的了解，接下来应该就如何正确地获取 ROI 开展深入探究。你所在的企业将决定你可以使用的、能正确获取营销项目财务回报的工具。这里可能需要你能熟练使用 Microsoft Excel 以及其他的统计建模软件（如 SPSS）。这些软件或工具可能需要引入外援。请记住，想要获取 ROI 是需要一些工具支持的，而你企业中的任何一个人可能都不知道应该要如何利用这些工具。

那么，有哪些方法可以计算出在社交媒体上所开展营销项目的投资回报率呢？几年前，Altimeter Group（一家致力于研究各种传播主题的企业）发表了一篇名为"社交媒体投资回报率指南（The Social Media ROI Cookbook）"的论文。在这篇论文中，Susan Etlinger 以及其他相关人士们共同概述出了六种极为有效的度量社交媒体收益效应的方法。这六种方法可以分为两大类：自上而下和自下而上。顺便说一句，虽然这篇论文的主题是社交媒体相关，而且已经有多年的历史，但我们认为文中提及的方法仍然可以很好地应用于当前更广泛的数字营销活动中。接下来，我们将对这篇论文的作者 Susan 及相关人士共同确定出的这些用于度量 ROI 的方法进行概述，并且在本章末尾，我们将总结出一个可以应用于你企业的综合方法。

7.2.1 理解自上而下的收益度量方法

"社交媒体投资回报率指南（The Social Media ROI Cookbook）"概述了自上而下的三种不同方法，可以帮助品牌度量社交媒体活动的收益效果。重点是这三种典型的方法最受品牌欢迎。通常它们是最容易获取 ROI 结果的方法，对内部资源的需求也最小。但如果想要将其规模化，往往需要较高的实践水平并且有一定的难度。以下就是这三种自上而下的收益度量方法：

- **轶事**——这是三种方法中最普遍使用的方法，它是一个通过口头"分享"的方式将社交媒体活动与销售进行关联的操作。
- **关联**——关联分析是指你需要找出一种具体类型的行为，并尝试将该具体行为与其他行为建立关联。
- **A/B、多元测试**——针对这类分析，营销人员通常会对某类内容（如网页、营销电子邮件或社交媒体广告）的两个不同版本所分别具有的有效性展开了解，以确定出具有较高响应率的一个版本。你也可以将多元测试理解为同时发生的多个不同的 A/B 测试。

接下来我们将详细介绍这三种方法。

轶事分析

轶事分析可能是我们讨论的模型中最不具体的一个，但是轶事只是口头上简单地表达了数字、社交平台或媒体信号与销售之间的关系。Altimeter 公司指出，尽管这种分析出现在大型的、B2B 的、有较高关注度且销售周期较长的公司的可能性会更高，但是如果想要可视化此类行为的消费者示例也并不难。

一类轶事关系的例子可能是你在 Twitter 上说你有兴趣买车。假设一家大型汽车制造商的社交媒体负责人跟进了你的评论，回复了你并将你直接引导至该公司的官网。然后你可能会回复这位负责人，表明你现在买车的可能性更大，并对他/她的主动联系表示了感谢。这属于直接销售吗？答案是否。那个负责人仅仅只是创造了一个销售机会吗？这是当然，而且无论何时只要有销售机会，分析及市场研究团队就需要对此类行为进行追踪。

你可能发现了这种方法有个潜在的问题，对吧？尽管社交媒体负责人为品牌创造出了这些形式的销售对于公司来说很有价值，但对他/她来说，需要触及每个谈论买车的人是不切实际的。对于大多数组织（尤其是大型企业）而言，这种方法是无法扩展的。另一个问题是，虽然可以采用自动化的方式来发现这类对话，但是进一步的交流则需要手动完成。而这样的手动操作会对现有资源造成压力。然而，在一些规模较小的公司，对这种轶事的反馈则可以为额外的社交媒体活动引流。至少，它表明你的客户在线并且正在寻找有关信息。

关联分析

关联分析是尝试在两个变量之间简单地建立关系。这种类型的分析可用于识别行为模式。它可以将所有事情进行关联：将 Facebook 上的点"赞"数量与销售额进行对比，将 Twitter 上的互动度与店内流量进行关联，甚至是可以着眼于经济指标及营销活动的更先进的关联模型。

使用这种类型分析的最大好处是，它可以在具体的数字营销策略及业务结果之间建立关系。这是一种成熟的统计方法，因此，与互动回报率或影响力回报率不同，即使内部的利益相关者对该方法提出了任何反对意见，你都不应该对此方法有质疑。

然而，这种方法的问题是它非常依赖于手动操作。每当你想重新了解数字营销活动以及其他行为之间的关系时，都必须再次展开一次分析。即使是一个训练有素的分析师（顺便说一下，这是此分析方法所存在的另一个问题）仍然需要重新获取某一具体活动的相关数据和所要开展测试的其他变量。此外，分析人员还需要花时间列出进行正确分析所需的其他所有变量（及其数据源）。尽管可能只会有一个数字营销触点对销售产生贡献，但是这种情况很少见。

有很多工具可以使分析过程变得简单一些，但是最主要的工具是 Microsoft Excel。信息可能是由社交媒体聆听工具或者电子邮件服务商输入的，但大部分的分析工作依然是通过 Microsoft Excel 完成的。如 MarketShare 等其他工具也可以帮助你完成较高阶的分析。MarketShare 还可以帮助你了解消费者旅程，以及经济或环境因素会对营销工作带来哪些影响。

A/B：多元测试分析

多元测试是一种通过使用复杂的、多变量的系统来对特定假设进行测试的方法。最常被用来测试市场的认知。多元测试是一个发展迅速的领域，因为它可以帮助网站的所有者最大化获取网站访问者的信息。搜索引擎优化及按点击量计算广告付费等领域可以为网站带来更多的访问者，所以它们通常会被企业广泛使用。通过多元测试，可以帮助数字营销人员向网站访问者们展示正确的解决方案、内容及布局。

对于那些多年来一直从事此类工作的数字营销人员来说，这类分析可能是他们最为熟知的。这些人可能已经在用这些方法来解析特定的广告，无论是传统广告还是社交媒体广告，它可以帮助你了解如何能与核心受众产生共鸣。它可以对那些面向多个人群所使用的不同策略进行比较。

像关联分析一样，A/B 测试可以为数字营销从业者提供一些深刻洞见，这些洞见可以帮助你了解数字营销策略是如何影响业务结果的。话虽如此，但是开展合适的 A/B 测试通常需要手动完成。虽然市场上已经开发出了诸如 Adobe Target 的工具，但是它只能帮助数字营销人员实施测试，测试所需的相关变量仍然需要手动设置，这样才能完成其营销效果的度量。

我们在此处讨论的三种自上而下的收益追踪方法可以帮助市场营销从业者洞悉社交媒体项目的效果。但是，它们也并非十全十美的方法。主要问题是在于这些方法的可扩展性不是很好。使用这些工具的人需要对工具本身有较深的了解，且需要具备深厚的统计学知识。即使这些分析工具背后的数学逻辑是可靠的，但在评估营销活动的表现方面，仍然具有不确定的因素。有了关联分析与多元分析，社交活动与业务结果之间的变量必须经过测试才能真正建立一种关系。接下来，我们将介绍自下而上的方法，这些方法可以提供更细粒度的分析。

7.2.2 利用自下而上的度量模型

相比自上而下的度量模型，自下而上的度量模型可以提供更细粒度的分析。但这并不意味着它们比自上而下的方法好，因为每个企业都需要围绕自己的目标来选择合适的方法。事实上，这两种方法都需要借助某种形式来呈现完整的信息。

在"社交媒体投资回报率指南"（The Social Media ROI Cookbook）中也介绍了通过利用自下而上度量模型来追踪营收效果的三种主要方法。

- **设置链接和标签**——对于那些经验丰富的数字营销人员而言，这可能是他们最熟悉的方法了。设置链接和标签的方式是指通过使用一系列代码来对用户进行追踪，从而帮助你了解用户是如何购买你的产品的。
- **整合**——正如其名称所指，整合度量方法是指通过使用多种技术手段来收集特定受众的信息，这些信息主要集中呈现受众如何开展购买行为。
- **直接销售**——这也许是我们介绍的第一个"没有废话"的方法，这种直接销售的方法是利用了品牌所运营社交平台上的某种销售功能。

接下来，让我们详细讨论这些方法。

设置链接和标签的方法

简而言之，设置链接和标签的方法可以使市场营销从业人员们通过应用短链接、ROI标签或者网站cookie的方式，来追踪到转化源。一个短链接其实就是简单的长URL，它被链接缩短服务器（例如bitly及tinyurl）缩短了长度。市场营销从业者可以通过这个被缩短了的URL，轻松地追踪到网络平台或电商网站的点击情况，从而确定用户最终可能会在哪里完成购买操作。

Cookie是指用户在浏览一个网站时，从网站发送并存储在浏览器中的一小段数据。未来当用户继续浏览该网站时，网站可以检索到存储在cookie中的数据，并将用户之前的操作发送至该网站。通过这种方式，可以帮助市场营销从业人员追踪某一特定受众的购买路径，因为受众的行为通常是要先进入到页面，并在购买之前浏览页面里的信息。

设置链接和标签的方法可以被广泛应用于在线营销产品或服务的任何场景。它可以被应用于网站内容（如白皮书下载或提交请求）的实际使用行为，而且品牌可以根据这些网站内容的实际使用行为来实现转化。好消息是，这种方法也成为转化归因的行业标准，同时它也可以帮助你深入了解消费者的线上行为。

但是不好的消息是无法用设置链接和标签的方法来描述任何宏观经济趋势。例如，经济环境是否正处于衰退期，或是否有更多的消费者倾向于在实体店完成购买操作等。针对以上这些场景，通过使用设置链接和标签的方法是无法满足其度量需求的。还有一个问题是链接经常会断线，这也会对追踪用户单击操作后的行为造成阻碍。最后一个问题是目前在全球范围内，cookie 的使用受到了越来越多的管制，而且用户在拒绝被某一品牌追踪方面的能力也在持续加强。

具体是哪些类型的公司应该使用设置链接和标签的方法？答案是全部，因为无论是创业公司还是大型公司，他们的需求都是一样的。对于那些电商业务占主导地位的品牌来讲，这种方法尤为重要，因为这些品牌所销售的商品同质性可能会比较严重（例如谷物或者宠物食品），也可能销售周期会较长，所以相关的品牌商更希望能优化其转化率。在某些情况下，你可能会想通过一些不同的方式来思考转化率。可以开展标签架构设置，从而帮助你对白皮书下载、销售转化或者生成购买线索之类的行为进行追踪。即使对于一些销售周期较长的行业，那些在短期内产生的潜在客户对企业也同样具有价值。

整合方法

整合度量方法是指通过利用一个应用程序来追踪用户行为，通常会被安装在一个具备社交媒体属性的地方（通常是 Facebook）。这种应用程序可以面向用户展示特定的内容，或者也可以直接将他们引导至可以接收优惠券或者可以直接实现购买操作的地方。

关于整合方法的应用，其最大好处是在于它可以获取非常丰富的数据。这些应用程序对于传播从业人员而言具有如下意义：

- **了解消费者行为**——如果你构建了一个可以提供多种类型内容的应用程序，通过消费者与这类应用程序所发生的交互行为，便可以帮助你了解消费者希望看到哪些内容。

- **采集消费者数据**——这类应用程序大多会"强制"要求用户输入姓名以及邮箱。如果这些邮箱可以与现有的邮箱数据库交叉引用，则邮箱收集操作可能会很有价值。但是，那些最好的应用程序都会收集这些信息，同时也会采集用户基本画像数据，这些数据会对进一步测试更有价值。

- **优惠券兑现**——对于许多 B2C 的企业而言，这些应用程序具备提供多种类型的优惠券以及兑现行为追踪的功能。虽然这本质上不是销售，但优惠券下载也可以代表一个很好的销售迹象。

市场上还有许多其他形式的整合度量方法。其中，最受欢迎且目前发展最为迅速的就是利用数字焦点小组的方法。这一概念与传统焦点小组概念类似，即通过聚集特定的一小群人来了解消费者行为。

数字焦点小组与传统焦点小组的不同之处是在于，很明显，这小群人会聚集于线上，并且经常会以不同的时间间隔被提问。例如，假设你是一家大型科技公司的营销主管，这家公司最近推出了一款新型智能手机。你拥有一群有影响力的用户并希望通过他们来提高产品的知名度，接下来你会问他们一些问题。作为市场营销从业人员，你就可以将他们组织成为数字焦点小组，来询问有关即将发布的内容、新产品特性、现有产品特性以及竞争对手相关的问题，从而更好地了解这些用户的行为。很明显，这个数字焦点小组可以不用只局限于那些有影响力的用户，但是你也可以通过这种方法来测试内容的有效性，也可以了解哪些特定功能可以带动销售。当你掌握了这些特定功能有关信息的时候，你就可以围绕这些信息创建相关内容，从而促进更多购买行为。

这种整合度量方法存在的主要挑战在于度量指标会很孤立。如果能搭建出一个 Facebook 的应用程序会非常好，因为它可以成为你客户重要信息的来源，但是这仅限于平台上你的现有粉丝。付费媒体对你的粉丝数据有哪些影响？虽然它们也可以获取有用的数据，但不太容易同 Facebook 本身的数据做并列展示。因为使用这些孤立维度的数据可能会混淆原有数据的实际意义。

直接（社交）销售方法

想要知道社交媒体活动是否推动了销售，一种最简单的方法就是直接通过特定渠道进行销售。目前最常见的方法是在社交平台上（如 Facebook）创建一个售卖页面，然后可以直接在此页面销售产品。可以使用如 8thBridge、Moontoast 以及 Spiceworks 等工具来帮助你创建相关环境。

直接（社交）销售路线是一种最新的，且最有潜力的与销售直接关联的方法。到目前为止，采取这种方法的人并不是很多，但是这种方法很有可能可以扩展到 Facebook 售卖页面之外的其他平台。总部位于旧金山的整合传播机构 W2O 的首席创新官 Bob Person 从七个不同方面分别论述了社交销售方法的出现。

- **多渠道营销**——这代表了市场营销正从两个销售渠道向五大支柱转变（五大支柱为：网站、实体店、经销商合作伙伴、企业员工以及消费者）。
- **新媒体网络**——横跨多个社交媒体的独立社群正在形成。
- **通过用户搜索操作触及消费者**——许多客户在找到你希望实现其需求之前，可能会先使用搜索引擎查找相关信息。
- **全新的内容模型**——这是不言而喻的，但是如果内容是由客户驱动的，那么内容模型将会使转化率达到最高值。

- **零售新方式**——通过了解每一家经销商合作伙伴或 OEM 的有效性，可以帮助你根据品牌、地理位置以及相关主题等信息构建出正确的零售方式。
- **更有效的媒体方案**——通过使用数据，我们可以在定位不同类型的社交媒体活动方面更明智，不论它们是付费媒体、自有媒体、赢得媒体还是共享媒体。
- **新需求**——为了推动销售，在创造出新受众需求方面则需要更广泛地关注社群，而不是仅仅只关注于那些有影响力的用户。

以上都是度量投资回报率可以使用的非常有趣的方法，但是想要在大型企业中扩展并实施它们，这些方法在应用方面都面临着巨大的挑战。此外，虽然为了高层领导们的期望而开展 ROI 度量很重要，但是 ROI 度量并不是唯一一个重要指标。企业中不同级别、不同角色的人，他们会有不同的视角。因此，这些人在报告的度量方面也会有特定的需求。如果这个世界只用一种标准来度量所有事情，这会让人很不舒服，坦白说，这也不是一个用于评判营销活动整体效果的公正方法。从我们编写本书第 1 版以来，在过去的四年中，我们已经从关注 ROI 的单一视角，演变成了一个关注度量的三层模型，在本章的末尾，我们将对此模型展开讨论。

7.3 度量数字营销有效性的三层模型方法

在我们开始进一步讨论之前，你可能会想到在本章的开头我们曾提过度量 ROI 是至关重要的，你可能也会想知道，为什么我们要超越 ROI 来开展度量。原因其实很简单，那就是 ROI 度量方式本身无法帮助营销人员计划未来的营销活动，或者优化当前正在进行的营销活动。ROI 可以帮助你制定计划，但是关于 ROI 的分析报告通常会在下一阶段营销活动计划好后才能得出。

与其只通过 ROI 来解决所有的问题，我们更倾向于与我们日常合作的数字营销利益相关人一起采取一种更为综合的方法。这个综合的方法可以扩展为三个方向的度量，分别是度量有效性，度量效率，度量效果。接下来让我们展开论述：

- **度量有效性**——我们刚刚提到，度量 ROI 并不一定能帮助渠道负责人制定计划，或者帮助他们优化正在开展的营销项目。所以针对这一点，度量有效性可发挥其作用。度量有效性通常是指需要了解针对某一特定渠道（或多个特定渠道）已经制定了的 KPI 所发生的个别变化。举个例子，它可能是指公司通过发布一条营销广告标语的行为可以触及人群的数量。又或者，它可以是指社交媒体受众互动与该营销活动内容发布的一个比率。需要记住的重点是，你不需要为度量有效性来确定一个统一指标。事实上，你可以针对营销活动所使用的不同渠道设置不同有效性的指标。
- **度量效率**——当下，熟悉社交媒体项目的人都知道自然触及率已经基本不存在了

（例如，品牌在 Facebook 上的自然触及率一直处于较低的个位数百分比数字）。现如今，如果我们想以数字方式进行用户激活，一定程度上几乎全部要使用付费媒体推广。尽管使用付费方式，但这仅仅是因为我们需要使用付费媒体更有效地触达受众，并不意味着我们应该花费无效的费用。通过度量效率，我们可以简单地指明要达到的目标成本，或让目标受众以特定方式与品牌互动。一些常用的度量效率指标包括：受众每次互动成本（Cost Per Engagement，CPE）、受众每次观看成本（Cost Per View，CPV），以及获得每一受众成本（Cost Per Acquisition，CPA）。实现营销活动的目标固然很好，但是让营销活动变得更有效率则是获得更多预算的一个途径。

❑ **度量效果**——如果你想知道 ROI 的概念在哪里适用，那么就在此处。度量效果是指梳理出整个营销活动中所采取的所有行动，并评估其对业务的贡献（ROI）。开展这种度量的方法有很多。W2O（Chuck Hemann 目前就职的公司）推出了一个叫作媒体投资回报的模型（Return On Media Investment，ROMI）。ROMI 模型考虑了几个变量——受众触及率、网站流量、受众互动度以及受众搜索行为等，并尝试回溯这些行为对利润会有什么影响。这个模型可以为数字营销及数字媒体活动的策划奠定良好的基础，但它也为这些营销活动提供了一系列需要实现的目标。最后，ROMI 模型还提供了一个框架，这个框架可以帮助我们获取营销活动结束后的一些真实数字，可以用这些数字与我们的基准进行比较，以了解实际与目标之间的差距并让我们知道对后续的营销计划应该做出哪些调整。

在结束本章之前，我们要提供一个重大声明：我们对数字营销活动进行度量并不是为了销售。当然，在可以直接追踪到业务结果的情况下，我们会这样做。但是，数字营销可以为品牌创造更大的知名度，并提高品牌互动度，同时也可以以一种性价比较高的方式来完成。所以我们不建议你只关注 ROI。我们建议你使用我们刚刚介绍的框架：有效性、效率以及效果，这样你可以对营销活动的执行效果做更完整的说明。数字营销的度量，以及如何可靠并精准地对营销效果进行度量，这些都将会是持续的挑战，而作为分析行业的一员，我们需要尽快解决这个难题。

无论你倾向于自上而下的度量，还是自下而上的度量，抑或是我们在本章末尾所分享的有效性、效率以及效果的三层模型，只要你掌握了以上方法，当 CMO 询问你数字营销计划执行效果时，都不会让你显得手足无措。你可以采用其中的某一种方法，并贯穿于营销计划的始终，它可以帮助你完成有关营销项目实现效果的报告。

Chapter 8 | 第 8 章

理解数字影响力

在这个数字生态系统与混合现实聚合的世界里,对于消费者购买行为生命周期,数字影响力可以改善其每一阶段的消费者关系,这与以往大不相同。数字影响力更像是一个认知催化剂,它可以复制消费者与朋友或家人的线下行为。简而言之,数字影响力由很多数据点组成,这些数据点可以帮助你了解受众的态度是如何形成的,同时也会告诉你受众为什么会有这些态度,以及为何会作出这些决策。

对 CMO 来说,这就是黄金宝藏。

在前 7 章的内容中,我们详细地阐述了供营销人员使用的客户数据现在愈加丰富的现象。使用这些数据可以帮助你计划或优化市场活动,为受众制定个性化的内容和体验,以及帮助你度量营销效果。另外,这些数据也可以用于创建影响者名单,并且在塑造线上品牌形象方面,这个名单可能会对你有所帮助。需要注意的是,我们对线上品牌形象以及线下品牌形象进行了严谨的限定。在本章后面部分,我们将借助一些失败的线上影响力分析案例,来对此处提到的限定展开详细说明。

影响力分析不仅是一个大的"淘金热"话题,可以涉及多重数据输入,它也可以被划分或切割成不同小模块的话题。在本书中,我们着重阐述了数字影响力的五个核心要素:

- ❑ **理解数字影响力的本质**——一些人认为,大家对数字影响力及对那些有影响力的人的认知是被误导了的。这些人的观点是,话题的发展实际是应该由大众来推动的。
- ❑ **制定现代媒体清单**——对于企业负责公共关系的人来讲,他们对围绕预先确定的目标媒体的列表来开展工作的模式早已司空见惯。但这种想法不仅已经过时,而且很可能会引发不良的后果。
- ❑ **使用匹配的工具**——与社交媒体聆听分析及搜索分析一样,市场营销从业者也可以通过使用很多工具来进行影响力的度量。这些工具各有优劣势，本章也将会在这两方面展开讨论。
- **线上影响力与线下影响力的对比**——线上可以改变交流话题的人及线下可以引发受众行为改变的人，这两类人之间实际上存在着明显的区别。两者有一定的关联性，但是目前已有的工具还没能作用到线下的这些影响者。尤其是信息在朋友与家人之间的口口相传方面，线上影响力的相关工具还无法介入。尽管本书第 1 版发布至今已经四年有余，但这个问题依旧存在。所以在本章中，我们将对该现象做进一步的探究。
- **使用影响者列表**——仅仅创建出影响者列表是远远不够的。我们也应该制定出该列表的使用策略。

从根本上说，想要回答影响力相关的问题就要对人的行为进行度量和分析。为什么有的人会为一个特定的主题制定一系列丰富的内容？为什么会有人从一个特定的来源收集内容？为什么一个有影响力的人发布的信息会比其他人更有"煽动性"？提出以上这些问题，是因为我们想要了解某个人对某一特定话题或观点能够带来哪些影响。所以，就线上影响力相关问题的回答，大家可以达成一致的共识吗？在回答这个问题之前，我们先要对数字影响力的五大要素进行详细讨论。

8.1　理解数字影响力的本质

先来考虑一下在你的日常生活中，你通常会如何做决策。会从哪里获取信息？会向谁寻求建议？会相信哪些来源可以为你提供精准信息？信息是源自大众群体还是小众群体？如果是前者的大众群体，那么这个群体数量有多大？如果是后者的小众群体，是否每次都是四五个人的规模？

对于相关商品和服务（和信息）的消费者们而言，他们甚至根本不会去想这些问题。假如你需要买一台新电视，你本能地会想到自己以往的做法，随后便采取行动。如果你的信息来源是亚马逊网站，接下来请坐在电脑前或者拿出智能手机，查看可选择的商品。此时你无须去想以前使用过哪些平台，以及咨询过谁。因为你已经知道要采取哪些行动。

数字影响力这个话题之所以具有挑战性，部分原因是在于，本章中所提及的所有影响力分析工具都无法回答有关"为什么"的问题。或者，当你在分析社交言论的时候，并不是所有消费者都能对他们当初的一些操作作出解释。同样，当你分析某个网站的流量模式时，你也无法解释为什么有人会点击某个特定的链接。你能做的只能是根据那些明确的观点进行推测。

好消息是，关于数字影响力的相关优缺点问题，学术圈已经对此展开了更多的研讨。

基本会分成两个阵营：一边认为话题是由一小群人所推动的，另一边则认为话题是由大众社群来推动的。由于双方的观点都有道理，所以我们需要对此进行更进一步的研究。

8.1.1 "引爆点"现象

让我们稍微暂停一下在社交学方面的讨论，回到社交媒体对话的领域。当你的公司或客户发布了一条官宣报道之后，你会以什么样的频率去关注一个新闻周期？你曾经是否关注过这些对话的体量或持续时长？你是否曾想过是谁在推动着这些特定的新闻周期？关于后面这个问题的答案，根据我们的经验，它通常是由有限的几个人推动的。至于是一个人还是五个人，这个无关紧要。通常情况下，第一个关注到新闻源头的人有且只有一个，接下来才会被一波"跟风者"关注并转发。

那么，一个新闻周期是如何开始并扩散的呢？显然，这始于一个想法，或者由一条内容而引发的交流。这条内容可以是新闻稿、采访报道，也可以是发布在官网上的一份声明。无论内容是以何种形式发布的，总会有人发现它并将其记录。这条内容最终会有多少关注量，这是由很多因素共同作用的结果，这一点超出了本文的讨论范围。不过重要的是要知道，这条内容是由一个人发现并开始传播的。这是 Malcolm Gladwell 在《引爆点》(The Tipping Point) 一书中所述观点的一个简单示例。

在这本书中，作者 Gladwell 认为，想法和行为经常像传染病一样被传播。他说，这些想法和行为往往会从一个"载体"开始，再进入到整个生态系统。虽然 Gladwell 并没有谈及数字影响力的内容，但究其根本，我们便能看到他的思想是如何被应用到数字影响力领域的。对于一个品牌而言，当它创建并发布了一个想法或一条声明后，便会有活跃的博主或主流新闻平台发现它并进行记录。当博主或主流新闻平台发现想法并记录后，其他博主、新闻平台以及感兴趣的社群便会转发此想法。最终，讨论的人会越来越多（讨论的体量将取决于这个想法的有趣程度），而这个想法，却是由一小群对其有兴趣的人开始传播的。

我们意识到，我们只是把一个非常复杂的心理学概念分解成了几个小块，但原则上，这就是理念。在信息传播方面，新闻是由一小群人创建的。正如 Gladwell 所说，也是由于这些人创造了"引爆点"，从而引起了社群里的其他成员关注。

对此方法的批判性评论之一是，在大多数情况下，一个品牌不会只有单一的消费者，如果只识别个体行为，那么你会很容易忽略其他购买产品的人。在本章的后面部分，我们会阐述影响者列表的使用方法，届时会加以详细讨论，而且事实是并非所有的消费者都是内容的创建者。由于我们只是讨论线上的信息传播，因此我们最关心的当然只是那些内容的创建者们。而就网络世界而言，内容创建者实际上是一个非常小的群体。

那么，对影响者模型还有哪些批判性评论？这场争论的另一方又是谁？

8.1.2 社群规则现象

有关数字影响力争论的另一方是那些相信话题是由社群或者更大范围的群体所推动的人，他们认为是社群或更大范围的群体推动了某个话题以及想法的发展。这些人不相信只凭借一个有影响力的人或者一小部分有影响力的人，就能推动一个想法或话题的发展。所以相较之下，他们更相信社群的力量。

该理论也得到了广泛支持，这要归功于 Duncan Watts，他曾是雅虎的研究员，现在在微软担任首席研究员职位。Watts 曾在发表的一篇题为《影响力、网络以及舆论的形成》（Influentials, Networks, and Public Opinion Formation）的论文，其内容表达出了想法的传播是由一群容易受到影响的人所驱动的。他还认为，那些拥有较高影响力的人是不会推动公众舆论大规模转变的。相反的是，这些舆论大规模的转变是由那些容易被影响的人所推动的，而且他们影响了其他容易受影响的人。Watts 认为，从本质上讲品牌能够触及一大群人要好于只触及一小群人。他指出，一个品牌（或个人）可以通过触及更多的受众从而更迅速地改变公众舆论。

一般而言，对于那些想要最大化触及并将影响力效果最大化的传播人员，这个模型较为适用。我们都知道，一个传播人员通常希望面向受众，品牌可以尽可能多地获得曝光量，对吧？这个方法已经存在了很多年，而且确实没出现过任何问题。大多数传播人员使用这个方式来度量，并且在持续地开展度量。虽然这不一定能度量出整体的表现，但这也是众多指标中的一项。

但这种方法实际上存在一个较大的问题，这个问题在数字媒体的大环境下尤为突出：想要触及所有目标受众是非常困难的——而且会产生巨额花费，大多情况下这个目标几乎遥不可及。且大多数品牌在该领域都没有足够的工作人员，这便无法对一个大社群产生积极影响。这也是为什么仍然有很多人在努力识别那些有影响力的人，从而帮助他们传播特定的信息。

无论你支持影响者模型还是支持社群模型，其共同点都是吸引一群核心群体来传播想法。其核心都是影响力。唯一的区别是你需要触达人群的数量以及要以何种方式触达他们。

8.2 制定现代媒体列表

对于那些在传统公关公司成长起来的人来说，媒体列表无疑是再熟悉不过的概念。但如果你没有接触过公关领域，接下来我们将为你简单介绍一下这个媒体列表是如何组合得来的：

1. **确定准备向媒体推销的想法**——第一步是确定好你要推销的想法与什么有关。本质来说，也就是你决定给新闻稿件的作者尝试传递什么信息或新闻事件。

2. 确定媒体类型——如果你只想接触一些博主，但是却把主流新闻平台与博主混为一谈，那么可能会令那些执行人员感到困惑。因此你需要确定媒体类型。

3. 识别"专题"——很可能你会在不同的媒体渠道平台上发掘出适合该渠道的目标"专题"。

4. 选择工具——大多数公司和代理机构都会选择使用媒体列表生成器，例如 Cision，它可用于下载媒体列表。当你确定了一个使用工具之后，你也可以下载属于你的媒体列表。

5. 对列表稍加清理——你需要识别那些已经和你有过联系的媒体人，并检查他们是否还在列表中。

6. 开始向媒体推销——清理列表之后，你便可以向列表中的媒体人推销你的新闻想法了。

几十年来，世界各地的公关人员都在重复使用这种方法。这些列表会被反复使用，当相关媒体人改变专攻话题或离开其所在的渠道平台时，也可定期进行注释的添加。这种制定列表的方式并不是一个糟糕的观念，但实际上，它只能算是一个起点。这种方法的问题在于，列表是一个静态的存在，但我们所熟知的网络世界一直在快速地发生变化。想要连续几个月一直使用列表，只是把它下载下来是远远不够的。另一个实际存在的问题是，仅从使用工具中下载了一份记者名单，并不意味着名单里的这些人是有影响力的。此外，新闻界也在持续不断地发展变化（例如，记者离开了现在就职的媒体平台、去了新的媒体平台、退休等各种情况），所以这些列表很难保持其最新状态。

那么，要如何对这种过时的媒体列表进行调整以适应当下的现代世界呢？如何创建出一个有影响力的人的列表，而不仅仅是这个常规的媒体列表呢？这里有七个建议可以帮助你创建出一个更有效的媒体列表：

❑ **使用 Google 以及 Blogrolls**——你不需要想出复杂的 Boolean 查询语句。你只需要掌握应该如何根据主题设置出正确格式的关键字字符串。确定好信息源之后，检查网站是否可链接并具备可读性。它们很可能是好用的内容来源。

❑ **首先，考虑相关性**——仅识别一些媒体人的专攻话题是不够的。例如，如果你的目标是识别医疗保健领域的专业记者，那么你需要对医疗保健领域中存在的多种不同子类别有一定的认知。你的职责是需要找出与你所要传递信息最相关的媒体人，但不一定是要找到那些拥有最大影响力的媒体人或渠道平台。在这种情况下，媒体人与所要传递信息的相关性比他/她拥有的声望更重要。

❑ **其次，考虑转载量**——因为本节是在阐述影响力相关的内容，所以转载量很重要。你的目标并不是需要找出那些写过很多文章的媒体人。你需要找出那些写过很多文章且其作品被相关人士大量转载的媒体人。

- **第三，关注发帖数量**——如果你已经找出了那些与你想要传递信息具有相关性的人，那么很有可能他们也会成为你发布主题的常客。当人们对某类主题关注得足够深入并开始撰写主题相关内容时，他们通常也会频繁发帖。
- **第四，考虑触及率**——我们将触及率排在第四位是有原因的。如果你发现了某位媒体人写了很多与你想要传递信息具有相关性的帖子，并且得到了广泛的转载，那么它的触及率自然也会很高。
- **工具仍是关键**——似乎我们表达出了对 Cision 这样的工具持否定的态度，但它们仍然是研究工作开展的起点。
- **保持持续更新**——请勿每年只刷新一次列表，尤其是在媒体行业快速更迭的情况下。传播人员应该每个季度更新他们的影响者列表。

提示 不要陷入传播人员曾深陷多年的陷阱中。花些时间建立一个与你想要传递信息具有相关性的媒体列表，对于列表中的媒体人，他们的很多文章曾被广泛转载，同时他们的文章也可以广泛触及相关受众。如果你能做到这一点，那么你发布的信息所引发共鸣的效果会更好。

8.3 使用匹配的工具

如果你对数字影响力的概念有所了解，那么你可能会想知道我们为何才谈及工具的有关内容。市面上有很多的工具，它们大多基于 web 开发，并具备影响者识别及排名的功能。从根本上讲，这些工具都可以提供在社交媒体上进行评分的功能。市场营销从业人员可以通过使用这些工具对两个影响者进行比较排名。过去四年中，影响者识别和分析领域发生了太多变化，因此想要跟上这种变化节奏将非常具有挑战性。本书的第 2 版内容中我们大大减少了对工具的讨论。这又是为什么呢？过去四年中如果你一直在关注数字营销工具的发展，你就会知道这些工具想要扩展到其他领域并与这些领域进行快速融合，是有困难的。对于这些工具，我们担心的是当这本书出版的时候，一些工具可能已经消失了，或者另一些工具被新事物给取代了。尽管如此，我们依然会花一些时间来讨论在这个生态系统中所涉及的一些主要工具。

这里我们会重点讨论 Klout，因为它至今仍然存在并在在线社群中得到应用。接着我们会介绍市场上的一些其他工具，因为这些工具可以帮助你完善影响者分析工具箱。

8.3.1 Klout

Klout 是在影响者分析领域中最早出现的工具之一，2014 年被 Lithium Technologies 收购后，在该行业塑造方面持续发挥着重要作用。Klout 始终将自己定位成一个工具，进而对多个社交媒体平台开展数据分析，从而确定某个人的影响力。自从几年前 Klout 问世开始，它便成了一个焦点话题，因为大家都想了解它是如何计算分数的。起初，Klout 只是采集少数几个渠道的数据来度量在线影响力。然而，在过去几年中，它已经将数据采集的范围扩展到 Instagram、Foursquare、YouTube、LinkedIn、Google+、Yammer 等社交媒体平台中。随着新兴社交媒体平台的涌现，Klout 也随之增加了一些新的指标。截至目前，它的算法已经涵盖了 400 个指标。

市面上有很多介绍 Klout 的书籍。2012 年 2 月，Mark Schaeffer 出版了一本书，名为《影响力回报：Klout 的变革力量、社交媒体评分及影响力营销》（Return On Influence: The Revolutionary Power of Klout, Social Scoring, and Influence Marketing）。书中详细地介绍了 Klout 的发展、品牌商如何使用它，以及它对营销工作方方面面的影响。在此我们不会对细节展开深入讨论，但会对 Klout 平台中的一些关键要素进行剖析。

- **得分**——Klout 中的得分很容易将平台分化成两级。因为营销圈尚不清楚平台的计算方法。
- **话题与发表**——Klout 最近新增了话题页面，这可能会成为一种可以识别潜在影响者的有趣方式。
- **Klout 的未来**——Klout 的平台和其算法在持续发生变化。在本小节的后面部分，我们会对 Klout 的下一步动作进行预测。

接下来，让我们先来深入研究一下得分部分，因为这可能是营销人员对 Klout 了解最多的要素。

Klout 工具的得分

外界始终都不知道 Klout 是如何计算得出分数的。依据我们的了解，它的计算方法是基于一个索引及从 0 到 100 比例的权重。根据 Klout 官网上公布的数据，我们还了解到最终的计算可以包含 400 多个指标。好消息是，用户可以知道 Klout 给出的分数包含了多少个渠道。用户可以获取包含 Facebook、Twitter、YouTube、LinkedIn、Flickr、Google+、Instagram、Foursquare、Yammer 以及 Last.FM 等社交媒体平台在内的综合得分。至少，得分可以代表某人在线上的全部表现。

但不幸的是，这些优势并不能抵消掉评分机制的不确定性。

- **算法的模糊性**——如前文所述，Klout 的计算分数可以包含 400 多个指标。然而都是哪些具体指标，这完全是一个谜。当然，我们可以根据分析渠道来做推测（例如，Twitter 上关注者的数量），但是我们也只能推测。
- **权重的不确定性**——我们知道 Klout 工具的度量可以覆盖多个渠道，但是哪个渠道占最大的权重？——Twitter、Facebook，还是其他？这些渠道又是如何被纳入最终分析的？

- **比较得分**——营销人员最喜欢的休闲方式之一（不管这是不是一个玩笑）就是比较分数。但是，我们尚不清楚 Klout 是如何将用户进行彼此索引的。是基于用户在同类行业工作，还是基于分析渠道的数量？如果我们想要认真地采纳分数，这些都是很大的问题。
- **得分波动**——我们理解 Klout 调整算法以使得分更贴近真实情况，但如果每个月甚至每天的得分都有波动，那么这个得分则不太真实。一周内某人在影响力方面的得分，其上下浮动不应该超过两分或者更多。相反，如果平台出现了分数波动的情况，其原因可能是它计算出的得分是基于过去 90 天的行为刷新得到的分数。尽管如此，我们仍然不应该看到太多的较大浮动。
- **发帖量**——我们一直假设发帖的频率是得分的一个变量，但如果想要提高分数，理想的发帖量应该是多少呢？

理想情况下，Klout 会把完整的算法逻辑发布出来供大家研究，但是我们要现实一些。这个算法公式是 Klout 知识产权的一部分，我们要尊重 Klout 保护它的意愿。但是，想要 Klout 简单公布指标信息或简要说明加权方式，应该还需要很长时间。

话题与发表

几年前，Klout 推出了话题页面，这个页面主要用于展示当你作为个人用户时，与 Klout 社群的其他用户在话题排名方面的对比。在过去的几年中，这个话题页面已经逐步演变成为一个向用户展示他/她自己在某个话题方向上的有影响力内容的页面。用户可以直接将这些话题页面的内容分享至社交网络。

Klout 在过去几年里还推出了另一个新功能，即可以借助其平台发布社交媒体内容。平台的用户可以识别内容、对内容排期并进行具体发布，之后再分享给其社交媒体平台上的其他受众。借此，平台用户便可以度量他/她在社交媒体社群中的影响力。

Klout 工具的未来

现在，对于 Klout 以及其他类似的影响者分析工具而言，和四年前一样，其未来依旧不明朗。大部分公司在影响者识别方面都有明确的需求，他们希望可以采用一种可扩展的，且性价比较高的方式来操作。但是，对于工具或平台应该如何评分及排名有关的问题，现在问题的数量和四年前一样多。此外，由于这些平台所拥有的技术要么只对大企业有用，要么毫无用户基础，所以命运多数是被收购或者被淘汰。最后，许多社交媒体聆听工具供应商已经自主创立出了有关社交影响者的解决方案，它们可以与世界上类似 Klouts 的工具或平台相竞争。相比社交影响力评分或排名的针对性解决方案，社交媒体聆听工具的解决方案已经实现了用户的广泛采用（并持续在扩大）。

8.3.2 其他重要的影响者分析工具

如果你打算采用一种更为手动的方式来识别影响者，也就是不会使用现有的社交媒体聆听工具组合或其他算法工具，那么你应该需要一些能确保数据完整性的工具。

首先介绍的平台名为 BuzzSumo (http://buzzsumo.com/)，特别指出是它可以抓取到在一群人（或有影响力的人）中被分享的最多的内容。该平台还可以向你展示某一受众的总体影响力、他/她在相关领域的权威性，以及他/她与社群其他受众互动的频率。图 8-1 显示了 BuzzSumo 分析的一个输出结果，供参考。

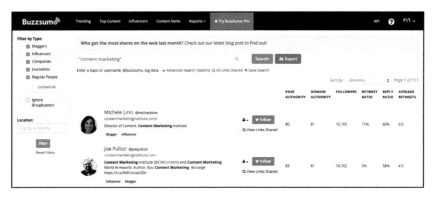

图 8-1　BuzzSumo 分析的输出结果

一个完整的影响者分析工具箱还需要包括另一个关键的工具 MozBar。MozBar 是 Google Chrome 浏览器的一个简单插件，当你浏览网站时，可以轻松地查看 SEO 统计信息。如果你希望以条形图来呈现，那么它会显示出诸如你所处页面的关键字难度评分及反向链接等信息。通过查看潜在影响者的排名情况以及他们在相关领域的权威性，可以帮助你了解这些影响者页面上的营销活动是怎样帮助你提高你的影响力的。

Follower Wonk 是另一个大多数营销人员会选择使用的工具，它可以对那些关注了你品牌的影响者进行识别（参见图 8-2）。你也可以在 Twitter 上应用此工具来开展搜索操作。通过使用其在 Twitter 上具备的搜索功能，你也可以轻松地搜索出那些有大量关注者的用户（影响力的一个指标），然后将这些不同的用户做对比，或者过滤掉那些已经关注了你品牌的潜在影响者们。

你需要的最后一个工具会与发布或互动有关。注意：如果目前你还没有使用类似于 Sprinklr 或 Spredfast 类型的社交网站信息发布平台，那么你仅需要使用此工具便可实现信息发布。即使你没有权限访问其中任何一个平台，那么你也能选出一个更划算的解决方案，例如 InkyBee。使用像 InkyBee 这样的平台好处在于，你不仅可以与那些有影响力的人产生互动，还可以将它应用于探索发现中。

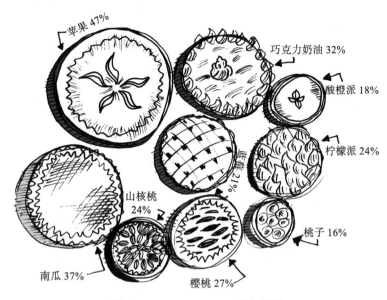

图 8-2　Follower Wonk 平台图例

我们预计影响者工具的版图将持续发生变化。社交媒体聆听工具也会继续并购市场上现有的解决方案或者自行构建解决方案。那些具有数据科学家背景或者大数据情结的企业家们，将继续研发创建相关工具以用于度量在线影响力。正如我们在本章前面部分提到的，这仍然是一个"淘金热"的话题，即便是在可预见的未来也会如此。因此，我们希望你能将重点继续放在如何创建自己的影响者列表上，创建完成后才是你应该如何使用它。

8.3.3　定制影响力分析方法

尽管 Klout 这样的工具在汇总大量数据方面做得很好，但在其他方面它们仍然是一个"黑匣子"的存在。如果你不习惯使用自己组合出的列表，或运行其中某个工具，那么你就不应该继续用它。你只需花费一点时间来收集信息，就可以定制出自己的影响力分析方法。如果你决定采取这种定制的方式，应该考虑以下几点：

- ❏ **分析平台**——如果你正在制定针对 Twitter 的影响力分析方法，只关注博客平台可能没什么意义。如果你想制定出一个在线影响力分析方法，你应该希望实现跨平台覆盖。
- ❏ **时间范围**——我们总是希望能获取一个较长周期的数据（最好是 12 个月），但是这种操作其实会非常费力。但如果将周期缩小到 6 个月，应该也能消除掉随机产生的数据异常情况。

- **权重**——考虑一下你希望通过营销项目达成的目标。如果你想最大化受众互动度，那么可能要加大互动度指标的权重。如果你想最大化受众触及，那么你可能需要增加触及指标的权重。

当你找到上述问题的答案之后，在开始项目之前最重要的工作就是定义出想要获取哪些指标，从而针对这些指标对列表中的影响者进行实际排名。理论上，你可能会收集数百个指标，因此确定出优先指标显得至关重要。在此，我们不会一一分享所有指标，但是可以提供一个能帮助你组合出指标集的框架，以方便开展后续分析。可以用于识别影响者的四大指标是：

- **渠道平台及个体的相关触及量**——这个小标题涉及了两组指标，也就是说，我们认为不仅要关注渠道平台，还要看独立的个体。就触及量而言，它可能是关于一位媒体人或者博主在 Twitter 上的关注者数量。如果针对渠道平台，它可能是发行量或发行网站的访问总人数。
- **渠道平台及个体的转载量**——这是在线影响力分析中的一个关键部分，却又经常被忽略。你不仅想知道当一个人完成一次内容发布后，可以触及多少人。你还希望了解当他所在的社群分享了该文章或帖子后，可以额外触及多少人。需要重申的是，与触及量指标相似，渠道平台以及个体的转载量指标是同等重要的。
- **渠道平台及个体的相关性**——很显然，最容易被忽视的指标可能就是相关性。本质上，我们所说的相关性是指渠道平台及个体创建的话题内容量与非话题相关内容量之比。这是一个简单的比值，这个数字可以帮助我们确定，真正塑造社群的是渠道平台或个体，还是仅仅是一个随机投稿的人。当你查找一篇内容时，你不需要根据某一具体比例的相关度去查找，但是在大多数情况下，对于那些发布的内容与话题的相关度达到了 25% 至 50% 的影响者，他们确实可以影响受众对话。
- **互动的可能性**——一个重要且更定性的指标是影响者与品牌互动的可能性。如果互动可能性较低，这并不意味着你的公司应该把这个人看作是一个非影响者，而是你可能需要对这个人的行为给予更多的关注。

在设置各个指标的权重方面完全是由你自己决定的。但是，当我们制定自己的影响者列表时，我们更倾向于把关注点聚焦在相关性、转载量以及触及量方面。

8.4 线上影响力与线下影响力的对比

Klout 等工具也有覆盖不到的地方，线下口碑的影响效果度量就是其中之一。例如，晚餐时，你想给朋友推荐某一具体品牌的电视，除非当你在线上购买的时候愿意给朋友推荐相关的信息，否则这些线上影响力工具是无法获取此类推荐信息的。目前，我们还没发现一个可以很好开展线下影响力度量的工具，但是我们应该期待它的出现。

从表面上看，影响者列表可以非常好地识别哪些人可以同时推动触及量和互动度。除非我们能通过基础研究来测试并解答一些关键问题，即那些关于"为什么？"的系列提问，否则我们无法了解是什么导致了消费者线下行为的改变。一个可以弥合线上研究和线下研究之间缺口的明智方法是在市场调研问卷中添加一些简单的问题，如：消费者是如何做出某个购买决策的？一种聪明的提问方法，例如可以询问一个人是如何发现某一具体产品或服务的。如果它是在网上发现的，那么可以继续追问：请具体说明你是从何处获悉到这个产品或服务的？

8.5 使用影响者列表

虽然本书和本章是关于影响者分析背后解析的内容，但如果我们不花点篇幅来讨论品牌应该如何使用影响者列表，那就是我们的失职。如果你花了大量时间去创建影响者列表但是却没有使用，这会怎样？如果对这个列表没有制定相应的使用实施计划，这个列表将只是一个精美的"集尘器"。

如果把创建影响者列表所需的开发时间仅仅视为是对某项媒体推销的投资，这是远远不够的。事实是一个影响者列表的可应用范围已远不再局限于赢得媒体维度。该列表已经可以应用于付费媒体、自有媒体以及共享媒体。有关此模型的详细概要，请参见图 8-3。

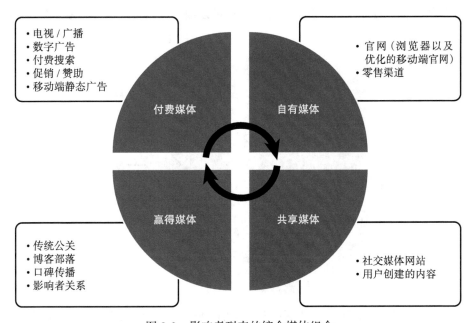

图 8-3　影响者列表的综合媒体组合

接下来让我们深入了解以上各个类别：

- **付费媒体**——我们已经花时间识别了内容相关性最强的渠道平台及个体，此处我们可以假设这些网站可以为横幅广告提供优质广告位。同样，这些影响者也可以成为电视广告及广播广告的优质的测试对象。
- **自有媒体**——将影响者创建的内容聚合到你的自有媒体平台，这是一个非常有价值的方法。与消费者被淹没于品牌商的静态营销复制性系列文案的情况不同，引入影响者的相关内容（假设这些内容不会损害你的品牌）则可为网站的访问者们提供更有价值的信息。
- **共享媒体**——与自有媒体相同，在共享媒体平台上分享影响者创建的内容（例如，你的 Facebook 品牌主页），这将会成为一个发展及创建补充内容的有用方式，它也可以让客户感受到它是一个独特的发声。
- **赢得媒体**——很显然，影响者列表可以应用于该媒体分类，并且它可以很好地反映出传统的公关媒体行为。从根本上来讲，它涉及了影响者列表的使用方式，在本章前面部分的"制定现代媒体列表"小节中，对此有详细的描述。理论上来讲，你已经拥有了一个与你话题相关性极高的动态媒体列表，因此这将是内容创意的持续来源。

我们可以从影响者分析中获取一些附加方法，来对赢得媒体目标进行细分。如果你做了这方面的功课，你就会发现那些有显著影响力的人，他们其实并不是对外平台（赢得媒体）的最好的目标。具体来说，赢得媒体的目标可以细分成四个层次（请参见图 8-4）：

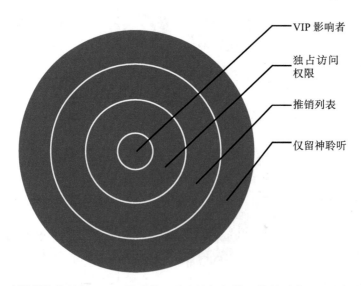

图 8-4　赢得媒体的目标：VIP 影响者，独占访问权限，推销列表，以及仅留神聆听

- **VIP 影响者**——如果有机会，你会将这些人带到公司总部，或者为他们开通访问企业员工及产品的特权。
- **独占访问权限**——你希望能与这些人建立起良好的关系，因为他们发布的内容可以引发很多受众对话。他们还应该收到一些特定的内容并能优先看到企业的新产品。
- **推销列表**——如果你想发布一条新闻，则应把写好的新闻稿发送给这些人。他们可以推动受众的对话，但对品牌而言，他们却不一定是最直言不讳的拥护者。与 VIP 影响者或独占访问权限的群体相比，推销列表里的人为你写作的可能性要小很多。
- **仅留神聆听**——大多数具有负面情绪的影响者会在此层。他们可以推动对话，但是他们永远不会被邀请至企业总部，也不会被允许去接触企业的高管。我们需要密切关注他们，这一点很重要，因为他们很可能是网络公关危机的源头。

影响者列表的创建和使用正处于一个不断发展的状态。多年来，公关从业者一直都在和这些有影响力的人接触。现在，你有权可以访问更多的数据，并通过使用这些数据来确定影响者的情况，例如，一个主流新闻记者是否是一个真正具有影响力的人。那些可以用于确定影响力所采集的数据正持续发生演变，数据的处理方式也是这种状态。正如 Jay Baer 所说，这是一个"淘金热"的话题，大家都在尝试解决该领域所发现的这些问题。谁知道呢？也许两年后，所有的问题都将得到解决，传播人员可以拥有一个更为详尽的方法。但在它实现之前，请考虑一下我们在本章中所提供的这些建议。这些信息可以帮助你更为准确且有效地开展影响者分析工作。

Chapter 9 第9章

运用数字分析赋能营销方案

截至目前,我们已经占用了本书的一些篇幅来讨论媒体版图是如何演变的,这样可以帮助你对数字分析概念有一个基本的了解,同时我们也详细地阐述了应该如何通过数字分析来了解一个品牌、受众以及生态系统。掌握了这些基础知识后,我们现在开始介绍用例。当然,最常见的数字数据用例是可以用于支持营销方案的制定——无论这些数据是否能真正地帮助你了解受众、了解受众如何与内容之间进行互动,或受众会倾向于在哪些线上渠道上花费时间。数据本身会具有无限的可能性,且随着可以满足客户需求的工具在不断发展,数据的这种无限可能性则愈发突出。需要注意的是,除了本书提及的用例之外,市场上还存在其他的用例。本书为你呈现的则是各种规模的企业最常用的用例。

社交及数字数据最常用的用例就是市场营销了。也就是说,你可以使用通过消费者在线行为所创建出的那些数据点,从中获取洞见,然后利用这些洞见来创建或调整营销战略及策略。大多数公司会将数字数据应用于营销方案,以开始它们的数字数据旅程。随着企业在该领域愈加成熟,像如何通过使用数据来预测危机或指导新产品的开发等其他用例(这些用例将在接下来的章节中展开讨论)也变得越来越常用。

通过使用数字数据来指导营销方案的制定,你应该从何处着手呢?关于第一步,你可以参考本书的前两章内容,里面介绍了融合媒体版图和基本的数字分析概念。关于第二步,则可继续阅读本章的余下内容。就本章的内容而言,我们主要侧重于向大家介绍要如何通过使用数字数据来指导营销方案的制定。

根据我们的经验,当你使用数字数据来指导营销方案时,以下几个要素则需要重点了解:
- 受众——这个要素应该是最重要的,也是市场营销从业人员们认为最应当被关注的事情。营销人员通常认为传统的细分模型才是他们开展对外推广进行定位工作时所需要使用的模型。但我们认为这是一个既错误又偷懒的方法。
- **内容**——我们可以获取的有关内容表现的数据量实为惊人。我们不仅知道目标受众中的某个人，相比图片格式的内容他/她会更喜欢视频格式的内容，而且我们还可以获取有关视频格式、时长、主题及发布渠道等更细粒度的信息。对于任何营销方案的制定，这种细粒度的信息都是至关重要的。
- **渠道**——简单地说，制定营销方案所需的一个关键输入信息是我们的受众更倾向于在哪些线上渠道上花费大部分的时间。如果我们缺少这方面的信息，我们很可能会以错误的渠道吸引目标受众。
- **往期营销活动表现**——George Santayana 曾说过："那些无法从历史中汲取教训的人注定会重蹈覆辙。"对于营销方案的制定，这一点再正确不过了。

以上这四个类别中，每个类别都有许多数据点，通过收集这些数据点你可以寻求到以上问题的有效答案。

接下来的内容，我们将重点介绍三种不同类型的数字分析项目，以帮助你了解受众、内容以及渠道。这里有一个假设前提，即你知道在哪里可以获取往期营销活动表现的评估结果：

- **社交媒体版图分析**——版图分析可以为企业的营销工作提供很多东西。它可以告诉你受众会在哪里聚集并开展内容分享操作、告诉你关键的话题对话可能会有哪些、给你提供一个窗口让你了解受众是谁，同时让你了解受众在社交媒体上的消费方式。重要的是，这些数据不仅可以应用于你的品牌，同样也可以应用于你的竞争对手。
- **搜索及自媒体平台分析**——当你开展一次搜索及自媒体平台分析时，关键是要了解人们会使用哪些关键字和短语进行搜索，这些关键字和短语可以引导人们进入你的网站、告诉你人们会如何与你的网站发生互动，同时也会告诉你大家对用户体验有何感受。
- **媒体分析**——媒体分析的结果一部分来自对过去表现的了解，另一部分则需要借助第三方调研工具来开展研究。

接下来我们将对这些不同类型的分析展开讨论，同时也会论述你可以从这些分析中获得什么。

9.1 了解社交媒体版图分析

信不信由你，当我们编写本书第 1 版时，对于大型企业来说，社交媒体的应用仍处于试验阶段。企业级别的早期采用者们相信，在社交媒体上建立品牌知名度可以让品牌与用户产生更紧密的联系。尽管事实证明确实如此，但一些早期的品牌仍然在一些渠道上"押注",这些渠道很容易成功同时也很容易失败。我们意识到,如果我们指出了在社交媒体成功案例中可能存在的失败情况,这可能会让大家感到困惑,但请听我们继续加以说明。

如果你正在负责管理公司的数字营销、传统营销或者公共关系等方面的工作,或者你正在一家代理公司工作,你是否希望能够获取有关你客户(当前或者潜在)的在线行为数据?你是否希望了解他们交谈时通常会使用哪些类型的词汇?你是否希望了解到他们会首选的交流渠道?以上这些问题都可以通过社交媒体版图评估来获取答案。

社交媒体版图评估已经成为确定营销方案流程的一个关键输入。但这并不意味着社交媒体处于试验阶段的日子已经结束。很多试验仍在进行中。然而,与五年前的试验不同,现在所开展的试验会更加深思熟虑,而且仅需要花费一小部分的营销预算就可以完成。如今,各个模块的市场营销从业人员都在积极地寻找数据及开展试验的理由,以便可以推出一个特定的线上营销战略或策略。

> **注意** 尽管在大多数情况下,一个社交媒体版图的评估是在营销方案制定开始时开展的,但通常也可以在社交媒体营销战略或策略实施结束之后再进行。社交媒体版图评估工作也可以延续任何已经初步开展的社交媒体聆听工作来进行。

以下几个小节的内容描述了完成一个社交媒体版图评估所需的步骤。

确定评估范围

社交媒体版图评估具有无限的可能性。如果你正在一个大品牌的企业就职(如Disney、Dell、Pepsi、Coca-Cola或Cisco)或正为其做代理,那么,你可能需要面对多个产品或多条业务单元,或者也可能是既有产品又有业务单元的多元化业务。由于存在这种多元性,社交媒体版图评估的结果可以从一个具有很强洞见性的、非常好的想法,转变成用几百张幻灯片呈现却仍旧没有描述出实际情况的、相当糟糕的想法。如何避免出现后面的场景?与其他所有项目一样,制定合理的项目范围有助于降低在项目结束时才发现数据垃圾站的概率。制定一个合适的项目范围涉及六个关键步骤:

1. **概述品牌目标**——无论采用哪种营销方案,都必须明确定义出业务目标。如果在研究过程中没有考虑到这些品牌或业务的目标,那么得到的洞见则很有可能是错误的。

2. **确定需要重点关注的部分**——社交媒体版图评估应该是全面的。然而,如果追求全面性而导致产生了大量的数据却又很少的洞见,追求全面性则是一个非常糟糕的操作。所以在开展分析时,关键是要定义出你想要搜寻的信息。

3. **制定一组关键词**——在确定了你需要重点关注的部分之后,创建出一组关键词至关重要。这不可能是随机的一组已经被永久使用的媒体监测关键词,尽管你可以把这组随机的关键词作为一个信息输入。但一组关键词通常可以有多个不同的输入。稍后我们将详细展开介绍。

4. **了解数据输入**——虽然使用社交媒体版图评估这个术语，从字面上看可能仅表示了它将会涉及使用社交媒体聆听工具的有关操作（参见第 3 章），但它实际可能会更全面，且也包含了其他数据的输入。

5. **定义研究问题**——对于一个出色的终端产品而言，重要的是通过研究概括出你想要回答的问题。在第 13 章中，我们将围绕制定研究计划及设定假设的话题来展开讨论。

6. **设立一条时间线**——你的研究不可能永远都在开展。项目什么时候开始、什么时候结束？什么时候开展项目中期审核？你需要为这个项目收集多少数据？一个典型的社交媒体版图评估大约需要涵盖 12 个月的数据。值得注意的是，不是所有的社交媒体聆听工具都能自动提供出 12 个月的数据。通常，你需要索要其他的数据，并可能需要为此支付相应的费用。

如果你完成了以上所有步骤的操作，那么你的社交媒体版图评估应该会完成得很好，相应的研究报告也会非常有见地。但仍然存在一个问题：就是需要将所有的信息汇总至一处。这一点至关重要，因为大家都很忙并需要参加很多会议。如果一个关键的项目合作伙伴缺席了一场关于媒体版图评估的会议，那么这个合作伙伴需要知道在哪里可以找到相关的文档。这个明确了范围的文档可以帮助你确保知识被无缝传递。这个文档应该被分成以下几个部分：

- **项目的详细信息**——这部分的内容很简单，例如可以包含公司项目的所有者、需求发布者、项目分配的预算金额等。
- **项目范围**——文档的这部分内容包含了分析所需要囊括的品牌，及分析所需的产品、地区、语言和时间范围。
- **背景概览**——文档的这部分内容需要对企业开展这项研究的原因进行说明。这与本章前面概述的确定品牌或业务目标的操作基本相同。
- **研究目标**——谁在网络上谈论这个品牌？谈论的话题有哪些？大部分的对话发生在哪些渠道上？以上这些内容是针对研究目标或可以提出问题的一些示例。
- **现有数据**——团队可能需要引用一些数据作为社交媒体版图评估的一部分。这些数据可能包含了现有的市场调研数据、搜索分析数据、网站流量数据或任何与品牌计划有关的数据。文档的这部分内容可以包含相关文档的链接，或者至少需要包含其他研究的一些关键结论。
- **可交付成果的类型**——在大多数情况下，可交付成果的类型将被概括为含有关键洞见内容的演示文稿。然而，企业中的相关同事可能希望用多种格式（例如：Microsoft Word 文档，PowerPoint 演示文稿，或者是 Keynote 演示文稿）来呈现数据信息。在项目结束前，你需要对所需的全部格式类型有所了解。

❑ **期望交付日期**——同样，这些项目不会永远地持续开展，但它们可能需要占用大量的人力资源。我们需要给团队留出生成报告所需的时间，但是也要在范围界定文档中明确注明期望交付的日期。

在范围界定文档创建完毕之后，我们便可以实际地开展社交媒体版图评估工作。下一节我们概述了社交媒体版图评估最佳实践的所有要素。

> **注意** 这些可以令社交媒体版图评估成功开展的基本要素中，许多要素依旧可以适用于我们在本章后面讨论的另外两种分析类型——搜索和自媒体平台分析，以及媒体分析。当我们开始介绍这些分析之前，请先牢记这些基本要素。

版图评估要素

创建了范围界定文档之后，就可以开始进行社交媒体版图评估的研究工作了。截至目前，你已经明确了要使用哪些社交媒体聆听工具，且制定了一系列需要开展研究的问题，并希望通过研究来获取这些问题的答案。你应该对你正在开展研究的主题有了一个明确的理解，既要理解你从内部视角考虑的品牌，也要理解你用来进行比较的竞争对手（或同行）。

有的时候，你即使拥有了一个精心制定的范围界定文档，仍然非常可能会患上"分析瘫痪"的病症，你会下载数十万的对话（如果没有上百万的话），然后对此展开分析，并把相关信息放在一个需要能够帮助到业务却缺少任何洞见的演示文稿里。实际上，社交媒体数据是非常丰富的，而针对这些数据开展分析往往会令人望而生畏。制定范围界定文档会对分析有所帮助，但是那些可以告诉我们报告中应该包含什么内容的指南，会更有助于分析工作的开展。

我们的建议是，在试图明确这些指南可以应用于何处之前，最好先问问周围的人。问问公司其他部门的同事们是否开展过此类研究，问问公司的同行们是否做过社交媒体版图评估。甚至，可以在社交媒体渠道上发布一个关于社交媒体版图评估的开放式问题，当然，前提是你认为可以通过这种方式获得理想的答案。

或许，你希望我们能直接提供有关这些指南的内容。这里，我们可以给你提供一些思路，但是要记住，这些都只是一般性的建议。这些建议是根据我们为各种规模的企业做过的数以百计的类似评估经验总结得来的，所以属于通用性的建议。以下列出的这些内容，也包含了你应该尝试用版图评估来回答的几个问题。你需要根据你品牌的目标以及你需要尝试回答的研究问题，来从这个列表中进行选择：

❑ **当前的声音份额**——声音份额是指你的品牌对话与竞争对手品牌对话相除的百分比。具体是哪些竞争对手的品牌，它们应该会在你的范围界定文档中作出识别。

❑ **当前的对话份额**——对话份额是你的品牌对话与整个品类对话相除的百分比。例如，如果你正在为 Dell 开展一项社交媒体版图评估项目，其中一项度量就是你会将与 Dell 有关的对话量与个人计算机设备有关的所有对话量进行对比。对话份额则可以将 Dell 有关的对话量与个人计算机设备有关的对话量相除，得出的百分比数字。根据我们的经验，这个计算结果数字几乎从来没有超过 5%。

- **对话发生的地点**——你的社交媒体版图评估应该包含发生对话最多的渠道。如果你在开展企业级的版图评估，那么需要包含的典型渠道应该是 Twitter 或新闻媒体。如果是品牌级的分析，则通常是博客或论坛。不论这些对话在哪些渠道上发生，你都需要了解它们。

- **关键对话的主题**——无论在任何渠道上定制内容，关键的一个输入是了解这些线上社群的用户们讨论了什么。讨论的主题可能只提及了你的品牌，或竞争对手，或是你品牌所属的行业。社交媒体版图评估应该可以帮助你识别：当人们提及你的时候，会因为什么而感到激动；以及当人们提及你的竞争对手时，你的机会点在哪里。

- **推动对话的个体或平台**——社交媒体版图评估应该可以识别那些最常提及你的品牌、竞争对手或者所在行业的人。我们在第 8 章中曾深入讨论过关于影响者分析的内容。

- **网络关键词**——就像确定主题一样，社交媒体版图评估意味着需要识别：当人们提及你的品牌、竞争对手或者所在行业时，会使用哪些词语。识别大家使用的关键词，目的是确保你的内容也使用了这些词语。这个操作有助于你使用社群的语言进行交流，也可以帮助你开展自然搜索和付费搜索工作。

- **对话进行时**——如果你曾经开展过社交媒体版图评估，那么你应该也曾看过一张关于对话数量的线形图，其中的波峰代表了对话量的峰值。你应该会找出人们谈论你品牌或所在行业最多的一些时间点，以便使你的内容发布与线形图趋势保持同样的节奏。这一部分的分析还可以帮助你了解哪些主题的对话可以引起受众真正的共鸣。

以上是社交媒体版图评估的高阶要素。显然，围绕以上这些点来展开研究，其范围可以相当广泛，这依赖于工作量以及项目的整体目标。然而，在某种程度上，以上这些要素需要全部包含在你的社交媒体版图评估中。如果你遗漏了其中任何一个要素，就会在最终的成果中造成巨大的漏洞，而这个漏洞则很可能会导致你错失一个能对业务产生帮助的关键洞见。

将社交媒体版图评估纳入营销方案策划的连续统一体

很显然，在创建数字营销战略及策略方面，社交媒体版图评估是最有用的。社交媒体版图评估是一个丰富的信息源，它可以帮助你了解客户、行业以及你的竞争对手。如果在制定数字战略或者在定制内容方面缺少社交媒体版图评估方面的信息输入，那么得出的结论将会非常短视。如果在开展社交媒体版图评估之前先行开展了营销战略及策略的制定工作，这会导致当你进入社群的时候，你谈论的话题与社群真正想听的内容完全不符。请相信我们，相比花费四到六周时间先进行社交媒体版图评估并确定出大家想要听到什么信息，这种操作要糟糕得多。

综上所述，社交媒体版图评估可以在营销方案制定完成时再开展，进而可以调整营销方向或者评估方案的有效性。是的，社交媒体版图评估既是一种度量工具也是一种规划工具。对于企业而言，不论是在营销方案制定结束还是开始的时候来开展社交媒体版图评估，目的都是希望能对未来的工作有所帮助。对于评估而言，这是一种接受度非常高的方法，但重要的是，基于研究的结果，你可能会发现现有方案的战略或策略存在缺陷。

在我们对搜索及自媒体平台分析以及它在营销计划中所扮演的角色展开介绍之前，我们应该注意到，社交媒体版图评估并不是一个万能的、终极的解决方案。当然，这种方法价值巨大，因为它可以让我们更深入地了解行业和客户。然而，我们绝对不能想当然地认为社交媒体版图评估所得出的结果，就是我们需要掌握的全部信息。Tom Webster，Edison Research（一家全球性的市场研究以及票选后民意测验公司）的战略及营销副总裁，他认为社交媒体研究（或特别是社交媒体版图评估）可以让市场营销从业者提出更好的问题。我们完全同意这个观点。因此社交媒体版图评估只是营销方案制定流程的一个组成部分。

9.2 搜索和自媒体平台分析

正如我们在第 1 章中提及的，当今的市场营销从业者可用的各种线上渠道之间是存在冲突的。受众通过搜索而与品牌产生互动更多是通过社交媒体平台实现的，而且可能多数为自媒体平台。在我们开始进一步讨论之前，有必要定义一下什么是"自媒体平台"。所谓"自媒体平台"，我们可以简单地认为是一种内容发布方法，而且这个平台完全是由企业内的某个人来运营操作的。比较特殊的一点，在本书的上下文中我们指的是你的官网。现在，让我们回到本节的重点，正如我们前面所讨论的内容，社交媒体版图评估的输出信息可以给你提供很多有价值的数据，这些数据可以告诉你你的受众是谁，他们喜欢什么，不喜欢什么，他们在哪里会与你产生交互行为等，但这些信息只是你需要掌握内容的一部分。

搜索分析是一个极好的数据源，它也可以为你的营销方案提供有用的信息。为什么这样说呢？简单来讲，虽然社交媒体版图分析可以帮助你识别谁是内容的创造者，但是在数字营销领域，并非每个人都是内容创造者。大多数的受众通过参与线上活动了解一个品牌、产品、行业或是相关企业。受众的这种较为被动的行为，其实也为我们提供了一个窗口，让我们了解到，假如他们不喜欢直接的品牌推广方式，那么未来，他们会希望以何种方式被触及。我们将用本书中一些章节的部分篇幅来讨论有关搜索和关键字分析的工具，所以它们不是本小节的重点内容。

虽然本节的重点不是介绍工具，但我们会向你介绍一系列可能对你在制定营销方案方面有用的搜索数据点。我们认为有以下几种：

- **关键字以及关键词语的数量**——我们曾经合作过的所有品牌，都会对搜索引擎结果页面（SERP）所显示的拥有较高排名的特定关键字感兴趣。现阶段，你的企业可能拥有较高排名的关键字或词语，在未来却并不一定是你希望拥有较高排名的关键字和词语。对于为了最大化搜索可见性而构建出合适的内容和开展优化工作来说，其中的关键是要了解最常被搜索的关键字和词语有哪些。

- **设备类型**——如果你和我们一样，坚信市场营销最重要的使命是在合适的时间向合适的受众传递合适的信息，那么你可能也会同意，了解合适的信息投递工具也具有同样的重要性。我们假设，你已经意识到了，现阶段移动端应用搜索趋势比PC端要高。因此，了解人们会使用什么设备来搜索与品牌相关的关键字和词语也至关重要。

- **页面深度/网站耗时**——搜索策略通常被应用于提高内容的可见度，并期望可以将受众引流至其自媒体平台。因此，了解受众最终触及你的自媒体平台所需操作的深度，以及受众从发生搜索行为到点击你的网站所花费的时长，这是至关重要的。

- **时间序列分析**——我们在社交媒体版图评估中讨论过类似的要素，研究人们的搜索趋势也很重要。如果社交平台上对话的趋势与搜索趋势可以相互匹配（并且经常匹配），那么你就拥有了一个窗口，通过这个窗口你可以知道你应该何时，及如何与你的受众产生互动。

- **搜索缺口分析**——当开展搜索分析以指导营销方案的制定时，我们通常不会查看已经在自媒体平台上所使用过的关键词，或将它们与搜索中最常使用的词进行匹配。但搜索缺口分析可以给你提供一种可以优化现有内容或定制新内容的现成的方法。它还有助于提高内容可见度，并吸引受众开展最有效的互动。可以回想一下你自己浏览页面时的行为。当你搜索某样产品、登录某个品牌网站、找到想要的东西之后，你会感觉到有多开心？你可以根据这些步骤来找到其中的缺口。

通过分析搜索行为，我们可以获取更多的数据点，而且这些数据点在我们的评估中都能发挥非常重要的作用。你可能会注意到，搜索分析列表中的一些要素看上去和自媒体分析重复，有这样的想法也是对的。所以重申一次，融合媒体版图已经成为当今常态。如果不去研究整个协同生态系统，那么我们也无法就单一渠道展开研究。

考虑到这一点，我们希望你能以概述中类似的数据点找出你自媒体平台上的数据点，进而指导营销方案。同样，可能包括的数据点有：

- **访客**——是的，这个数据点应该是显而易见的，但这里我们不是指你只需要查看有多人访问过你的自媒体平台即可。知道这些人是"谁"也同样重要，你需要对那些访问过网站的人的特征有所了解。虽然市面上有两个最大的分析平台 Adobe 和 Google，可以为你提供一些关于受众的现成的信息，但通过数据管理平台（Data Management Platform，DMP）收集第一方信息来补充数据信息，这一点也是非常重要的。如果你需要重温数据管理平台是什么，可以用来做什么，则可参考第 2 章的内容。
- **设备类型**——是的，这部分内容与前面搜索分析部分的重复，但它也是重要的自媒体平台数据点。在创建体验类型，以及知道什么类型的内容最有效方面，通过了解人们使用什么设备来访问你的自媒体平台，可以为你提供一些很好的想法。同样，Adobe Analytics 以及 Google Analytics 可以为平台使用用户提供现成的解决方案，这些解决方案具备了深入探知细节的功能。
- **视频表现**——关于视频表现的定义一直有些模糊，但是这仍然是个非常重要的数据点。越来越多的公司会在它们的网站上开展视频运营。关键是你需要知道有多少视频已经被播放，播放率是多少，以及这些视频多久可以被完成观看一次。
- **网站停留时间**——这一数据点也与我们在前文搜索分析中介绍的要素重复，但必须在此小节重申。请注意，如果人们访问了你的网站，并长时间保持浏览器窗口呈打开状态，那么该网站停留时间的计算则可能存在误差。因为存在这种可能的情况，所以我们会将网站停留时间与访问过的页面数相叠加，从而了解受众互动的真实情况。
- **用户体验调查**——大多数公司都会开展焦点小组或问卷调研，以更好地了解人们对他们的自媒体平台喜欢或不喜欢之处。如果你已经获取了你官网上的这些数据，那就太好了。如果你没有，那么可以考虑聘请像 OnResearch 这样的专门负责用户体验测试的公司来操作。你会从实际工作中惊喜地了解到与受众及内容相关的洞见。
- **社交平台内容与官网内容之间的缺口**——你是否曾将你社交媒体平台上的受众引流至你的自媒体平台上？你在社交媒体平台上发布内容所用的词语与受众在你官网上看到内容的词语是否一致？如果是，那就好极了。对于这些问题，如果你的回答是否定的，那么请继续开展评估。

在完成搜索及自媒体平台分析后，你应该对受众是谁（无论他们是否与内容发生了互动），他们对什么类型的内容感兴趣，以及受众会把大部分的时间花费在哪些渠道上等信息有更好的了解。然而，在规划营销方案时还有最后一个步骤需要考虑，那就是开展媒体分析。接下来让我们深入探讨。

9.3 开展媒体分析

在指导营销方案所开展的研究中，最后一个阶段是进行媒体分析。你可能会问："我们不是已经把媒体分析作为社交媒体版图评估和搜索分析及自媒体平台分析的一部分了吗？"你是对的，但我们在这里所介绍的媒体分析，是指通过将展示、在线视频以及电视策略，与基础研究相结合，从而可以更具体地审视你过去媒体工作的表现。前面我们提到过，本节内容讲的是将过去媒体工作的表现与新颖独特的研究混合来呈现。

让我们从前者开始讨论——了解过去媒体工作的表现。对于本节剩余部分的内容，我们假设，你的营销方案将会执行某些形式的媒体。即使你希望营销方案能尽量完全通过社交媒体渠道执行，但这种假设情况变得越来越无法避免。从我们的角度来看，对于过去媒体的表现，你应该尝试了解两个方面：

- **合作伙伴以及发布者的表现**——任何一个媒体性质的营销活动都会有一个关键绩效指标（KPI），或者一系列关键绩效指标。在本书中，我们讨论了许多种可能性。不论你的企业针对媒体工作的 KPI 是什么，关键是要了解之前有哪些合作伙伴或者发布者（例如，纽约时报）可以最有效地帮助你实现相关目标。这并不是说你应该将所有的媒体预算全部投入到这些发布者上，而是应该观察它们有哪些突出表现，从而帮助你了解为什么某些合作伙伴或发布者会比其他人更有效。这些用于评估的数据可能来自你的媒体代理商，或者，如果你在公司负责全部的媒体执行工作，那么数据可能来自其他的内部资料。

- **资产绩效**——对于媒体性质的营销活动而言，视频形式是否有助于企业目标的实现？根据你的分析，横幅展示广告或许才是最有效的。那么对于横幅广告而言，是否存在一个最有效的尺寸？同样，这类问题并不意味着指导你的创意团队只是创建视频或者只是创建某一固定尺寸的横幅广告。不过，找到这些问题的答案可以帮助你最有效地优化你的支出。

从数字分析角度来看，如果你的企业在这方面更领先，那么下一个合乎逻辑的步骤应该是将社交媒体资产类型与合作伙伴或者发布者绩效进行叠加，从而获得一个更全面的媒体视图。这并不一定是关键步骤，但如果你想了解是媒体渠道还是内容提高了营销绩效，那么这或许是一个可用的方法。

媒体分析的第二个部分是通过使用第三方数据源来对一系列事情有所了解：从受众的媒体消费行为，到受众用户基本画像及心理特征，再到受众线下购买行为，到最终诊断出营销当前存在的问题并寻求到解决良方。正如你阅读了第 3 章内容之后，你可能已经猜到实际上有数百个第三方数据源可供选择使用。在这里，我们并不想全部重点介绍它们，但是我们会介绍一些有效的数据源，可供你参考。

当你在规划你的营销方案时,你可以考虑使用以下第三方数据源:

- Forrester Technographics Surveys——你可能对这个组织还不太了解,Forrester Research 会开展一系列全年的研究,从而可以更深入地了解受众行为。这里所说的受众行为是什么呢?简单来讲,就是指一些行为存在的可能性,比如他们会使用什么类型的设备,他们会在哪里寻找内容,他们的主要用户基本画像有哪些,以及是什么促使他们产生了购买行为。如果你在负责消费者营销和/或技术品牌营销的工作,那么你应该考虑在 Forrester Technographics Surveys 上进行投资,因为它具有的丰富数据源可以帮助你实现营销方案的规划。
- Kantar Media——Kantar Media 有许多可供品牌商使用的媒体智能工具,在这里,我们要特别推荐你投资 Kantar 的 SRDS 媒体规划平台。具体来说,SRDS 可以识别哪些平台可以帮助你最有效地触及你的目标受众,并能提供营销活动的相关指标,从而帮助你在选择合作伙伴以及发布者方面,更容易地做出决策。
- comScore's Media Metrix——如果你曾经在媒体规划以及媒体采购方面花费了大量的时间,那么你肯定会熟悉 comScore 的工具。Media Metrix 提供了一个受众消费习惯的相对完整视图,其中既包含了你的受众也包含了竞争对手的受众,同时还有用户基本画像,也会告诉你你的受众是如何从一个媒体平台转移到另一个媒体平台的。正如你所设想的那样,它还可以帮助你了解目标受众的总体规模。

你还可以探索许多其他的可能性,而且应该选择最适合你业务的工具。我们强烈建议将这些工具纳入你的数字分析工具箱中。

在这一章中,我们为你介绍了三种不同类型的分析模型,从而帮助你更有效地规划营销方案。重要的是要尽可能多地实践我们所概述的这些内容,这样你才能对受众有一个清晰的认识,并了解:需要创建什么类型的内容才能更有效地触及这些受众、通过哪些渠道可以触及这些受众,以及如何利用过去的表现来为你即将开展的营销活动做准备。虽然看上去需要开展大量的研究工作,但是我们相信,有了这些工作你可以更好地执行你的营销方案。

第 10 章　Chapter 10

改善客户服务体验

我们生活在一个激动人心的变革商业环境中。科技创新，如数字媒体、移动端以及连接速度，已经永久性地改变了（且在持续改变）消费者的行为。这些技术革新也以不可逆转的方式影响了消费者的期望。但这些改变并不是微不足道的，它们从细节层面定义了公司应该如何营销并销售产品及服务、如何为客户提供服务及支持、品牌应作出的及时响应，更重要的是，客户与产生交易的品牌之间已经可以通过无数的渠道/方法发生互动。社交媒体平台已经从连接、交流的场所演变成为一个沟通、贸易以及解决问题的平台，这些快速的变化在互联网的历史上是前所未有的。

10.1　客户期望

像 Zappos 这样的纯数字业务公司彻底改变了游戏规则，同时也提高了消费者体验和客户服务的门槛。然而，这些消费者的期望并没有被局限于 Zappos 或部分业务领域，而是已经渗透到了各行各业。

当下，消费者们希望企业能以更周密的方式来满足他们的需求。现在，决定权在客户手上，而不再是企业。利用品牌可用的强大数据，无论处理数据的是企业集团还是某一部门，它们都可以满足客户的期望，帮助消费者们获得个性化体验及内容相关性体验。"认识我、了解我、预测我的需求、满足我的需求"，这句话总结出了现代消费者对品牌可提供客户体验的态度。

因此，你必须在那些可能尚不存在的地方提供消费者体验和客户服务。你需要在 Twitter 或 Facebook 等主流社交媒体平台上开展这些工作，在 2018 年这至关重要。为了能够脱颖而出，诸如 American Express、Food Network 以及 Amazon 等领先企业已经将消费者体验和客户服务扩展到了社交媒体平台之外的地方，并进军到了家具产品中由 AI（人工智能）引领的市场模块，例如 Alexa 及 Google Home，同样也有主流的信息平台如 Facebook Messenger，Kik 及微信，它们都设置了由人工智能驱动的聊天机器人，从而在电脑桌面、移动端以及平板设备之间可以进行无缝切换。现在和 5 年前最大的不同之处在于，5 年前一家企业可以认为它简单地设立一个呼叫中心，通过一个免费的电话号码来完成所有的客服工作就能有效地让客户保持满意的状态。当今这种形式依旧有使用空间，尽管通过这种方式得到的客户满意度结果持续呈下降趋势。在 2018 年的体验时代，这种操作根本行不通。消费者对品牌在个性化、响应速度以及便捷性方面的期望越来越高。当我们编写本书的第 1 版时，"以客户为中心"的趋势就开始显现了，并且从那时开始，这种趋势便以指数级的速度增长。我们正处在一个全渠道（omni-channel）客户体验的世界，对于品牌而言，这意味着我们要开展一个更全面的消费者体验和客户服务工作，包括品牌网站上的实时代理商、电子邮件、社交媒体、应用程序、聊天机器人、常见问答的资料库、客户社群、值得信赖且信用较高的合作伙伴，以及第三方话题事件专家。

为什么这很重要，其原因有很多，下面我们来看看几个主要原因。首先，根据 Forrester Research 在 2017 年 11 月发布的一份有关 2018 年的预测报告，内容呈现了消费者对于企业或有关机构的信任度水平表现出了历史最低状态。他们预测在 2018 年，那些满意度很低的客户可能会大量地撤离相应的品牌商（Forbes，2017）[1]。第二，自 2014 年以来，消费者与品牌之间的互动频率在持续增加，这对品牌来说是双刃剑。正面的影响是品牌与消费者之间互动机会的增加，可以使品牌以更频繁的频率为消费者提供积极的客户体验，从而提高品牌忠诚度以及客户满意度。但另一方面，那些消极的品牌体验以及对品牌不满意的客户的数量也在持续增加。第三，根据 eMarketer 于 2017 年 4 月发布的一项名为"2017 年消费者体验：以用户为中心的旅程仍在持续进行"[2] 的研究，其内容表明：如果消费者在购买过程中可以获得良好的用户体验，那么该消费者很有可能会再次发生购买行为，从而帮助企业进一步提高营收并收获客户忠诚度，且这些与他们购买的原始渠道无关。这并不是什么高深的科学理论：如果企业可以满足消费者的期望，并提供满意的消费者服务体验，那么消费者就会对品牌保持一定的忠诚度。然而，在当今时代，这些却说起来容易做起来难，因为消费者在接触品牌时会有各种各样的期望。好消息是，对于品牌而言能够帮助他们满足消费者这些期望所需的技术、数据以及流程，在现阶段已经非常普遍并适用。

在服务体验方面，需要满足消费者期望的另一个至关重要的原因是：它可以影响品牌的消费者口碑，当然这不是什么新观点。不论消费者是否满意，他们都会向其他人倾诉他们正面和负面的经历。不出所料，那些有负面经历的消费者会告诉更多人他们的经历。据白宫消费者事务办（White House Office of Consumer Affairs）称，相比获得客户服务良好体验的正面相关信息，客户服务方面负面信息的传播效果是它们的两倍多。与此相关，来自同样的信息源，对于每 1 位投诉的用户背后，都会有 26 位同样不满但是却保持沉默的用户。更重要的是，根据 American Express 公司的调研显示，五分之三的美国人为了能获得更好的服务体验，会选择尝试新的品牌或企业。自 2014 年以来，这个比例数字一直在增长。在希望获得积极的品牌体验方面，消费者的期望在不断上升，加上前文提及随着网络连接、移动端以及个性化设计领域的不断发展进步，市场大环境的不断演进也为那些致力于提供现代化的消费者体验和客户服务的企业创造了良好的条件。当今的消费者正生活在一个高度互联的世界中，他们对产品及服务有无限的选择空间，结合以上观点，我们很容易看出，对于企业想要保留现有客户及获取新客户而言，提供出卓越的客户服务从未像当下这样重要。

本书的第 1 版中，我们详细地讨论了市场上的已有渠道向新兴渠道的转变；已有渠道包括：网站实时聊天代理、交互式语音识别，以及自助服务。新兴渠道包括：文本/SMS 短信、社交媒体，以及移动应用程序。自 2014 年以来，这些趋势都是沿着相同的轨迹在发展变化，而且因为这些渠道可以让消费者快速获取企业的回应，所以它们在持续受到关注。消费者可以同时使用这些渠道来执行多个任务，有效地提高时间利用率。尽管这些已有的消费者体验技术已经有所提升，但是我们并不认为这种趋势会变缓。企业在社交网络以及移动端技术上所设置的消费者体验和客户服务，现已经被各个年龄段的用户广泛接纳，尤其是千禧一代和 Z 一代，因此，消费者对那些和他们产生了交易企业的响应度期望值也跟着发生了改变。不论是何种数字渠道或平台，通过即时满足的方式来为消费者提供价值，是品牌商们寻求到的新口号。但这个价值所对应的门槛也从未如此之高，因为它很容易演绎成消极的体验，但对于那些想要通过持续及卓越的消费者体验来让自己的品牌脱颖而出的企业来说，这是它们一直在等待的、能让自己与竞争对手拉开距离的机会。

数字化时代的消费者生活在一个永远在线、即时满足的世界，而且这个世界可以为他们提供无限的选择。在如何最好地服务和支持消费者方面迎合他们的特殊需求和渠道偏好是唯一可持续的方案。如果企业没有去除保持有效消费者体验的壁垒，那么消费者最终会放弃企业而转向企业的竞争对手。

随着一些新兴渠道的涌现（如消费者在公共社交网络平台的对话以及互动），数据不会被某个企业封存在防火墙后的数据库中，而是可以对所有公司包括竞争对手公司都免费开放。这是一个你可以通过数据分析来发现隐藏洞见的独特机会。让我们深入细节了解这些信息收集的方法，并结合一些企业实战案例，看看它们是如何将客户服务举措扩展到新兴媒体渠道（如社交网络）上的。

10.2 社交客户服务的冲突

尽管消费者们希望能通过数字渠道获得相关的客户服务以及寻求到问题解决方案的新常态已经形成，但在抓住新常态中的机遇并在企业内部推动实施方面，许多企业仍进展缓慢。社交媒体平台和移动技术改变了客户服务的方方面面。服务客户的时间已经发生变化，并且不同于企业标准的工作时间。客户在需要服务时企业就需要为其服务，与企业的工作时间安排无关。当你把"即时满足的时代"的期望（主要是在社交媒体上）添加到客户服务组合中时，它便形成了一种环境，在这种环境中，除非客户能够在任何时间、任何地点（渠道）都能获得他们自己所需要的服务，否则他们便会对那些他们不满意的消费者体验进行评价。你可以将其称为临时服务或者按需的客户服务。不管名字是什么，人们都对此寄予了厚望，这要归功于 Dell 以及 Comcast 等企业，因为它们是尝试通过社交媒体来帮助企业提升服务体验的早期先行者。

这里存在着一些冲突，但也必须克服一些障碍。虽然某个公司可能希望能为客户提供社交体验服务，但公司却没有足够的内部资源来支持这方面的工作。根据 SAP 以及 Social Media Today 的研究，目前有超过 77% 的企业在社交体验服务方面的投入不足 5 万美元。为了能更好地理解这个数字，我们可以参考一下《财富》100 强企业，他们在传统消费者体验以及客户服务方面的花费是数亿甚至数十亿美元。在我们编写本书第 1 版时，企业可以应用于消费者线上体验及客户服务方面的资源相当匮乏。之后虽然我们看到了企业在这方面的支出有所增加，但是距离满足客户服务的消费者期望还差得很远，而且客户服务在企业品牌形象支持方面特别重要。消费者在数字渠道上寻求问题解决方案所花费的时间，与品牌商在数字渠道上对消费者提供服务所花费的时间，二者之间存在着巨大的差距。四年过去了，这个领域仍然充满了机会，企业可以通过一些引人注目的品牌体验来吸引消费者参与，进而突显品牌的差异化并向客户传递价值。

企业在处理社交领域客户服务方面，所面临的另一个壁垒是整合，或者说是缺乏整合，对于那些拥有更大职责范围的营销部门来说这一壁垒尤为突出。渠道的增长加剧了企业数字孤岛的问题。消费者不想，或者不需要拥有一个又一个的数字孤岛。因此企业肩负着将社交服务渠道与传统渠道进行整合的职责，从而确保消费者可以使用单一的、连续的交流渠道来与品牌进行互动。例如，客户希望能够在一个渠道（如 Twitter）上发起对话，并希望将这个对话无缝延续至电子邮件或者品牌官网上，无须再次发起对话。你可能曾经有过这样的经历，当你第六次被调到同一家公司的不同部门时，他们仍然要求你提供你的姓名、地址或者个人账号，这个操作明显非常冗余。这个问题其实是系统、部门以及流程之间缺乏信息集成所造成的。

对于企业而言，将数字/社交渠道上的客户服务与现有的客户服务项目进行整合主要有两个动机。首先是可以满足消费者需求。根据社交平台 Conversocial 在 2017 年开展的一项关于"社交领域客户服务情况"（State of Social Customer Service）的研究，电话/语音是消费者认为的最令人失望的解决问题的渠道。与过去相比，越来越多的消费者转向了数字渠道，他们希望通过他们与企业在数字渠道上发生交易，来解决他们遇到的相关问题。*Hug Your Haters*[3] 一书的作者、客户服务行业专家，Jay Baer 表示，实际上有 74% 的消费者在试图寻求大公司的帮助时，会使用三个或者更多的渠道。在这本 2016 年的畅销书中，同时也介绍了客户服务需要发生改变的原因以及方式。

第二个动机与财务有关。通过数字渠道提供的消费者体验和客户服务要比传统方式（如呼叫中心）更有效。且从成本角度来看，两者的差距也蛮大。Incite Group 的一项研究发现，以社交媒体互动的方式提供客户服务的成本为一次 1 美元，而呼叫中心的成本为一次 6 美元。在可扩展性方面，相比呼叫中心的客户服务，数字渠道可扩展的实际效果更充分可见。虽然 American Express，T-Mobile 或者 Lenovo 等企业的社交媒体领域的客户服务项目更成熟且更领先，但仍有许多企业的社交媒体领域客户服务项目还处在起步阶段，不成熟甚至还没计划。他们在努力地满足消费者对企业响应时间方面的期望、提供更合适的服务覆盖率（对所有的客户询问都做出响应），并在持续寻找适合回答问题的答案。

根据 Twitter 的数据，那些领先的 B2C 企业只对其客户服务账号 60% 的推文做出了回应。无论这些推文是否直接指向了客户服务的账户，获得快速响应依旧是消费者希望能在社交媒体领域实现关注期望的重要部分。Forrester 发现，在美国有 77% 的互联网成年人表示（CX Social，2017）[4] 重视消费者的时间是企业有能力为消费者提供优质服务的最重要表现。为什么企业总是延迟响应？根据我们的经验，主要有以下五个原因：

- 很难找到问题的正确答案
- 需要等待其他利益相关人来指导该如何作答
- 在找到可以回答问题的合适信息方面存在挑战
- 与客户进行互动的工具很难使用
- 资源匮乏，在数字渠道的监控及回应方面，没有足够的时间和精力

此外，想要满足消费者在响应时间方面的期望，这一点并不容易实现。对于在数字渠道上的互动，消费者们几乎是一种需要即时满足的态度。根据 Lithium Technologies 的一项调查，现在有十分之七的消费者们表示，对于他们在社交媒体平台提出的原始请求，希望企业可以在一个小时内回复。

退一步说，我们刚刚讨论的所有问题都指向了企业内部的有关流程、培训，及培养/政策等相关问题，而这些问题并没有指向任一社交媒体平台或相关技术所固有的问题。通过传统的客户服务渠道（如呼叫中心和实时代理商），一些特定问题已经得到了解决，现在需要将这些相对成熟的业务流程正式推广应用到新的数字渠道上，如：社交媒体平台、移动

端的应用程序、消息传递平台以及聊天机器人等。在本章的后面部分,我们将为大家介绍部分公司是如何解决这些问题的有关案例,但首先,让我们深入探究为什么应该在数字渠道中开展客户服务工作,即使答案显而易见。我们将从机遇的三个主要模块来着手,利用数字分析来识别洞见以及机会,以改善客户服务体验。

除了解决客户提出的问题,我们为什么还需要通过数字以及社交媒体渠道来开展客户服务工作?除了增加了一笔开支,这对企业又有什么好处?这些问题的答案虽然都很简单,但也为我们提供了一个强有力的机会来帮助我们增进学习和了解,进而通过消费者体验优化来提高顾客的品牌忠诚度。企业需要在一个小时或者更短的时间内做出一个大规模的响应,对任何品牌而言这都是一项艰巨的挑战,但是这个回报是值得的。如果企业在数字渠道上围绕客户服务开展的互动能够满足消费者的期望,那么企业将会在客户满意度增高、客户忠诚度增强,以及营收增加等多个方面受益。这些因素也可以对消费者群体中的品牌拥护以及品牌口碑产生积极的影响。将所有影响汇总,则会产生一个对任何企业而言都会感兴趣的结果,即企业与他们的消费者可以建立一个长期的关系。以下内容介绍了三种可以实现此目标的方法。

10.2.1 了解消费者

你的受众是谁?对你的企业,他们在体验方面有哪些期望?他们在数字渠道上会有哪些行为?他们更喜欢哪些内容类型、主题以及内容呈现的形式?如果你无法获取相关的数据源和系统的权限,这些看似简单的问题就很难回答。在2018年,市场营销人员或客户服务代表人员不再需要对消费者是谁进行猜测,因为他们已经知道!前面几章介绍的工具,可以帮助你通过使用合适的数字服务点来采集那些正与你发生交互行为的目标受众数据,或那些你希望触及的目标受众的数据。找到这些相关信息至关重要,因为市场细分对客户服务的重要性就如同它对市场营销与销售的重要性。可以说,定制化及个性化客户服务体验,甚至比获取新客户更重要。

我们都知道一个普遍的规律,就是在不同的受众群体中,渠道偏好也是不同的。eMarketer.com 对 Dimension Data [5] 在2016年的一组研究数据进行了分析和展示,结果表明,受众特征会对消费者体验和客户服务的渠道偏好产生影响。例如,那些更年轻的群体(其中有很多是千禧一代)他们会更倾向通过社交媒体来接收企业可为其提供的客户服务,这毫不意外。事实上,那些35岁以下的消费者正在积极地使用各种数字渠道来接收企业可为其提供的客户服务,尤其是社交媒体和电子邮件。而近39%的25岁以下的消费者,会将社交媒体作为接收企业可以为其提供客户服务的主要手段。对于25岁至54岁的消费者而言,电子邮件则是他们更倾向使用的渠道。对于那些35岁以上的消费者,通过社交媒体以及移动端应用来接收客户服务的人数比例大幅下降,但整体来看,社交媒体的使用趋势呈上升状态，品牌稳步地提供全渠道的客户服务模式已成为新常态。无论消费者处于何种年龄段，他们都越来越倾向通过数字渠道以及数字技术来解决他们遇到的问题，或与品牌代表进行互动。

由于客户会在不同的渠道和/或应用程序之间切换，因此他们也会希望以这样的形式来寻求到答案或得到企业提供的客户服务，但这会导致企业感觉混乱，对于品牌用来支持消费者体验和客户服务的宝贵时间、精力以及资源，他们不清楚应该投向哪些渠道。通过数字分析可以解决这个问题，并能准确地确定消费者想要使用哪些渠道，这一步很关键。你无法，也不需要在所有的渠道上提供客户服务。你需要做的是确定对受众而言，最重要的数字渠道是什么？并根据这些渠道的最佳实践来进行规划部署。

10.2.2　了解消费者意图

不需要大锤也可以钉钉子。同样，对于在数字渠道上开展的客户服务，你需要为合适的工作匹配合适的工具。你可以通过使用社交及网络分析来了解消费者在特定渠道以及数字平台上的行为，你还可以根据消费者的提问，将他们引导至适合的渠道。Twitter 和 Facebook 可能非常适合处理那些对时间敏感、复杂度较低的请求，而电子邮件的效率则远远不如它们。相反，那些费时的或者复杂的客户服务请求则可以使用实时代理商或者网络聊天机器人来处理。问题的性质会很大程度影响消费者寻求解决问题的渠道。

可以对那些已经存在的客户服务请求进行盘点，并将这些请求的复杂度与渠道进行一一映射，这样操作很可能会帮助你获取一些解决方案，从而帮助你确定哪些问题需要优先解决，以及可以通过哪些渠道来解决。最大化渠道的价值，可以提供令受众满意的客户服务体验。了解消费者的意图，也就是要知道消费者来此的目的，以及他们想要实现的目标，这不仅是解决消费者问题的关键，也是提供最具相关性、最具个性化的消费者体验的关键。

10.2.3　个性化消费者体验

消费者们都希望能寻求到个性化的服务。当我们编写本书第 1 版时，个性化的服务体验对于品牌而言还是一个非必选项，它可以为消费者提供一个很好的体验，但这不是消费者的明确要求，也不是他们的一项标准期望。但是仅仅过了四年，我们就生活在了"体验时代"。提供卓越的消费者体验不再是品牌的非必选项，而且现在体验必须要与消费者有相关性，并被消费者接纳。这是一个为数不多的、可以帮助品牌从竞争对手中脱颖而出的方法之一。例如，如果你正在研究一个可以支持呼叫中心的客户关系管理（CRM）数据库，那么对于了解客户是谁以及客户的偏好是什么等问题（过去的购买历史、过去遇到的服务问题、沟通过的需求有哪些、渠道偏好是什么），你会更容易找到答案。我们在 Twitter 上要如何实现个性化交互呢？这需要一定程度的整合，但针对这方面，以前对企业是没有要求的，这还需要记录系统之间的关联关系，这些系统包括了消费者信息数据库、商业平台、产品数据库、推荐引擎、内容管理系统以及第三方社交平台。企业必须采集并集成的数据源列表在持续变长，且目前还看不到停止的迹象。

现在，让我们深入探究关于企业提供数字或社交客户服务的模型或方法，以及为了改善企业的客户服务，你可以在哪些方面采取措施。

10.3 社交客户服务模型

当描述公司在社交媒体上实施客户服务所采用的不同方法时，可以引入客户服务成熟度度量的概念。这个成熟度模型包含了三个阶段，可以用来评估社交客户服务工作。三个阶段分别是：特定阶段、局限阶段以及正式阶段。本节内容涵盖了在各个阶段的不同企业案例，并介绍了可用的数据和分析方法，同时对企业应该如何使用这些数据和分析方法进行了描述，以帮助企业更精准地了解他们的客户是谁、他们想要做什么，从而带来更好的客户服务结果。

10.3.1 特定阶段的客户服务

大多数公司在社交客户服务刚开始的时候，会采用这种特定阶段的方法。它通常是由公司内部某个有良好意愿，并希望能从事这方面工作的人来发起的。在其他情况下，采用这种方法则是相反的原因，如：一个有迫切需求的客户通过 Facebook 发出了声明，而公司被迫要为此在平台上开展社交服务的互动。但是特定阶段的方法通常是非正式且效率低下的，因为如果不进行重大变革弥补公司的根本缺陷，这种方法就无法轻易地进行扩展。在这个阶段，公司内部在客户服务方面没有设立正式的目标、政策以及进行培训。即使存在可以采集的数据并对其进行分析，数据量也相当小，分析工作也会非常简单。这个阶段的首要任务是处理第一线客户的请求。

10.3.2 局限阶段的客户服务

社交客户服务的局限阶段比特定阶段会相对更协调，更有组织性，因为会有多个人来支持这项工作，而且公司也具备一套更有意义的数据采集和报告机制。在此阶段，目标已经设定，流程已经确定，但仍然存在一定的局限性，因为无论从人文角度还是系统性方面，它与企业内部的其他部门都缺少一定程度的整合。对于不同数据源之间存在的个性化客户服务交互而言，开展我们在前文描述的关联关系工作是非常必要的，但是在局限阶段，这种关联关系依旧处于缺失状态。在这里会开展数据采集和分析工作，工作重点是对营销活动进行统计，但这未必是客户满意度最可靠的指标。

10.3.3　正式阶段的客户服务

社交客户服务的正式阶段是指对企业的所有产品和服务，都需要提供客户服务的全面支持。除了专门的团队、治理、工作流程以及危机防御之外，这个阶段还包括了截至目前本章提及的所有内容。此阶段与其他阶段之间最大不同之处是在于，在此阶段，需要公司内部不同的业务单元/部门沟通协作的支持，这一点可以直接提高合作和效率，并能减少在解决客户问题过程中产生的重复工作。相比整合营销或品牌建设所需的社交数据及度量指标，此处的集成工作还需要对特定客户的满意度数据进行聚合。

下面我们介绍了一个具体的案例，介绍了该企业在社交领域提供的消费者体验和客户服务的相关实践。

10.3.4　达美航空案例

航空公司在客户问题处理方面很容易成为被批评的对象。然而，达美航空（Delta Air Lines）却顺应新趋势并利用新兴渠道（包括社交网络以及移动端应用程序）降低了来自客户的发问，相比过去，他们可以更快更有效地提供令人满意的答案，在这方面，达美航空的做法值得称赞。他们是社交客户服务的先行者。达美航空是第一个在 Twitter 上开展客户服务的品牌之一，也是第一个在 Facebook 上实现引擎预定的企业。随着公司的发展，达美航空深刻了解什么事情才是更重要的，所以他们现在也在持续开展社交客户服务项目。与大多数的全球性品牌一样，达美航空也出现在了你所期待的社交媒体网站上：Facebook、Twitter、YouTube 以及企业博客等。目前客户的渠道偏好已经越来越远超于那些主流的社交平台，因此，达美航空也跟着增加了其他的可提供服务的渠道选项。他们已经将客户服务扩展至微信等平台，为某些特定类型的客户服务请求提供视频聊天对话的功能，并致力于以创新的方式设置聊天机器人从而增强用户旅程体验，也为客户提供了更多个性化设置以及选择的空间。举个聊天机器人作用的例子，如：它可以让乘坐商务舱的乘客提前几天选择飞机上的餐食。

在思考如何通过社交渠道解决客户需求时，达美航空采取了一种战略性的方法，它决定创造出某种全新的产品，并致力于通过社交媒体来为客户提供帮助。因此，2010 年 5 月 @DeltaAssist 诞生了。现在与 2010 年相比，又会有所不同，但产品主要的定位一直没变："以一种有意义的方式与客户进行交互和互动。"@DeltaAssist 最初由四名客服人员组成，他们每周一到周五，从上午 8 点到下午 6 点在该平台上进行工作（美国东部时间），以解答客户提出的问题。但这种工作模式没有持续太久，因为客户的问题并不会跟着上下班打卡的时间来发生。目前该项目已经发生了演进，现在已经有 40 名社交媒体代理专员，每周 7 天，每天 24 小时为客户提供持续服务，解决客户提出的问题。而现在，达美航空已经把过去的 @DeltaAssist Twitter 独立账户与 @delta 品牌主体账户进行了合并。

所有成功的计划都会始于一个明确的目标，而达美航空也非常明确地定义了该社交客户服务项目要为客户提供什么帮助，或不能为客户提供什么帮助。他们提供了以下服务，对在这里展示的每一项服务，我们也对应示例了一个客户请求以及 @delta 做出的响应：

- 回答有关政策和程序的问题。
- 提供旅行相关的帮助（例如关于机场、在线预订以及旅程结束后的相关问题）
- 如果你选择乘坐的是达美航空公司的航班，可以支持重新预定，这对用户来讲非常方便且具有实用价值
- 投诉处理
- 随机／有趣的信息提示以及客户问题的答案

将所有的客户服务需求集中到 @Delta 账号统一处理，可以大大缩短达美航空的响应时间。在 2012 年 9 月，WaveMetrix 开展的一项研究可以表明达美航空在响应时间方面究竟缩短了多少。WaveMetrix 将达美航空与其他四家航空公司做了对比（见图 10-1），以确定哪些企业最及时地响应了客户的推文。达美航空在响应力方面轻松获胜。如果进行独立处理则会有一个附加的好处：把所有的客户问题都直接引导至 @DeltaAssist 账号，这样达美航空品牌的主要社交资料中就不会出现与客户投诉或客户问题有关的帖子。现在，虽然达美航空的品牌账号充满了各种内容，但是却确保了达美航空可以最大程度缩短客户响应的时间，除非竞争对手复制了达美航空的做法。同时，这也证实了达美航空是通过一个专业的代理团队来支持他们的社交媒体工作的。

正如我们在本书中所讨论的，使社交媒体运营目标与业务目标保持一致，对于实施相关度量策略至关重要。随着时间的推移，达美航空在社交客户服务方面越加成熟，且发展了一套自己的度量方法，这样可以与公司度量客户服务有效性的方式保持一致。不同于仅仅依靠用户提及、推文以及关注者总数量等指标，@Delta 账号开展的客户服务项目的健康度指标则是以与达美航空传统客户服务渠道相同的视角来设定的。问题解决率、响应率以及用户好评等特定指标已经纳入了达美航空每月跟踪的关键绩效指标（KPI）中。入站请求量只是这些指标中的一部分，但它并不是检测 @Delta 是否能够做到让客户满意的真正指标。

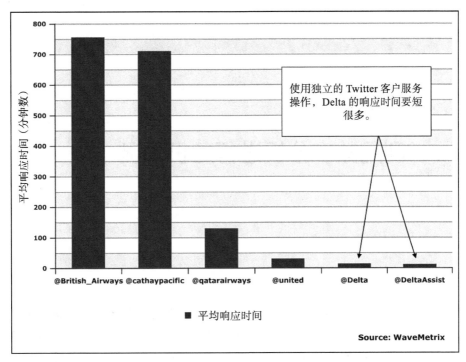

图 10-1　WaveMetrix 发布的不同航空公司对客户推文响应时间的对比

10.4　参考文献

[1]　Morgan, Blake. "Consumer Trust At An All-Time Low Says Forrester In Their Most Recent Report." "https://www.forbes.com/sites/blakemorgan/2017/11/14/consumer-trust-at-an-all-time-low-says-forrester-in-their-most-recent-report/#a3c75f91a198

[2]　"Customer Experience 2017: The Journey Toward Customer-Centricity Continues," eMarketer, April 25, 2017. https://www.emarketer.com/Report/Customer-Experience-2017-Journey-Toward-Customer-Centricity-Continues/2002050

[3]　Baer, Jay. *Hug Your Haters*. New York, New York: Portfolio/Penguin, March 2016.

[4]　Sigler, Lisa. "Social Response Times: A Mark of Maturity." February 22, 2017. https://cxsocial.clarabridge.com/social-response-times-mark-maturity/#_ftnref1

[5]　"Consumers Demand More Multichannel Customer Service," eMarketer, August 25, 2016. https://www.emarketer.com/Article/Consumers-Demand-More-Multichannel-Customer-Service/1014397

Chapter 11 第 11 章

利用数字分析进行危机预测

几乎所有的公司都会在某一时刻面临危机。无论是工厂倒闭、大规模裁员，还是管理层变动，公司的价值总是在受到威胁。为应对这类问题，优秀的市场营销部门应该已经制定出了相应的危机应对计划，并不断地进行调整以适应业务的发展趋势。那些表现不佳的营销部门通常会被问题蒙蔽双眼，而且通常会把自己淹没于媒体关注中。在危机期间，社交媒体的流量以及新闻数量会把新闻本身放大。如果《华尔街日报》(the Wall Street Journal)、《纽约时报》(New York Times)或美联社（Associated Press）报道了一篇关于你品牌的新闻，那么你很可能会面临数以百计的额外报道以及上千条推文。另外，那些对你品牌并不友好的博主们会根据这则新闻发表自己的观点。这些博主的影响力可能有限，但如果该新闻由《赫芬顿邮报》(Huffington Post)这样大规模的网媒发表，则很可能会把一个小危机演变成大危机。

危机不仅会影响主流新闻、博客圈、Twitter圈，它们也会影响搜索趋势。在这里，我们喜欢用一个故事来进行说明，如果你用谷歌搜索 Exxon（埃克森美孚），你仍然会在前两页的搜索结果页面中看到有关 Exxon Valdez 20多年前发生过的漏油事件的相关报道（经常会淹没于其他的报道中）。Google 将 Twitter、博客以及新闻媒体等平台上对这件事故的所有新闻报道来源都编了索引，致使在数年之后我们仍旧可以持续看到这些新闻报道。因此，对于企业的一场危机来说，它不再只持续一两个月。由于搜索引擎的存在，相关新闻报道会在事后多年一直持续。

对品牌而言这些都是好消息。如果能够认识到危机一直近在眼前，其实这就是一个很好的开始。此外，花些时间来制定出一个包含社交媒体在内的危机应对计划也是至关重要的。制定危机应对计划的关键要素之一是花时间将所有潜在的危机事件以文档的形式整理出来。根据我们的经验，品牌商们至少可以感知到公司可能会面临的 90% 的潜在危机事件。这些潜在危机事件可能来自运营挑战、客户服务投诉、产品纠纷等方面。不过对于这些潜在危机事件来自哪里，公司可能都曾有所听闻。但是，根据我们的经验，大多数品牌商并没有将这些潜在危机事件以正确的方式记录下来。

本章的内容主要介绍了品牌应该如何利用社交媒体聆听数据来进行危机预测，如果危机真的发生了，应该如何确保通过建立适当的机制来收集受众对话数据，并对其做出反应。

11.1 制定现代潜在危机事件管理计划

如前文所述，一个品牌通常能够感知到大约 90% 可能会出现的危机事件。不幸的是，大多数情况下，这些危机事件都没有被很好地存档于危机应对计划中。很显然，你会问"为什么没有这样做呢？"实际情况是企业的宣传部门只需要用一天时间，就可以与业务部门一起将所有可能的情况记录在白板上。大家都很忙，但我们却在离题讨论保护品牌的价值。

总部位于旧金山的 W2O Group，是一家可以提供全方位营销及公关咨询服务的公司，该公司聘用了本书的作者之一（查克），并开发了一套非常好的模型，现代潜在危机事件应对计划，可以用来处理这些危机事件（参见图 11-1）。

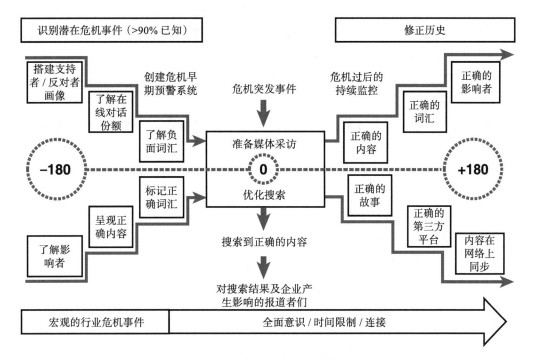

图 11-1　W2O 的潜在危机事件管理方法

这个模型虽然看起来很复杂，但其实很简单。它是基于社交媒体聆听创建出来的一个基础的危机早期预警系统。它的设计理念是当危机发生时，品牌不需要采取防守措施。事实上，也可以采用攻势来修正相关的新闻报道。该方法有三个不同的阶段，如下：

- **识别已知危机事件**——这需要花费一些精力，但是必须把已知危机事件记录下来。不仅要记录这些危机事件，还要对其中的几个要素展开研究并概述。
- **直面危机日**——假设你现在正在一家品牌或代理公司工作，你的企业或者代理的品牌正在面临着一场危机，你知道危机发生那天会是什么样子，通常是一团乱。然而，如果你在第一阶段就开展了审慎调查，那么你就可以降低危机日当天所带来的影响。
- **修正历史**——在危机事件发生后，你可以利用你在第一阶段掌握的信息对有关新闻报道进行修正。

接下来，让我们更详细地探讨这几个阶段。

11.2　识别已知的潜在危机事件

花些时间用来识别那些已知的潜在危机事件，是减少危机情况下可能产生一些损害的关键一步。不仅如此，这项前期工作可能还有助于防止危机事件在网络上的曝光。想要识别这些已知的潜在危机事件，并对危机状况做适当的准备，你还应该开展如下工作：

1. **制定已知的潜在危机事件列表**——你应该识别你的核心团队，列出团队成员过去在其工作领域所面临过的所有已知的潜在危机事件。
2. **了解在线对话份额**——与整个行业相比，此刻有多少人正在谈论你的品牌？你知道吗？
3. **搭建支持者和反对者画像**——了解是谁在主导品牌对话的发声，无论是支持者还是反对者，他们都是关键的人物。
4. **浅析影响者**——品牌不需要去邀约所有有影响力的人来到公司总部，特别是那些表现出不友好的人，但是你应该提前了解与他们有关的全部信息。
5. **呈现正确内容**——基于你对影响者们所发布的内容以及可能会引发问题的了解，你是否在网络上发布了正确的内容？
6. **了解正面和负面词汇**——当人们搜索你品牌的时候，你知道他们会使用什么词吗？你知道这些词是正面还是负面的吗？
7. **标记正确词汇**——你是否使用了人们在对话以及搜索过程中所使用的词汇来对网络及社交平台上的内容做适当的标记？

接下来的几个小节会详细地介绍以上这些要点。

11.2.1 制定已知的潜在危机事件列表

到目前为止，我们已经在本章中反复强调：重要的是要尽量列出所有已知的潜在危机事件。不需要动用一个大规模团队来制定出已知的潜在危机事件列表，但是这个列表必须足够全面，这样在危机事件出现的时候你才不会感到意外。

另外，如果你的工作量已经非常饱和，并对新增的这项工作有些担心，其实列出所有已知的潜在危机事件并不是一项只有市场营销部门才能完成的工作。如果你刚好就职于市场营销部门，你可能会被要求去处理这些工作，但你一定要去寻求帮助。那么从哪里可以获得帮助呢？

- **法务部门**——法务部门很可能是公司所面临过的已知危机事件的最佳信息来源地。法务部门在某些圈子里的声誉不是很好，但他们的工作也是在保护公司。因此，他们在不断地研究和识别那些可能会影响品牌价值的事件。
- **人力资源部门**——对于网络上可能会传播的任何与雇员有关的问题，人力资源部门都会有所感知。所以需要邀请他们来加入你的危机突击小组中，但如果他们不愿意，那么至少也要让他们对潜在的危机事件贡献一些自己的想法。
- **客户服务部门**——客户服务人员通常可以打通客户与你之间的第一道防线。他们知道客户对你的产品及服务可能会发生哪些危机事件。所以他们可以提供一个与客户相关的已知潜在危机事件列表，通过使用该列表，你可以启动你的线上研究工作。
- **业务单元负责人**——各个业务单元的领导们是走在公司业务最前沿的人。对于你将制定的有关产品或服务的已知潜在危机事件列表，他们会给你提供一些信息。
- **高级管理人员**——高管团队可能会直接把你引回至前面提及的四个不同部门中的任意一个部门，但我们仍旧可以与首席执行官（CEO）展开面谈。CEO 也会尊重你正在努力保护品牌的工作。

当你与这个由各个部门共同组建出来的群体的每位成员交流并列出已知潜在危机事件之后，你接下来会做什么？当然是要展开研究。所以第一个步骤是了解这些潜在危机事件。第二个步骤是研究人们是否在网上正在谈论这些潜在危机事件。

11.2.2 了解在线对话份额

识别已知潜在危机事件之后，你就可以开始进行研究了，从而了解人们是否在谈论或搜索这些潜在危机事件。你必须对品牌的在线对话份额有所了解。提醒一下，"对话份额"是指提及品牌的对话量与针对整个产品品类的对话量相除得到的结果。

要如何了解人们是否在谈论或者搜索这些潜在危机事件？你可以遵循以下五个简单的步骤：

1. **制定关键字字符串**——基于这些潜在危机事件，需要制定一份与这些事件相匹配的关键字列表。制定出合适的列表需要一些时间，但是这是后续能收集最相关内容的最重要的一步操作。

2. **构建一个只针对这些事件的控制面板**——如果你想同时对多个事项进行监控（客户服务、市场营销、公共关系等），那么请确保其中有一个控制面板是用来监控这些已知潜在危机事件的。可以根据你的企业管理这些事件的方式，来确定控制面板应该置于社交媒体聆听平台还是社交发布平台。

3. **频繁检查**——不要以为构建控制面板是最后一步。重要的是要频繁检查，看看是否出现了任何危机事件。此外，不要因为只看到了这个事件被提及了一次，危机就不会发生。这些已知潜在危机事件的存在都有其原因，任何一个小帖子都可能会变成网络大事件。大部分的控制面板都可以创建预警系统。所以在控制面板可以支持的情况下记得进行预警设置。

4. **不断重组团队以应对新事件**——不要认为你的公司只会碰到你识别的，并通过构建控制面板进行监控的这些危机事件。重要的是要经常把你的危机应对小组召集到一起，以确保你跟踪对了相关事件。如果一个新危机事件正处于迫在眉睫的状态，请务必按照我们在此处明确的这些步骤来开展危机事件追踪工作。

5. **制定应对计划**——如果所列的这些潜在危机事件突然在网络上出现，你是否有相应的应对计划？如果必须要做出回应，那么公司谁来回应？谁能确定这些回应的信息？几年前，Edelman Digital 公司的 David Armano 开发出了一套堪称完美的社群管理图谱，至今依然很好用。同时它也可以充当危机应对计划（参见图 11-2）。看起来这个工作量大到有些令

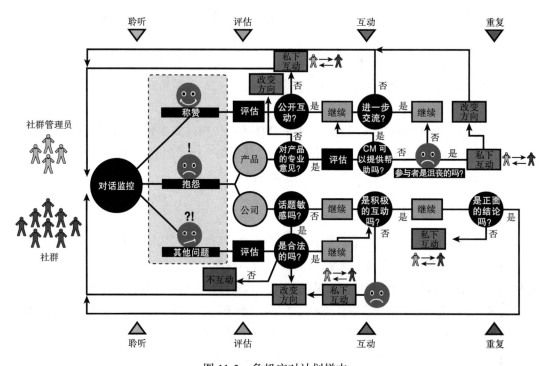

图 11-2　危机应对计划样本

人生畏，但是制定这个图谱的工作量最大的一个步骤——列出已知潜在危机事件，你应该已经提前完成了。

其他控制面板中，应该还有一个控制面板可以用来持续地追踪品牌提及的整体情况，在这里，你也可以确定品牌当前的对话份额。在危机发生之前，掌握这一信息很重要，当你想评估危机平息之后的应对方案时，你可以据此来了解危机的严重程度。

11.2.3 搭建支持者和反对者画像

想要聆听已知的潜在危机事件并识别当前正在被热议的潜在危机事件，一个重要的操作就是找到那些可以引领网络话题方向的人。对你的品牌或潜在危机事件，这些人可能会发表正面或负面的评论。他们可能通过论坛、博客或者 Twitter 与人交流。但不管他们是谁、他们通过哪些渠道交流，以及对于你正在关注的潜在危机事件他们表达出何种情绪，你都需要识别这些热点人物。如果你花时间识别了这些人，那么当危机来临之时，你就会知道可以与谁分享相关内容以传播你想要传递的信息。

在第 8 章中，我们详细地讨论了要如何识别这些影响者，我们介绍了一些可以帮你完成此工作的工具，同时也介绍了你要如何开展分析以持续得到最新结果。在你想要识别某个话题的正面或负面的影响者时，一定要参考这些工具及分析方法。

11.2.4 浅析影响者

在危机发生之前，需要花些时间来真切了解谁才是你的影响者，以及他们会通过哪些平台发布内容。这是基本的公共关系入门工作。与这些影响者建立一定的关系，并向他们提供有价值的东西，当危机真正来临之时他们是会对你有帮助的。如果直到危机发生之时你都从未与这些影响者交谈过，他们是不太可能会帮你的。所以，你需要把握在日常生活中出现在你面前的能与那些影响者建立牢固关系的机会。

正如我们在第 8 章中介绍的关于如何了解影响者的内容，我们将这些影响者分成了四个不同的层级：VIP 影响者、独占访问权限、推销列表、仅留神聆听。那些仅需留神聆听的影响者们，其实是非常难"推销"的对象，或者是对品牌有负面情绪的人。

11.2.5 呈现正确内容

在第 2 章以及第 3 章中，我们详细地论述了应该如何使用社交媒体聆听数据来即时指导内容制定的相关工作。此处有一个类似的思路：在识别已知潜在危机事件和影响者之后，你应该尽可能找出可以与社群分享相关内容的所有机会。但是这些内容不需要与这些潜在危机事件 100% 相关。假如内容相关度很高，很明显，你这是在向社群提示你的相关产品或服务存在潜在危机事件。

呈现正确内容的一个很好的示例与前文提及的客户服务实施有关。如果你与你的客户服务团队交流过，发现响应时间长已经成为一个潜在危机事件，然后在社交对话分析之后，你意识到这个话题已经在网络上引发了一些讨论，接下来你应该怎么做？实际上，一个可行的方法是在公共社交平台上（如 Facebook 或 Twitter）上插播一些内容，来谈谈你是如何处理这些客户响应时间比较久的问题的。虽然这还不是一个全面的问题，但如果它到了适当的影响者手中，它可能是一个全面的问题。然而如果你花时间就这个问题发表具体的内容，那么你可以抵消一些问题的影响。

11.2.6　了解正面和负面词汇

仅是了解这些潜在危机事件和影响者是远远不够的。你也需要对人们在交流时所使用的词汇非常熟悉。好消息是人们很有可能只会用到 10 ~ 15 个与这些事件有关的"金钱词汇"。你知道这些词有哪些吗？假如不清楚，那就要花些时间来开展研究，可以多去看看社交网络上的对话内容来识别这些词语。

要如何识别这些"金钱词汇"？有很多工具可以帮助你：

- Wordle——如果你曾经创建过一个词云用来展现时下最流行的说法，那么你很可能使用的是 Wordle。Wordle 是一个基于网络的免费应用程序，用户可以将大量的词汇复制粘贴到系统操作页面，从而发现哪些词汇被频繁使用。图 11-3 为 Wordle 使用界面的示例。
- Google Keyword Planner——Google Keyword Planner 可以为你提供有关各种关键词和短语的搜索量信息、流量预测信息以及关键词和短语的使用建议。
- KWFinder——KWFinder 是一个长尾性质的关键词工具，它有一个非常好用的用户界面，用户可以通过这个界面来查看某一关键词或短语的搜索量、平均每次点击成本、平均每次点击付费，以及对于某一关键词或短语，用户地域分布趋势。
- SEMRush——SEMRush 是一个相对复杂的解决方案，它可以帮助用户收集多方位的深入信息，包括流量趋势、每次点击成本、具体关键词的搜索结果数量，以及品牌或个人购买的广告样本等。它还可以帮助用户识别一些新的关键词和短语，这些关键词和短语是彼此相互关联的，而且也是人们搜索时会使用的。最后，它可以提供一些关于竞争对手排名，以及排名所对应的价值估算等有用的竞争情报信息。
- Moz 开发的 Keyword Explorer 工具——Keyword Explorer 的操作方式非常简单。用户只需要输入一个关键字或短语，就可以返回该词的 SEO 数量、与该词有关的关键词，以及与该词有关的竞争对手的信息。在识别相近词汇的搜索方面，这个工具非常有用，你可以因此获取在线社群正在搜索内容的完整视图。了解某个词汇的

SEO 数量也可以帮助你评估社群在某一特定主题方面的活跃程度。
- BuzzSumo 开发的 Content Insights 工具——该工具可以洞悉那些可以引起某一具体受众共鸣的内容、关键字以及相关领域。BuzzSumo 在竞争者研究方面也是一个非常有价值的工具。

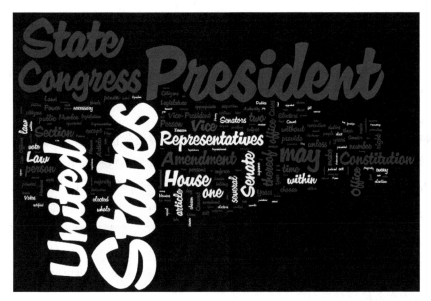

图 11-3　最热关键词 / 短语词云示例

以上是一些好用的工具示例，这些工具可以帮助你实现可视化以及明确你开展研究的目的。每个工具都有其产品亮点，所以我们不会给出具体的使用建议，但是我们会建议使用你认为能够帮助获取最完整信息的那个工具。请记住，这些工具可以用于危机应对的准备工作，同时也可以告诉你品牌是否处于危机之中。

11.2.7　标记正确词汇

在确定了大家会在网络上使用的关键词之后，重要的一步是将这些关键词与你所有消息平台上的关键词进行交叉引用。这些关键词与你在官网上进行标记的词匹配吗？如果不匹配，原因是什么？这项工作的目标应该是定制你要发布的内容，并可以与社群想要查找的内容相匹配，同时也要让这些内容尽可能可见。

这些关键词与你社交媒体平台上发布的帖子所使用的词汇一样吗？如果不一样，原因是什么？同样，你需要确保发布了正确的内容，并且保持它们呈可见的状态。关于你的博客呢？思路同样适用。需要将标记的这些关键词与你识别的潜在危机事件匹配词汇相对比后进行编目。

如果你按照本节详细介绍的这七个步骤完成了操作，在识别已知潜在危机事件方面你会有确定的把握，并可以创建出一个最佳的危机应对计划。不仅如此，这些操作步骤还可以帮助我们以一个轻松的心态面对危机。然而，当危机真正来临时会发生什么呢？对于分析工作，我们又如何确保能采取正确的操作步骤呢？请继续阅读。

11.3 危机日的监控和实时报告

尽管你完成了前期的研究工作，但危机还是发生了。显然，在危机爆发的那一天，每个人都会感到慌乱。可以确定的是，没有时间再进行深入的研究，所以我们在前一节中概述的几个步骤非常重要。那么接下来我们能做什么？

1. **处理突发危机事件**——为了便于讨论，我们会假设你已经完成了前期的研究工作。当危机事件在网络中突然出现时，你可以激活你已经设计好的危机方案。

2. **制定内容计划**——当你知道了是谁在发布信息，是谁在网络上传播信息，你就会很容易地知道你应该发布什么类型的内容。同样，如果你已经完成了前期研究，那么在这方面应该不会涉及太多繁重的工作。另外，还应将内容发布频率纳入你内容发布计划的方案中。

3. **确定你的报告计划及节奏**——对于危机中的一些事情你应该实时进行报告，还有一些事情你应该在危机过后保存。

让我们对这些步骤一一展开说明。

11.3.1 处理突发危机事件

在事件发生那一天，你根本没有时间去识别那些影响者、确定对话份额，或者弄清楚人们在这个危机事件中使用了哪些关键词。如果发现一个危机事件已经发生且你也完成了前期的研究工作，那么接下来要做的就是激活你的危机应对计划。以下是需要开展的具体事项：

- **组建监控小组**——如果你是市场营销人员或企业宣传人员，在危机事件发生之日，你会没有时间去监控那些线上的讨论。所以在危机事件发生之前，你就应该明确哪些人需要负责监控的工作。他们可以是团队里比较初级的成员，另外关于这项工作，你也可以很好地利用外部合作伙伴。当危机事件突然发生时，需要动员此小组来承担实时监控支持的工作。

- **激活作战室以及危机应对小组**——你应该预先指定一个你以及危机应对小组可以集合的地点。此处应该包含了电话以及电脑接口，而且需要距离你团队的其他成员有一段距离。因为你需要把注意力集中在此刻正在发生的危机事情上，不能对其他任何事情有所分心。危机应对小组的成员可以因企业而异，但大多数情况下，这个团队会由市场部负责人、企业宣传人员、人力资源人员、法务人员以及公司高管组成。

- **制定时间计划表**——根据危机事件的严重程度，你应该希望能创建出一个时间计划表，用来安排谁该工作，谁该休息。在正式的时间表制定好之前，你应该假设每个人都需要坚守岗位。

当危机事件出现时，你应该已经准备好了以上所有事情。相信我们：网络世界的危机事件不会等着你把所有的事情都安排好后才发生。

11.3.2 制定内容计划

你知道人们在网络上所讨论的潜在危机事件。你知道企业正面临的潜在危机事件。你知道人们在网络交流中所使用的词汇。你也知道人们在搜索什么信息。基于以上所有要点的结论，你应该制定出当危机发生时你可以使用的内容条目。内容制定很可能是需要动态开展的，尤其是当一个危机事件处于未知的情况下。然而，制定这些内容也非常具有挑战性。

帖子的发布节奏也很重要。某种程度上，这取决于新闻的发展态势，但随着危机的发展，你应该自己决定应该多久在网络上发布一次信息。可以是危机爆发后的一次简单声明，也可以随着新闻的发展频繁地发布信息。不管怎样，你都应该准备好在危机爆发的 6 个小时内发布相关的内容。

在制定危机内容计划时，还应该牢记以下几点：

- **考量社交发布平台**——你可能会重新定义在 Twitter 以及 Facebook 上内容发布的目的，这取决于危机事件本身。然而，如果危机事件持续发展，有必要针对各个渠道定制特定的内容信息。
- **确保首条回应的内容在该新闻报道平台上发布**——如果该新闻是在网络主流新闻平台上发布的，那么你应该也在此处做出相应的回应。（在起初的研究中，你已经找到了那些影响者，包括那些来自主流媒体的人物，你所掌握的信息可以帮助你更容易地做出首条信息回应。）如果危机事件是在 Twitter 上引发的，那么你应该制定一条符合 Twitter 用户的内容。
- **记住这些热点关键词**——在你的研究中已经识别出了这些热点词汇。不论在任何渠道上发布信息，帖子的内容都应该包含这些关键词。
- **借力公司高管**——这是向那些已经开始使用社交媒体平台的高管借力的好时机。如果他们没有社交媒体账号，那么可以参考他们的语气来发布帖子。在 2009 年达美乐比萨危机事件发生之后，该公司的首席执行官 Patrick Doyle 成为他们信息发布的第一人。让高管成为信息发布第一人可以让你品牌的粉丝们相信你们是在认真地对待这场危机事件。这也是一个可以说服高管更积极地进行线上交流的好机会。
- **保持灵活性**——在前面几个段落的内容中，我们说过制定内容计划是一个很好的策略，在这里依然如此。但是，你也应该根据新闻的发展情况灵活地调整内容。

11.3.3 制定报告方案和报告节奏

取决于危机事件的严重程度，你可能在很短的时间内，就淹没在了成千上万的帖子中。在危机情况下，要消化如此多的数据并提炼出洞见，这项工作是非常具有挑战性的。如果你已经动员了你的监控团队（内部或者外部）来开展监督工作，那么接下来你需要确定的是：报告的事件、报告的频率、报告的内容，以及关于事后析误报告的计划。

报告方案的一个重点要素是提供实时信息，这里可以借助于某个工具来实现。可以参考第 3 章和第 4 章来找到更多能符合要求的工具。如果你的业务属性是一个不断充斥着危机事件的行业（如航空业），那么你应该确保你的监控工具可以及时地处理掉这些数量随机的信息。

下面几个小节会详细地讨论报告频率、报告内容以及危机结束后的析误报告。

11.3.4 危机期间的报告频率和报告内容

在危机发生的早期，你应该计划定期做报告。如果某次危机事件在网络上引起了很多的关注，那么你可能会考虑每小时写一份报告。如果某次危机事件引起了部分关注但是发布出来的新闻却没有太频繁发生变化，那么几篇报告可能就够了。接下来你要考虑的是你的报告应该包含什么内容？用什么格式来呈现它们？

- **电子邮件**——如果你正处在危机的漩涡之中，创建一个精美的 ppt 文档来呈现报告可能不太现实。一封电子邮件应该足以表达想要传递的信息。
- **执行纲要**——每一份报告都应该包含几句对网络上正在发生危机事件的描述。可以考虑制定一些高阶的要点信息，甚至是可以明确需要用来总结各个阶段要点的格式。
- **对话数量**——虽然在线对话数量的多少很明显就可以看出来，但是将某次危机事件的线上对话数量包含在报告中，对于危机应对是非常有帮助的。
- **对话发生的渠道**——这些对话发生在博客中还是论坛上？大多数危机事件的发生都源于新闻媒体以及 Twitter，但是每种情况会略有不同。
- **情绪**——在报告中，呈现定性的在线对话情绪快照对于危机应对是有帮助的，但是请勿尝试让团队成员来阅读这些对话并给它们打分。
- **热议网站**——哪些网站上的对话引发了最多的热议？在这种情况下，热议通常是指那些在 Twitter 及 Facebook 上看到一篇文章然后转发扩散的行为。

不要执着于美化报告。你真正要实现的是掌握正在发生危机事件的形势并将信息有效地传递给企业内部，而报告呈现的内容也可以根据当下正在发生的对话信息来进行调整。

11.3.5 危机之后的报告频率和报告内容

危机结束之后，你应该规划更深入地了解危机是如何在网络中扩散开的。对你来说这是一个机会，因为这方面的工作可以帮助你强化记忆，回想曾经发生了什么、它是如何发生的，以及为确保品牌不会因为危机事件而损失价值，你是如何反应的。无论监控团队的成员来自内部同事还是外部合作伙伴，你都应该邀请他们参与报告的整理工作。危机事件结束之后的析误报告应包含以下内容：

- **执行纲要**——演示文档中必须包含一张幻灯片，用来描述危机事件期间都发生了什么。这可能是你的高管唯一会观看的一张幻灯片，所以请确保呈现的内容可以充分表述出你想要传递的信息。
- **对话数量**——同样，了解危机事件发生期间的对话数量是有帮助的。
- **对话发生的渠道**——识别是 Twitter 还是博客引发了相关危机事件的报道，可以让你有意识地去监测下次危机事件报道的来源。
- **新闻周期分析**——分析新闻周期的展现图谱很重要。在对话数量达到巅峰之前，危机事件被提及了多少次？新闻周期持续了多久？是谁引领了舆论而产生了初始峰值？这些都是你需要在报告中尝试去回答的问题。
- **情绪**——根据此次危机事件的情况，了解危机期间网络受众的情绪发展将会有所帮助。然后，你可以根据媒体渠道的类型进一步对网络受众情绪进行分析，看看最正面、最负面、最中立的对话分别来自哪些渠道。
- **影响者的粉饰**——如果你完成了前期的分析工作，你就会知道是谁引领了品牌对话份额的改变。他们粉饰危机了吗？如果是，他们是如何粉饰的？此处不需要开展定性分析。相反，了解影响者如何粉饰这个危机事件才是最重要的。
- **新兴影响者**——有一些在新闻中引发许多关注的人，是否可以认为他们会成为未来的影响者？如果是，可以将他们添加至你正在持续监控的网站/影响者来源的列表中。
- **关键子话题**——如果危机事件持续时间足够长，就很有可能衍生出子话题。你需要了解它们是什么，以及未来是否需要将他们添加至你的已知潜在危机事件的列表中。

危机结束之后的析误报告，一定程度上也可以看作是对危机事件期间所发生事情的总结报告，但也应被视为是对危机规划过程第一阶段所开展的基础研究工作的更新。为了确保你已经收集了所有的相关数据，你应该在危机事件结束至少一个月之后再开始总结这份报告。危机的热度开始消退之后，你或许才能收集有价值的情报，因为这些有价值的信息都是陆陆续续出现的。

11.4 危机结束后的历史修正

危机事件结束之后，你会有机会对团队的表现进行评估。你的团队工作效率如何？危机事件发生之前开展的研究为你在危机事件发生期间节省了多少宝贵的时间？危机事件发生过程中以及危机事件结束之后你的报告有多么的有用？你是否希望在危机事件期间以及结束之后可以报告一些事情？好消息是，这些事情都不是一成不变的。实际上，最好的危机事件应对计划可以帮助公司在危机事件中取得成功，但是也可以根据具体的危机应对经验进行动态的调整。

为了度量你最初设计的危机应对计划的效果，危机消退之后是评估基础研究的最佳时间。在此处，也可以识别重要的第三方平台，它们能为你提供有效的帮助，并调整内容同步发布方案。

11.4.1 对基础研究的评估

不管你是否处于危机事件中，我们都鼓励你对你的宣传工作进行持续的度量，这一点不必感到惊讶。评估基础危机应对计划的有效性，最好的时间点是在危机事件结束后。当你对你的基础研究进行评估时，应该注意以下几点：

- **适合的影响者**——在危机事件期间，你是否接触到了可以帮助你传播信息的适合的人？在他们初始的帖子之外，他们是否仍有效地帮助你传播了信息？对未来发生的危机事件来说，是否会出现一些新的、你可以利用的影响者？这些是你需要回答的一些问题，以确保你可以继续输出内容，从而帮助你纠正人们在危机事件期间可能对你的品牌产生的一些负面想法。
- **适合的词语**——通过使用我们之前列出的一些工具你应该识别了一些关键词，并将它们应用在了危机事件期间你所发布的帖子中。这些关键词是否被恰当使用？当我们完成了危机事件结束后的析误报告，再来查看人们使用的关键词，它们可以与我们危机事件所使用的关键词匹配的上吗？
- **适合的内容**——对于一个特定的危机事件来说，你的基础研究中应该已经表明了什么类型的内容最容易引起共鸣。内容依旧不变吗？或者你是否可以对内容做一些微调，从而确保你可以继续以适合的内容来不断地触及目标人群。
- **适合的信息**——危机事件结束之后，关于某个特定危机事件的信息是否依然需要调整？除非再次爆发危机，否则你也许永远不会再谈论这个事件，但是分析这些信息是否依旧能引起共鸣也是至关重要的。

11.4.2 识别关键的第三方平台及拟定内容同步发布方案

危机事件结束之后是弄清哪些是有用的第三方平台的好机会。第三方平台不限于个人博主、主流新闻记者，或 Twitter 用户。对于那些关键的第三方平台，它们很可能会利用他们自己的社交平台来捍卫你的观点。如果危机事件再次发生，这些平台很可能会再来帮你。识别这些潜在的"友军"可以在未来不利的局面中持续给予你帮助。

同时，此刻也是检测内容同步发布方案是否可以有效传播信息的好时机。以下是检测内容同步发布方案的关键提问：

- ❑ **这些影响者是否对你的内容进行了调整？**——当你发布了一条具体信息时，他们是否准确地描述出了你的观点？如果不是，那么你最好换一个信息源作为"引爆点"。
- ❑ **哪些渠道可以最大化地推动内容同步发布？**——我们知道，Twitter 往往具有强大的带动力来吸引许多额外的关注，但是对于危机事件也是如此吗？在这方面 Twitter 会只作为人们发布内容的传声筒吗？
- ❑ **你是否对原始内容及内容计划进行了恰当的融合？**——我们在前面提到过，准备一些固定的内容是有帮助的，但是你还需要根据新闻周期的发展来足够灵活地制定内容。将新旧内容进行融合对你有用吗？
- ❑ **对话的数量达到了你的预期吗？**——在危机开始前你设立了对话数量的基准，因此你可以了解危机期间发生的对话数量，这些对话是由你以及其他伙伴共同生成的。

危机事件通常是令人感到痛苦的事情。但是，如果你接受我们的建议，你的危机状况就会少一些痛苦。这一点我们可以保证。利用危机事件前、危机事件中、危机事件结束后的社交平台数据，可以帮助你找到适合的内容组合、事件以及渠道，最重要的是，它可以保护你的品牌避免受到未来危机事件的攻击。你还在等什么？从今天起，开始利用社交平台数据，来预防或者减轻未来危机事件的影响吧！

Chapter 12 第 12 章

发布新产品

对任何公司而言,一款新产品或者服务的发布无疑都是一项重大任务,对宝洁以及可口可乐这样的大品牌而言也是如此。在大多数情况下,无论是何种品类的产品,市场总是饱和的,消费者也总是按习惯行事。根据战略品牌定位专家及咨询师 Jack Trout 的解释,消费者反复购买的、相同的 150 种商品就占他们家庭生活所需品的 85% 甚至以上。此外,只有 3% 的新包装消费品达到了或者超过了第一年的销售目标。在这些重大的投资方面,数字分析发挥着越来越大的作用,很大程度上这要归功于市场模式从 B2C 到 C2B 的动态转变。如果应用得当,通过数字分析得到的结果可以指导整个产品生命周期。在本章中,你将了解如何通过数字分析来指导从效用感知及消息传递、到消费者效用,再到最终可行性发布的产品生命周期。

部分产品发布失败的原因来自公司内部,比如某个产品在市场上吸引了一批用户后,公司却无法支撑其快速成长。还有一种情况是,某个产品本身是原创且具有颠覆性的,但公司却发现它没有市场。(几年前推出的 Nook 就是一个典型的例子。)最常见的一种情况是:消费者认为某种产品没有满足他们的要求或者符合他们的利益,因此该产品受到了消费者严厉的批评和抨击。举一个最近的例子,它发生在 2016 年,当时三星(Samsung)的旗舰手机 Galaxy Note7 着火爆炸。有传言说,因为车主把 Galaxy Note7 忘在了车里,所以一辆车被烧毁了。随后这些手机严禁在所有航班上使用(无论是国外还是国内),三星被迫召回了整条业务线的产品。从那以后,三星手机业务还遭受到了谷歌和苹果的冲击,因此或许它永远无法从这次事件中恢复回来。最后只有时间会给出答案。

如果想要清楚地知道市场中存在的新机会,这将取决于你对消费者需求、欲望以及偏好的了解。这对开发并发布一款新产品来说至关重要。而且如果不开展审慎调查,则将意味着在产品发布方面,大概率你没有做好准备工作,因此会加大发布过程中出错并偏离目标的可能性。

未能开展审慎调查并不是一次偶然发生的问题。即使产品有了一个强劲的引入期,但在成长期未必能依旧保持这种态势。在讨论本书前文提及的数字分析能力之前,我们有必要花点时间来研究一下产品的生命周期。从市场营销和/或广告宣传的角度,了解产品生命周期的不同阶段以及每个阶段需要开展哪些工作可以为你提供一个系统的方法。在如何以及何时可以通过最好的应用数字分析能力来支持任意一个产品的计划方面,这个系统的方法可以帮助你做出决策。下面,让我们来了解一下有关产品生命周期的内容。

12.1 产品生命周期概览

对于所有市场营销从业者来讲,必须要对产品生命周期概念有一定的认知,现在这一部分的知识已经被纳入大学、院校,成为一门专业课程被教授。然而,在某些特定阶段则需要通过合适的数字分析能力来增强洞见的产出,从而帮你做出真正的、明智的营销决策。基本上所有产品的生命周期都包含了图12-1所示的几个阶段。无论在哪一阶段,公司都要调整其营销组合(产品、定价、分销及促销),以应对各个阶段所面临的特定挑战:

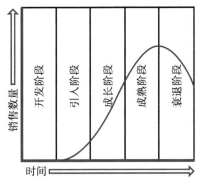

图 12-1　产品的生命周期

- **开发阶段**,由于开发阶段是属于企业内部的阶段,所以当讨论产品生命周期这个概念时,有些人会完全忽略此阶段。在这个阶段产品正处于开发状态,并开始准备向消费者发布。在这个时间点上,产品还没有进入市场。
- **引入阶段**,在这个阶段,产品开始投放市场,目标是希望提高产品知名度并实现市场渗透。基本来说,企业在这个阶段要为该产品在相关品类中设立一个立足点。
- **成长阶段**,产品被市场接纳后,公司将开始着手建立品牌美誉度,并提高市场占有率。
- **成熟阶段**,在这个阶段,产品的市场占有率不会再出现激增,因为该产品所属品类的市场已经相对成熟，竞争对手也可以提供类似的产品。所以企业应该力图保持其市场占有率并最大限度地提高该产品的利润率。

- **衰退阶段**，所有的产品都会不可避免地面临销量下降的问题，因为消费者对某种产品的需求变少了。该企业必须决定要么停止该产品的制造，要么重新推出具有新功能以及新优势的其他产品。

有了产品的前期准备及持续优化的相关工作，可以降低产品营销计划风险，并持续加以改进。幸运的是，你现在有能力完成前期准备以及持续优化的工作，因为你想要触及的消费者是高度互联的，并且在数字领域，他们会不断分享自己对产品的意见以及对品牌体验的偏好。利用数字分析能力，特别是社交媒体聆听以及搜索分析，你可以开始更多地了解消费者：消费者的真实想法是什么，他们想要什么，他们需要什么，他们希望从你的品牌中得到什么，又希望从竞争对手品牌中得到什么。（毕竟，这些公开的数据有利有弊。）

在本章中，我们希望通过获取深层次的消费者洞见，来提升整个产品生命周期中的扩散曲线，从而帮助你对产品进行必要的优化或修正，这也是我们应用数字分析方法的目标。在图12-2中，扩散曲线由横跨各个阶段的顶线来表示。数字分析的方法是：通过抓取消费者的反馈及行为，并将收集的信息总结成为可以定义产品成功或失败的具体的答案，从而帮助你实现优化新产品发布的目标。

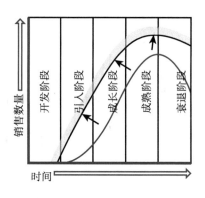

图12-2　新产品发布——扩散曲线

下一节的内容概述了产品生命周期的中间三个阶段，我们会对每个阶段需要考虑的特定因素进行展开讨论，以及你可以应用哪些数字分析方法来回答各个阶段中与目标和挑战有关的问题。

12.2　产品生命周期——引入阶段

回想一下在引入阶段，产品开始被引入到市场（参考图12-3）。在开发阶段，我们对目标受众是谁，受众如何看待新产品，在满足具体终端消费者方面产品如何定位，以及产品可以向用户提供哪些价值等方面做了一些假设。在产品发布之前，我们会对这些假设进行彻底的检查、讨论以及内部审查。也就是说，它们是基于在开发阶段可以使用的最精准的数据而制定的假设。

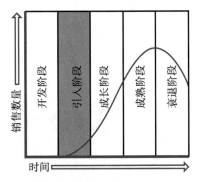

图 12-3　产品生命周期——引入阶段

当一款新产品发布时，就进入了关键时期。此刻，在产品反馈，以及在营销组合和消息传递中所定位的产品具体属性方面，开展消费者数据和反馈的信息收集及分析尤为重要。此分析可以帮助你识别一些错误的假设，并尽快对其进行调整，同时也可以帮助你识别在产品开发阶段没有发现的新机会。

产品在引入阶段会有相当简洁清晰的业务目标：

❑ 建立品牌知名度
❑ 确定在市场上的立足点

你需要确立一些基本的考虑因素（"它们是什么"）来作为分析的起点，指导你要开展的行动（"要如何开展"），进而产生分析的结论及收益（"为什么这么做"）。

以下是在引入阶段的一些考虑因素示例：

❑ 对于该产品的使用以及重新定位，相关品类中有哪些新兴趋势？又有哪些发展趋势？
❑ 对于产品 X 的新用途，哪些影响因素可以增强消费者的拥护度？
❑ 对于当前的促销或优惠活动，消费者的喜好情况如何？哪些渠道上的促销或优惠活动对消费者影响最大？
❑ 消费者在哪些渠道可以发现产品 X 的最佳应用？
❑ 哪些场所与产品 X 的应用最相关？为什么？

图 12-4 是按照细分用户（如果适用），围绕着用于收集、跟踪，以及监控的 KPI 和在引入阶段的消费者反馈信息所列出的活动。

活动（怎么做）

监控	度量	分析
• 产品 X 的对话，用来识别具有可执行性的消费者反馈（包括：产品变更需求、未被满足的需求、查询、促销/优惠、新产品的使用） • 根据成分类型确定消费者使用范围 • 确定在哪些场合产品 X 被用为配料	• 消费者的反馈中，哪些信息对于提供项目/交易行为是有帮助的/没有帮助的，从而可以鼓励消费者对产品 X 进行试用并促进采用 • 度量并监控产品 X 消费者参与发布相关工作的整体效果	• 对发布中获取的反馈数据进行社交数据分析（消费者、交易、媒体） • 消费者对竞争对手产品发布反应的社交数据分析（还应了解消费者对它的反应，并识别合适的行动以减缓它对产品 X 的冲击）

输出结论以及收益：（为什么）

监控	度量	分析
• 识别消费者及零售商对新产品的发布可能给 X 公司和/或 X 产品带来的运营影响有哪些顾虑	• 结合消费者对产品投放、消息发布、包装行为的反应，以及对产品使用、消费者偏好和产品质量的洞察，而得出的消费者洞见	• 对推出促销、优惠和零售活动有效性的发现 • 与产品 X 在该品类中推出竞争活动反应有关的竞争情报 • 对社交数据与销售数据之间关联性的发现和建议（是什么让/为什么社交活动引领销售？）

图 12-4　产品生命周期之引入阶段的活动示例

可以通过社交媒体聆听分析来回答这些问题并采集相关数据，这些数据可以帮助你了解消费者对品牌认知的情况以及产品是否正在渗透进入市场，进而有效引导至销售。第一步需要做的是制订计划。记住，对于社交媒体聆听分析而言，一分耕耘一分收获。一个周密的、具体的计划可以带来实实在在能帮助你的详细洞见。让我们来看一个假设场景，在这个场景里，你将会从如宝洁（P&G）、卡夫（Kraft）或通用磨坊（General Mills）等公司可能购买的主流家用产品里，生成一份学习日程（在前面几章有介绍）。下面几节讨论了在产品发布之后，你可能想要知道答案的一些宽泛的问题。

12.2.1　消费者对产品 X 有哪些反应

对于产品的初次接触，消费者是否满意？对于具体产品属性，他们表现出喜欢还是不喜欢？他们会更偏好于某一具体的产品属性还是更偏好于竞争对手的？可以通过在社交媒体聆听工具中创建特定的查询语句来回答在消费者对话中发现的这些问题。当用这些具体的答案与情绪分析相结合时，则可以得到更有见地的发现。

仅仅去统计新产品被提及的次数、使用自动情绪分析、得到答案，然后就结束了一天的工作，这些事情是远远不够的。如果只是这些简单的操作，可能只会得到令人眼花缭乱的图表，它无法生成任何有效的内容，无法帮助业务验证新产品的发布在消费者接受度方面是否处于良性发展状态，也无法帮助业务识别产品的致命缺陷。此处，上下文信息是关键，问题越具体，可以越好地指导你的分析。根据特定的产品属性和在产品的营销和广告中使用的任何关键信息来分解"消费者反应"会更有效，但也更耗时。在今天，我们很容易通过手工编码数据集，或者通过像 Amazon 的 Mechanical Turk、Crowdflower 这样的众包技术来实现。通过一些简单的设置，你可以使用两种技术中的任一种从你的社交媒体聆听数据集中获取非常细粒度的（和清晰的）洞见。

在这个示例中，产品 X（例如它是一种烹饪原料）具有四个具体的关键属性。对前三项属性，消费者反应良好（如，口味、价格/价值、质量），但对第四项属性反应不佳，即产品研发的新用途（如，作为烹饪原料本身）。该产品的增长战略可能要依赖于消费者对这个新用途的正面反应。所以必须要密切关注这一点，不要因为这个具体的产品属性而影响了消费者对整个产品（四个属性中的其他三个正面属性）的看法。

总之，要将产品性能以及市场接受度视为一个整体来进行批判性思考，同时也要将对短期以及长期业务计划具有战略性意义的产品属性纳入其中。当你识别这些属性之后，围绕这些属性来开展社交媒体聆听的建模就变得简单很多。

12.2.2　洞察消费者对产品 X 有哪些顾虑

这是一个需要回答的重要问题，但也是一个很难提前预测出答案的问题。具体可以通过什么来查找并收集相关的消费者对话？根据我们的经验，在你完成了社交媒体聆听并分析了大众消费者的反应后（如上一节所述），自然就会发现最佳答案。出现这种情况的原因很简单：因为你不知道自己不知道什么。

你可以提前确定一些数据类别的分类，但总有一些分类（有时是几个，有时却是很多）是你之前所忽略掉的，这时需要根据消费者的反应来决定是否将部分分类纳入你的分析方案中。正如本书前面章节讨论数字分析工具时所描述的，社交媒体聆听数据的细粒度分析至关重要。有关产品 X 的数据，你可以首先将其归为"消费者关注"的类别。可以通过手工编码或者我们前面介绍的一些工具，对该数据集进行更细粒度的分析，并将数据集进一步细化到消费者关注的子集。例如，我们可以根据前面列出的四个产品属性进行扩展而得到相关的子集。如果对第四个属性（作为烹饪原料的新用途）展开分析，你可能会发现，产品在市场上具有很高的品牌知名度，但是产品体验却非常糟糕。消费者可能会提出包装不便的问题，也可能会说产品本身并没有满足消费者们新的使用要求。还有一种可能是消费者会认为作为烹饪原料来讲，产品本身的配方不够丰富，仍然需要重新配制。

这些都是一些消费者反馈类型的具体示例，我们可以尽可能详细地收集这些反馈，并将其应用于调整产品属性的工作中，随之采取实际行动。你不一定需要改变产品。在这种情况下，需要让目标受众接收到有关新产品使用的培训，并且在营销广告所传递的内容/信息方面也需要做调整，以澄清并消除消费者心中所有的困惑。

12.2.3 哪些是消费者未满足或未表达的需求

满足消费者的需求显然是至关重要的，但是确定需求的过程可能会很棘手。这是在完成了广泛的消费者反应数据采集工作之后，最好立刻开展的另一项工作。想要预测消费者未被满足的需求，并通过社交媒体聆听工具搜索消费者的对话是非常困难的，因为存在前文提及的"你不知道自己不知道什么"的情况。通过广泛的搜索可以收集与产品有关的所有消费者反应/对话类型的数据。在数据细分完成后，你将会发现一组数据不适合任何一个分类的场景。你可以随意将其称为"杂项"，或是"其他"，标签名字并不重要。这个类别的数据，在识别受众未被满足的需求方面通常是最具启发性的领域之一。消费者提供的意见和想法可能并不完全属于任何类别。对这些数据开展定性分析是非常值得花时间去做的事情，并且很可能会在这些乱石中找到未经雕琢的璞玉。

12.3 产品生命周期——成长阶段

在产品生命周期的成长阶段（参见图 12-5），市场已经接受了你的新产品，且这是一场有关增长及建立市场份额的竞赛。此处，我们的目标并不是提高品牌知名度，因为在引入阶段我们已经实现了这一点，在成长阶段我们的目标应该是让自己的产品从同类产品中脱颖而出，在消费者心中建立品牌偏好并能吸引竞争对手的客户。此阶段的挑战与引入阶段的有很大不同，也会更加地困难。

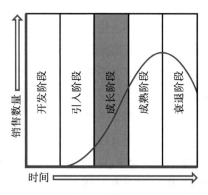

图 12-5　产品生命周期——成长阶段

此阶段的重点是触发目标受众对产品的拥护度、品牌好感度，并被采用。了解怎样能够发现这些触发点，以及为什么会有这些触发点，可以帮助你了解要如何通过市场营销以及广告宣传的相关工作对目标受众加以刺激，从而推动增长。开展一次稳健的分析可以帮助你明确在成长阶段需要部署什么形式的营销组合，从而可以实现目标的增长。

与引入阶段相同，你需要确立一些基本的考虑因素（"它们是什么"）来作为分析的起点，指导你要开展的行动（"要如何开展"），进而产生分析结论及收益（"为什么这么做"）。以下是在成长阶段的一些考虑因素示例：

- 哪些在线社群以及动态因素塑造了关于产品 X 的对话，并通过产品 X 的使用增加了消费者对烹饪越来越多的接纳？
- 我们可以做哪些工作来促进/提高产品 X 在社群中的客户拥护度？
- 哪些活动和/或触发事件可以带动产品 X 的讨论从而达到峰值？企业可以做哪些事情来增加这类触发事件的数量？
- 这些处在峰值的对话主题与产品 X 销量有何关联？
- 哪一种合适的媒体组合可以推动销量的增长并提高产品的接受度？

图 12-6 列出了对消费者以及零售商促销效果进行监控及度量所能开展的活动，从而识别在具体营销渠道上所能开展的最佳营销方式以及吸引受众互动的手段。社交媒体聆听在解决任何问题方面都可以发挥其非常重要的作用，同时它也可以帮助你的企业掌握能够提升产品促销效果的方法。对社交对话开展有效的趋势追踪，可以促使你引入能够提升拥护度的营销战略以及策略，从而可以达到更进一步的销售峰值。

活动（怎么做）

监控	度量	分析
• 各个不同细分市场以及渠道上的、与产品 X 有关的促销/销售/零售的对话 • 围绕产品 X 的活动/触发事件而引发的对话及社交行为 • 来自消费者对产品 X 的交易采用及反馈 • 产品 X 对其他企业举措的影响（例如数字食谱）	• 分析消费者对产品 X 组成元素功效的反馈，从而发掘出能够成功促进增长所需的渠道推广、优惠和互动的可选组合 • 按照细分市场、渠道，以及媒体类型，来对影响者/社群所分享的有关产品 X 的对话进行归类 • 产品 X 对话所驱动的活动/触发事件的触及率及有效性	• 通过社交数据分析来识别具有可操作性的消费者反馈（那些可以改变促销和销售，以及新产品使用的需求） • 那些对于整个项目有用，但是在部分渠道的宣传效果不佳或者极佳的信息 • 将社交数据和销售数据进行关联，进而发掘那些可以推动销售的社交元素（宏观及微观）

监控	度量	分析
• 识别那些可以成功促进消费者增长的可实施性洞见（除去产品/品牌的忠诚度），这些洞见可以进一步优化受众互动策略并改善产品的促销/销售	• 识别那些最可能为营销带来优化效果的机会 • 发现及报告深藏在产品 X 对话里的影响者趋势以及社群活跃度 • 根据消费者的反馈/使用情况，识别最关键的促销/销售商机	• 明确在促销/销售方面，消费者反应趋势和消费者如何分享这些信息的洞见 • 识别那些能够适用于口碑传播的渠道、细分市场，以及媒体类型（支持分析）

图 12-6　产品生命周期之成长阶段的活动示例

同样，第一步是制定计划。让我们继续以产品 X 为例，并生成一个可以支持成长阶段的具体学习日程。下面几节将讨论在成长阶段中可能需要回答的一些关键问题。

12.3.1　产品 X 被讨论、分享和评价的社群、网站及社交平台有哪些

受众参与互动是一回事，在其他社交平台上活跃又是另外一回事。让我们从受众互动和活跃的状况中抽离，最重要的是要了解该状况背后，产品／品牌被受众拥护的状况，同时识别这种拥护情形背后的强大数据源是什么。重要的是要牢记你的目标，与此同时要识别能够推动其他领域市场所浮现出的洞见、趋势或模式。这将会直接带动销售增长，并提高产品拥护度，进而带动未来的增长。

当我们使用术语"拥护"时，我们在使用一个具体的定义。本书涉及的许多社交媒体聆听以及分析工具都有它们自身独特的公式／秘籍，通过使用这些方法或工具可以识别拥护者或影响者。因为每个工具都有其优点，所以都还好。然而，在这种情况下，我们应该比较少去关注所识别的具体拥护者，而是应该较多关注于相关拥护度的源头（是什么引发了它）以及发生的渠道是什么（哪些数字平台）。

举个例子，有一些潜在的拥护度源头，如在 Yelp 以及 Google 上的评分和评论，以及在 Facebook、Twitter 或 Pinterest 等社交平台上分享、推荐的优惠券以及特价的优惠活动。是因为社交媒体上对产品 X 质量的正面评价（一个特定的属性而不是整个产品），激发了受众新的兴趣以及考虑？还是在 Facebook 上大量分享的针对首次购买打折的优惠券，令受众心动？对社交媒体聆听数据实施评估可以得到消费者的定性反馈，并将此信息与社交平台上分享出的优惠和优惠券的定性数据进行对比，可以帮助你获取上述问题的答案。

当你想要尝试通过吸引客户来实现增长时，这些潜在数据源中的某几个便会在品牌营销组合中发挥出重要的作用。在投资方面，你需要了解哪些数据源可以忽略，哪些数据源可以加倍增加投入进而促进经济增长。为此，你需要为具体的渠道创建并制定策略，但这样做可以帮助你从战略角度优化整个营销组合。

Amazon 上的评论是一个重要的渠道，但是却无法通过传统的社交媒体监听工具来实现。所以你的公司应该调研是否有工具可以帮助你获取这些评论，或者需要对市场上的工具展开一次更定性的评估。不论采用哪种方式，从评论中获取的数据对提取消费者洞见而言是非常有价值的。

12.3.2　哪些人是产品 X 的话题中的影响者

该问题与上一个问题相关，但它依旧是一个独特的问题。我们在这里不会详细介绍关于影响者的内容，可以阅读第 8 章来获取更多信息。不过，值得一提的是，营销推广方案在推动营销增长方面可能是一个重要组成，特别是对那些成熟的品类而言。对于那些与你

的产品有关的话题，也可能会存在一批关键影响者，他们会以向关注者口口相传的方式来推动营销增长，他们可以触及他们朋友的朋友，而这些人恰好也是没有接触过你品牌和/或产品的消费者们。

12.3.3 消费者对产品 X 零售及促销有何反应

品牌为了吸引不同品类的新买家，不惜大幅打折，这一点任何品牌都不例外。然而，每次促销，品牌都试图通过一个特定的产品属性或者一组产品属性来吸引新客户。可是这个特定的产品属性是产品的质量、产品最好的部分吗？或者是在产品的价格与价值之间进行了一次权衡？买家想要的其实是最佳性价比产品，他们希望能物有所值。面向不同的目标人群确定出能够展示不同产品属性的促销方案，这其实是一个复杂的过程。

这与每次促销所达成的数字或转化率无关。当然，很明显这些是评估营销绩效的关键因素。然而，结合本章的主题，社交媒体聆听在这里充当的角色是为品牌提供一个可以获取消费者对具体促销意见及态度的工具或机制，从而可以对促销相关的营销组合进行优化。这可能意味着需要改变执行某些促销活动的地点，或者促销活动的特定宣传话术和定价。

在产品 X 的示例中，与促销活动相关的受众对话包含了许多子主题，但最常见的是围绕以下类别开展的：

- 产品评估——消费者表示有意愿或考虑使用产品。
- 销售——消费者与他们的朋友分享具体的特价活动或优惠券，进而衍生出他们对产品某项优惠价格的看法。
- 配方——消费者分享或描述他们想要的，或者喜欢的产品配方，以及与之搭配的促销活动。
- 营养——消费者会分享产品的营养信息，包括他们对产品健康益处（或缺乏健康益处）的看法。
- 消耗——消费者分享他们最喜欢的消耗或使用产品的方式（零食、某些菜肴等）。
- 其他/杂项——还存在一些不属于以上五类的，但与消费者分享促销信息相关的数据。如前文所述，从该类别的数据中可以提炼出丰富的洞见，进而发现那些未被满足的需求或者未被预料到的用途。不要因为这些数据被归到了其他/杂项这种毫无吸引力的类别中，就以为它们没什么用处，进而不进行任何分析就弃用。这个类别需要深入挖掘和探索。

12.4 产品生命周期——成熟阶段

在产品生命周期的成熟阶段（参见图 12-7），其产品策略会很简单，即："捍卫自己的地盘"。这意味着,要避开可以提供类似产品的成熟竞争对手的威胁,并努力从每一笔交易中挤出每一分钱,以实现利润最大化。为实现差异化,竞争对手可能会引入新功能。这个阶段的最高优先级是密切关注消费者对所有竞争对手的反应,无论是新的竞争对手还是老的,并需要了解他们是如何实现差异化的。另一个需要重点关注的是了解产品自引入阶段及成长阶段以来,发生了哪些变化。了解消费者对品牌及产品意识、购买产品的想法及意图、品牌忠诚度,甚至是具体产品属性的情感等维度,在基准数据以及基准点方面发生了哪些变化,这些信息是很重要的。并且随着时间的推移,这些维度是否在持续发生变化?以及在产品的成熟阶段,这些维度是否都呈下降趋势?如果情况确实如此,那么原因会有哪些?

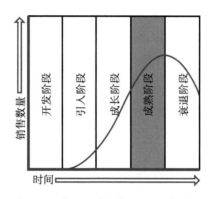

图 12-7　产品生命周期——成熟阶段

延长产品成熟阶段的另一种可行方法是,利用公司投资组合项目中其他产品的交叉销售机会,来提高产品的销量。哪些产品可以打包在一起进行组合销售?消费者如何看待这种各种打包的销售操作,这种操作是否真的能够帮助产品扩大在成熟阶段的销量?

与其他阶段一样,你需要确立一些基本的考虑因素("它们是什么")来作为分析的起点,指导你要开展的行动("要如何开展"),进而产生分析的结论及收益("为什么这么做")。

以下是在成熟阶段的一些考虑因素示例:

- 消费者最常参与和/或讨论的活动有哪些?可以通过重点加强这些活动,来延长产品 X 的成熟阶段。
- 产品 X 在消费者中出现了哪些趋势以及消费者偏好?其中,相较于原始数据、基线,以及假设,分别出现了哪些变化?
- 在整个产品 X 的成熟阶段,企业应该持续监控哪些主题方向的对话?
- 在成熟阶段,出现了哪些关键的品牌拥护者以及影响者,应该如何与他们继续进行互动?

❑ 消费者对哪些类型的相关产品感兴趣？这可能会是用餐组合或用餐场所的商机（交叉销售）。

❑ 消费者对品牌的直接竞争对手以及他们的产品有什么评价？这些竞争对手是否引入了任何可感知的差异化属性或新功能？

图 12-8 列出了一些围绕消费者各个方面态度识别的活动，这些消费者各个方面态度的信息可以确定产品 X 计划的各个组成部分与业务绩效之间的关系，而且重点是能最大化销量，并对竞争对手进行密切监控。重申一下，第一步是计划。让我们继续以产品 X 为示例，并生成一个可以支持成熟阶段的具体学习日程。

以下几节将讨论在产品初期引入阶段所提到的几个宽泛的消费者问题，以了解市场以及消费者对产品态度的变化情况。

活动（怎么做）

监控	度量	分析
• 重点监控影响者以及社交媒体渠道上的趋势变化 • 监控与产品 X 相关的关键消费者话题 / 兴趣领域	• 品牌拥护者的触及率和影响力 • 消费者的兴趣、话题强度以及话题发布频率 • 将产品 X 的数据与基准数据和基准点进行比较	• 对由产品 X 发布的内容 / 观点 / 销售（有利于分享的信息）而引发的消费者拥护及转发情况进行分析 • 分享的方式、分享的渠道以及参与的细分市场有哪些（有利于分享的信息）

⇩ ⇩ ⇩

输出结论以及收益：（为什么）

监控	度量	分析
• 识别可以揭示消费者监控方面需要持续关注领域的趋势 • 识别产品发布前后，在话题 / 关注点方面发生的变化	• 识别产品发布前和发布后对业务绩效有重大影响的变化，进而可以延长产品成熟阶段的周期 • 识别并揭示产品 X 在整个成熟阶段应该继续与哪些影响者和 / 或社群产生互动	• 那些能够支持产品 X 营销最成功的方法、渠道、细分市场及参与者有关的发现和建议

图 12-8　产品生命周期至成熟阶段——活动示例

12.4.1　围绕产品 X 而产生的消费者趋势和偏好有哪些

在本章前面介绍的引入阶段的内容中，我们研究了消费者会对产品以及产品属性做何反应的几个重要方面，并针对这些方面开展了信息收集和分析工作。同时用这些基准信息为相关渠道构造了营销组合及进入市场的策略。如前所述，消费者态度、观点以及行为会随着时间而改变。在引入阶段时间段提取的洞见具有一定的时效性。如果这些信息失去了有效性，那么你必须不断收集新信息并与原始信息进行对比，从而能了解那些可以直接影响产品 X 在成熟阶段持续时间方面的变化和趋势。

这意味着，需要在你的社交媒体聆听工具中重新启用这些查询语句，并将他们应用于成熟阶段的起点。你可能需要不断地进行调整和编辑进而完善关注点，在这方面很少有例外的情况。

12.4.2　用户对其他相关产品的兴趣度如何

对于一个产品组合多样化，但产品组合之间也彼此相互关联的企业而言，确定出消费者感兴趣的相关产品可以有助于延长产品在成熟阶段的持续时间。该阶段的重点工作是尝试采集消费者由产品 X 对话而产生联想的所有有关用途以及话题的数据，同时需要识别所有潜在的、可以组合成为一个更具吸引力的产品组合的补充产品。

例如，产品 X 可以与其他烹饪原料搭配使用，形成各种各样的食谱。那么消费者们是否正在谈论当前产品组合中与所有产品都相符的具体配方或配料组合？这类对话为此阶段提供了开展考察的机会。任何社交媒体聆听工具都足以提供支持，因为能够获取相关消费者对话以及此类数据的能力将取决于搜索查询的明确性以及相关性，而不依赖于技术或工具。

12.5　结语

本章介绍了一种方法，无论产品处在生命周期的哪一阶段，都可以采用该方法来收集与产品有关的消费者反馈。这些信息虽然不是最终的、最重要的，但是也具有巨大的价值，而且还可以将其应用于营销活动以及广告宣传的实时优化中，或者可以根据差异化定位以及消费者需求的相关性，用它来识别在消费者心中，那些有竞争力的产品是如何超越你的。

对于你的品牌或产品营销，你发现的所有信息都是有价值的吗？绝对不是。我们希望你能够理解，本章所描述的方法在产品的整个生命周期中，也是另外一个获取至关重要的消费者反馈的关键方法。你不应该把这个方法当作获取真实信息的唯一来源，而是应该将通过它获取的信息与其他产品反馈以及消费者数据相结合，并根据消费者的态度和需求，描绘出一幅更加全面的产品性能视图。下一章中，我们会着重介绍如何制定研究计划的有关内容。

第 13 章

制定研究计划

在本书中，我们剖析了许多不同的工具，可以通过使用这些工具来采集和分析数字数据，以改善市场营销或宣传方案。在第 3 章中，我们对我们所认为的市场将如何发展这一话题进行了概述并对有关工具领域进行了剖析，同时我们也提供了一个框架，以确保你为公司选择了正确的工具。使用正确的工具可以帮助你更好地构建市场营销活动，有效地实现优化并真正地把控活动的效果。然而，了解这个拥挤且在不断增长的工具版图并不是唯一一个有困难的部分。大大小小规模的公司也都在寻找用例。例如，如果一个企业选择了像 Crimson Hexagon 这样的社交分析工具，那么企业要如何使用它呢？类似地，其他企业又应该如何利用像 Crimson Hexagon 这类的工具呢？从第 9 章到第 12 章，我们对用例展开了深入研究，例如可以使用数据来指导产品发布、客户服务、营销方案，以及危机预测。

重要的是要概述出本书前面几章介绍的基本要素。距本书第 1 版发布已有四年多时间，根据我们的经验，企业仍然不知道应该如何选择工具、分析数据，然后对获取的洞见加以应用。在这方面，他们既缺少可用的数据又缺乏内部人员资源的支持，而这些都是推进数字分析工作开展所必需的要素。本书的前面几章为你展示了一个可选用工具的线路图，不仅包括了如何选择工具，还包括对采集的这些数据进行最终应用。

这些章节也为本书接下来几章的内容做了铺垫。在以下小节中，我们将深入探讨如何制定可管理的消费报告、度量营销活动效果，以及如何一步步地了解数字营销及广告宣传的有效性、效率和效果。

数字分析项目的一个关键部分是研究计划。不要感到恐慌。我们不是回到高中的理论教学，但这却是一个可以指导最终报告的关键步骤。如果没有这样一个研究计划，你的数字分析项目的结果可能会不清晰、不可用，或者与营销目标不一致。那么我们应该从哪里开始着手？一般，研究计划会以数据源为开始，以研究方法为结束。

13.1 构建数据源列表

在本书中，我们着重介绍了几种不同类型的数字分析工具，其原因之一是，我们坚信不同渠道之间是可以发生相互作用的。在你官网上所发布的一条制作出的新内容，它可以同时对搜索、社交以及付费媒体项目产生影响。同样，社交媒体上的活动也可以对搜索的可见性产生深远影响，同时也可以为付费媒体方案的制定提供有价值的输入。

想象一个场景：如果你在谷歌上搜索你的名字，通常会显示什么？结果应该是你目前正在使用的一些社交平台，对吧？有时，出现在搜索结果顶部的也可能是一段特定的博客内容——你所发布或分享的社交内容会对搜索结果产生影响，反之亦然。

我们不需要对这一点展开过度说明，但重要的是需要明白我们对社交媒体进行讨论是有原因的。所有类型的数字媒体，包括社交媒体，都依赖于社交平台共同作用的持续积累效果，从而最大化地创造品牌价值。因此当你制定研究计划时，你应该考虑到所有形式的数字媒体。

制定计划的第一步是识别数据源。（实际上，第一步应该是确定你的目标，但是我们假设你是按照战略规划的最佳实践来操作的，且目标已经设定完成。）正如我们在本书中多次提到过的，除了你已经拥有的大量可用数据外，你也可以从市场上众多的工具及第三方平台中进行选择。我们假设，如果你已经开始了制订研究计划的工作，那么也意味着你已选择好了相对应的一套工具来帮助你实现目标。假如你还没有选择相对应的工具，那么在阅读本章之前请先学习第 3 章的内容。接下来，我们将深入研究有关数据源列表的各个组成部分。

13.1.1 识别数据源

这一点可能很明显，但是研究计划的一个关键部分就是识别数据源。同样，数据可以来自多个数字分析工具或者第三方数据提供商。现在，已经有越来越多的企业通过购买第三方数据来扩充自己的数据。2017 年 12 月 eMarketer 的一项关于企业在数据方面财务支出的研究表明，美国企业在外部那些能够提供受众数据的供应商上将会有超过 100 亿美元的花费[1]。

明智的市场营销从业者正在创造性地将自己的数据源与第三方的数据源进行结合，来填补他们的目标受众群体与实际的细分受众群体之间的盲点，从而发现洞见并识别具有可执行的实施步骤。我们不需要对某些工具或数据提供商有一定的偏好，因为每个工具或数据提供商都有其各自的优缺点，并且能在数字营销方面扮演不同的角色。另外，你应该思考一下你的研究计划目标。例如，如果这是一次传统的公关活动，对于部分工具而言可能会不适用。

虽然每个工具都有其各自的优缺点，但是在制定研究计划时，你仍需要创建一套标准的工具箱，其中包括以下内容：

- **社交媒体聆听工具**——你应该能够预料到会有这个类别，对吧？无论你计划使用何种工具，你的研究计划都应该包含从这个数据源收集的相关数据。它能够为你提供许多洞见：关于你的受众是谁，他们每天互动及分享的内容有哪些，他们每天与谁在互动。你可以识别这些受众在哪些渠道及平台上花费了大量的时间，进而确定通过哪些渠道可以触及他们。

- **搜索工具**——在整本书中，我们都在讨论如何通过使用搜索工具来了解目标受众的"意图"。搜索与社交媒体密不可分。最流行的搜索分析工具是 Google Trends，也被称为 Google Insights for Search，它应该被包含在你的研究计划工具箱中，不仅仅因为它的实用性，还因为它是免费的工具！Google AdWord Keyword Planner 是另一个可选择的工具，尤其在评估关键字的使用可能性、关联性，以及总体数量方面。

- **网络分析**——自从本书第 1 版编写以来，一个自有平台（比如公司的官网），在营销活动中可以发挥的作用已经发生了巨大的变化。然而，大部分情况下，它仍是企业与客户发生互动的中心。不论你的企业使用 Google Analytics 还是 Adobe Analytics，这都是一个至关重要的数据源，因为你可以通过它来了解你的网站用户流量都有哪些，他们通常会如何与网站进行互动，他们会在网站上花费多长时间，以及他们是否实施了一些有意向的行为（例如购买、下载白皮书、分享内容）。对于那些你正在运营的自媒体平台而言，这是确定你的受众群体在这些平台上可能会有哪些操作行为的最实用的方法。

- **付费媒体数据源**——当我们使用付费媒体这一术语时，我们指的是电视、展示广告、线上视频、本地广告以及介于这些广告类型之间的所有形式的媒体。付费媒体性质的数据有多种数据源，包含了可以定向投放广告的发布商、数据服务提供商（DSP）以及数据管理平台（DMP）。你会使用哪些付费媒体数据源作为媒体计划的一部分，这完全取决于你正在开展研究计划的目标。然而，可以考虑使用那些能让你更好地了解受众的数据源，对于可以在哪里投放你的媒体方面，它们可以给予你指导和帮助。如果你自己本身也有可用的数据，这些数据也能让你知道应该使用哪种类型的具有创造性的付费媒体组合。

- **社交平台洞见**——如果你正在开展关于社交媒体品牌激活，以及这些社交网络对品牌有哪些影响方面的分析，那么如 Facebook Insights 以及 YouTube Insights 这样的平台就是很好的数据源。通常情况下，这些洞见平台提供的数据是对社交媒体聆听工具解读社交对话分析所产生的数据及洞见的一个很好补充。如果你想了解在Facebook上效果最好的内容主题是否与其他平台上社交媒体对话的最热主题相匹配，这个数据源会非常有用。这些平台还可以帮助你更好地了解受众互动的情况、受众喜欢消费什么类型的内容、内容的传播力度情况，以及品牌在社交媒体支出方面的有效性。

- **传统媒体监控工具**——由于我们专注于数字营销，显然传统媒体监控并不是本书的重点，但是它却是你工具组合里的一个重要工具。社交媒体聆听工具可以抓取到线上新闻网站上的大量数据，但是像Factiva以及Cision等工具在新闻媒体数据抓取方面甚至具备了更强的功能。
- **第三方研究工具**——尽管我们希望能拥有自己的数字分析工具，来满足我们所有的要求，但通常，通过调用第三方数据的方式来帮助我们补充我们想要呈现的信息也是非常重要的。正如我们在本章前文所述，企业如此多地在第三方受众数据上进行投入，这种情况是前所未有的。一个第三方数据源的示例：Forrester的Technographics报告或eMarketer的Trendpacks可以帮助你了解受众的媒体消费习惯、受众的用户画像特征，以及受众是如何做出一次购买决策的。在无法通过数字数据解决的问题上，这些数据源还可以作为补充。

显然，市场上并不是只有以上几种数据源，但是它们是最常用的数据源类型。记住，并非每项工作都需要匹配工具。在缩小工具选择范围之前，考虑一下研究计划以及方案的整体目标。企业常犯的一个错误是在还没有清晰的、具体的规划下，就卷入了工具以及数据源的世界中，然后开始收集、存储，并分析他们实际不需要的数据及数据源。避免"尽可能收集"的情况发生，你只需要根据你的目标所需来对数据源优先级进行排列。

13.1.2 选择需要分析的渠道

当你完成了数据源的选择之后，第二个重要的步骤就是要选择需要分析的渠道和/或平台。选择渠道及平台并不像大家认为的同追踪所有事情一样简单（你也不应该只这样做）。如果你觉得没有从本书中获取其他任何信息，我们希望你能明白，我们围绕采集线索而提供的适合范围可以帮助你获取更好的洞见。

这里提到的选择需要分析的渠道或平台是指什么？例如，当你制定研究计划时，你要弄清楚的是是否只需要对博客进行追踪。如果你想要用这些数据来指导一个传统的公关项目时，那么你可能只想使用新闻媒体。如果你打算开展受众分析以支持数字营销计划规划时，那么你也可以利用下面列出的渠道及平台来操作。以下是开展此类研究时通常会纳入分析的渠道：

- **新闻**——新闻媒体应该是你当下最熟悉的需要关注的对象。如《纽约时报》（New

York Times)、《华尔街日报》(Wall Street Journal)和《今日美国》(USA Today)。

- 博客——如今，从新闻媒体中区分博客变得越来越困难，但是博客是最常见的、可以用于制定研究计划所使用的渠道。
- 评论——博客以及新闻媒体上的评论也可以作为分析对话数据的来源，它也可以成为研究计划的素材。
- 小组或论坛——由于人们在这些渠道上只谈论一些单一的、具有相关性的，或者围绕某一主题的话题，所以它通常属于比较封闭类型的社交网络。Babycenter.com 是一个很好的群组或论坛的例子，它所有的话题及对话都围绕着"妈妈"展开。
- 自有媒体平台——再次强调，我们这里所说的自有媒体平台是指你公司的官网或者博客。它通常是了解受众行为的最重要数据源之一。
- 付费媒体数据源——我们之前提到过，付费媒体可以是电视、展示广告、线上视频或者本地广告。如果你的营销活动或者公司正在运营这些类型的付费媒体，我们应该可以想象到它们将是一个重要的、需要进行分析的渠道，特别是在当今时代。
- Facebook——Facebook 是当今世界最主流的社交平台，每月的活跃用户有 20 亿，同时也会被最常纳入研究计划中。然而，重要的是需要了解，社交媒体聆听工具并不能采集 Facebook 上所有可以用的内容，它们只能采集在其平台上公开发布的内容。2018 年，Facebook 的"高墙花园"标签至今仍然适用。一个潜在的数据源是 Datasift 的 STREAM 社交数据产品，它可以提供在 Facebook 上正在发生事情的信息。如果你打算在你的研究计划中使用 Facebook，一定要确定的是你能如何获取数据（可以通过像 Datasift 这样的数据提供商或者直接通过 Facebook 平台）。
- Twitter——Twitter 上目前有超过 3.28 亿的月活用户，并且也是最常被分析的渠道之一，各种规模的品牌商都在尝试确定应该如何才能最好地利用它。它通常也被品牌商提及是重要的数据源。不过，需要注意的一点是并不是所有的工具都能获取在 Twitter 上品牌被提及的全部信息。在过去几年中，Twitter 仅对少数数据提供商开放了数据访问权限。所以要确保用户使用采集 Twitter 数据的工具，尽可能拥有全面的数据集。这就是为什么像 Datasift 的 STREAM 这样的产品如此实用，因为它可以为你提供一站式获取所有主流社交平台资源的服务。这里列出的所有可以优先关注的社交平台上的相关数据，都可以通过 DataSift 的社交数据产品 STREAM 来采集。
- Instagram——由于视觉类宣传以及分享的流行，Instagram 目前有超过 8 亿的月活用户。视觉类宣传分析工具或者社交分析工具（如 Sysomos 或 Brandwatch）中的一些功能可以帮助你从包括图像互动的社交数据中识别洞见。
- Snapchat——Snapchat 目前的月活用户超过了 2.55 亿，主要由千禧一代和 Z 一代的用户组成。能够应用于分析以及报告的 Snapchat 数据虽然不像其他平台那样强大，但是它仍然可以成为一个可以了解受众互动度、内容消费行为以及关联度的窗口。
- YouTube——据报道，YouTube 目前有 15 亿的月活用户，几乎仅次于世界上最大的搜索引擎谷歌。YouTube 的洞见可以提供视频内容互动有关的数据，同时社交媒体聆听工具也可以帮助你完成对视频内容的评论及讨论的分析。
- Pinterest——尽管 Pinterest 的月活用户最少，只有 1.85 亿，但是它仍然是一个有价值的数据源，可以用于获取基于图像形式存在的内容及分享的洞见。
- Reddit——长期以来，Reddit 一直被市场营销人员忽视，但由于 Reddit 的用户活跃度以及互动度非常高，且该平台有 2.34 亿的月活用户，因此其潜在的重要性在日益提高。对 Reddit 上的讨论进行分析，可以得出有关消费者意图、感知、以及期望的重要信息。

根据你的业务情况以及研究目标，涉及的渠道可能也会有所不同。我们不想强调不开展数据采集的严重性，因为你完全可以不这样做。不要觉得你有义务追踪所有的渠道，你应该只追踪那些可以帮助你实现目标的渠道。

13.1.3 识别搜索和源语言

对于在研究计划中所使用的搜索参数与数据源语言的多变性，与截至目前我们讨论过其他内容的多变性相比，我们所识别的结果是二者的多变性基本等同。变化如此多的原因之一是大家缺乏对于在哪些市场可以使用哪些工具的明确性。在本书中，我们介绍了各种不同的工具，这些工具可以采集广泛的、大量的数字数据，具体的数据信息则会依赖于我们所讨论的数据源及市场。

存在多变性的另一个原因是与可用的资源有关。在这种情况下，资源是指金钱及人力资源。拥有开展全球范围的数字分析计划相关经验的人并不多，尤其是针对世界上较为偏远的地区。因此这些工具和人员可能会很贵。

不过，如果你仅尝试去收集那些提及了品牌的英文内容，许多工具在北美以外的市场也可以发挥其强大的功能。几乎在所有情况下，企业都是从全球范围的英文内容开始，然后再进行扩展。拥有大量海外业务的企业需要考虑开展全球化的分析工作。那么从哪里开始比较好呢？

对于你的企业而言，用全球的各种语言进行分析没什么意义。你的企业去监视每个国家的受众行为也同样没有意义。最明智的做法是把范围缩小到你目前所开展业务的市场里。从这个角度切入，你可以选择能够收集数据的合适工具。如果你不想这样操作，另一种可行的方法是将范围缩小到某种特定的语言内。

根据 Nielsen Online，GfK 以及国际电信联盟（International Telecommunications Union）

共同发布的数据来看,世界上有 77% 的网民仅使用全球 10 种语言。英语是在线交流的最重要语言,全世界有超过 25% 的网民使用英语。汉语位居第二,占据 20%。如果你想开展全球化的分析,以下是你应该掌握的剩余部分语言。

- 西班牙语
- 日语
- 葡萄牙语
- 阿拉伯语
- 德语
- 俄语
- 法语
- 印尼语(印度尼西亚)

当然,不是必须要采集所有这些语言的内容,但是如果你正在启动一个全球化的分析项目,这个列表可以成为一个很好的开始。当你识别了数据源、分析需要的语言,以及开展分析的渠道之后,你已经完成了一半的研究计划工作。下一个步骤是清楚地定义出分析使用的方法。

13.2 确定研究方法

研究计划的一个关键部分是在识别以及采集了数据之后,你将会使用的研究方法。在本章的第一部分中,我们讨论了哪些是合适的数据源,以及采集数据应该使用的渠道以及语言。但这些只是研究计划等式中的一部分。显然,研究方法也是计划制定过程中的一个关键部分,如果没有一套一致的方法,分析工作或者项目很可能会就此失败。

最终确定的研究方法包含了以下几个组成部分:

- **假设**——不必担心你的背后是否站着一位理论科学老师正在监视你,并对你做出的假设进行评分,重要的是你要对你希望能在分析中看到的结论有一些一般性陈述。
- **分析的时间范围**——想要在互联网上收集所有可用的信息是不切实际的,而且想要一直收集信息也是不现实的。你需要选择一个具体的时间范围,以此来明确一个合适的分析范围。
- **项目团队**——并不是公司中的所有人都要参与到你的研究项目中,因此明确团队中各个成员的角色很重要。
- **分析的深度**——对这一点的介绍可能听起来像是在白费口舌,但是你要知道你能使用的数据量大到惊人!根据 IDC 的一份报告显示,预计到 2025 年,全球每年将产生 180 万亿千兆字节的数据;这一数字远远将高于 2015 年的 10 万亿千兆字节的数据（Forbes，2016）[2]。由于存在如此庞大的信息量，你的分析工作也会开展得非常细致。所以在你开展数据分析之前，需要确定你的研究项目要进行到什么程度。

- **编码框架**——在进行分析时，你应该通过一套标准的方法对品牌提及以及数据片段进行编码。这里我们所提到的编码，只是简单地用来指代一种方法，通过这种方法可以对帖子所涉及的主题、帖子表达的情绪，或者帖子发布的渠道（博客、Twitter、论坛等）进行分类或标记。
- **情绪分析方法**——了解人们在网上如何谈论你的品牌（正面的、负面的，或中性的）很重要。它是最重要的指标吗？不，并非所有情况下它都是重要的。但是，如果你是一个需要面向消费者的品牌，那么了解这一点可能会非常重要。就像编码框架一样，你应该有一个可以度量受众情绪的标准方法；否则，分析得出的结果可能会不够准确。
- **垃圾邮件/机器人过滤器**——由于我们在前几章中讨论过工具的使用方式（即通过使用关键字对网络上的信息进行采集），你可能会采集你根本不在意的品牌提及信息或者垃圾邮件。在开展分析之前，你的团队应该对如何处理这些品牌提及信息有一个清楚的认知。

在下面的几节中，我们将详细地介绍以上列表的内容。

13.2.1 定义假设

定义假设的过程是确保你的研究能够聚焦的最好方法。如果没有明确定义的假设，最终你可能会生成一份不知所云的报告。这个假设不需要按照高中或者大学理论知识那样来设定，但是它却是一份在数据分析及分析过程方面能给予你指导的说明。

简而言之，假设是对某种现象的拟定解释。假设有几种。最常见的是科学性假设。科学性假设可以用科学的方法来检验。

这本书并不包含对科学方法的讨论（如果你想回忆一下这方面的内容，那么请查阅你的旧教科书），但请务必注意，你为数字分析项目所制定的假设一定是可验证的。也就是说，它应该是一个可以用数据来证明或者反对的陈述。

对于一个假设而言，最重要的元素是什么？简单地说，除非你对尝试分析的行为进行了概述，否则你的假设就是不完整的。以下是一些你可能会想到的假设示例：

- 在新闻或博客中，与品牌有关的对话正在发生，但是对话的人并不能代表我们的目标受众。
- 当消费者通过付费媒体渠道访问我们的官网时，与其他渠道相比，发生互动的可能性会更小。
- 触及目标受众最有效的方法是通过线上的视频广告。

- 对于我们的品牌，互动度最高的受众是在 Facebook 上。
- 与社交媒体上的竞争对手相比，我们的品牌没有什么可比之处。
- 企业责任将是五大核心信息中被引用最多的信息支柱。
- 人们在网上讨论我们的品牌，这将会给我们带来对新产品的创意，或促使我们提供更高水平的客户服务。
- 行业对话的主题将与品牌传递信息的核心保持一致。

> **注意** 以上只是一些潜在假设的例子。请注意，这些假设并非要应用于某一特定的品牌，在定义假设陈述之前，你应该考虑自己的情况。不要落入懒惰营销的陷阱中，对我们在此处列出的内容直接进行复制粘贴。你需要认真地思考什么才是影响品牌以及商业目标的最重要的事情。

这些陈述看起来很简单，对吧？为你的品牌定义假设应该也是相对容易的事情。但是，如果你正在努力地定义品牌假设，你又能做些什么呢？试试如下操作：

- **初步研究**——你可能有一组可以用于媒体监控的术语，并且可以输入到 Google 中开展一些初步搜索。此时，你还选择了一个社交媒体聆听工具。在这个工具中输入了一些社交媒体监控的关键词，之后粗略地查看一下，看看你能发现什么。这一步的关键是你不需要开展详尽的搜索。
- **收集现有的市场研究报告**——查看你是否可以获取市场研究团队已经完成了的线下验证的假设。它可以成为一个非常有价值的、能够定义假设陈述的来源。
- **访谈市场或宣传同事**——你的一些企业宣传或市场部门的同事对他们已经完成的工作会有一定的了解。
- **查看现有的付费媒体或官网数据**——如果你的品牌拥有很多社交媒体或官网，那么在定义假设陈述之前，你可能会面临一项艰巨的任务。如果是这种情况，你可以根据尝试实现的目标，来制定你要采集和分析数据的计划。但是，这些渠道上的历史行为数据应该可以为你定义假设陈述提供良好的基础信息。
- **询问你的线上社群**——如果这是一个独立的研究项目或者你只是想在线上发布一次活动后验证一些假设，那么询问你的社群并以提供一些信息作为输入，将会很有帮助。如果你的社群被问及，那么他们很可能会发表自己的想法，这个想法也可以充当成一个很好的可以用于测试的行为（或问题）。

建立假设是制定计划所需方法中最重要的一个步骤。如果没有它，你做的所有关于缩小及识别数据源的工作都将是徒劳的。最终你将要验证所有的内容，这样做将会大大减少你的最终报告为阅读者所带去的帮助。不要跳过这一步，即使在内部评估后你需要多花费一周的时间才能得出正确的假设。

13.2.2 分析的时间表

想要收集互联网兴起至现在,所有关于品牌提及、竞争对手提及,以及行业提及的全部信息是不可能的。你不仅无法收集这么多的信息,还可能会引发收集过剩垃圾邮件的问题。(我们稍后将在"过滤垃圾邮件和机器人程序"部分讨论有关垃圾邮件的问题。)

想要采集所有可用的数据是不切实际的,其另一个原因是数据不完整。在数字分析、市场营销以及公共关系的圈子里,关于这方面的讨论并不多,但信息不完整是这类研究的一个缺点。信息不完整的意思是:一个博主可能在1月份提及过该品牌,但在3月份又删除了该帖子。所以在4月当你开始进行分析时,你便无法获取那部分的内容。另外一个例子是,一个提及过你品牌的人,当时提及的时候他在Twitter上表现得很活跃,但随后几个月都没有太活跃或者随后他的账号被注销了,你也无法获取相应的内容。

除了数据退化以及垃圾邮件相关的问题外,确定分析时间范围的另一个重要原因是正确分析行为趋势所花费的时长。关注一段较短时间的趋势可能会获取有趣的信息,但是想要根据消费者行为建立任何长期趋势,都会非常困难。

反过来说,也存在设置一个很长的时间范围的可能性的。例如,如果你要收集两年的数据,则在这两年周期开始时所识别的趋势,可能在20个月或之后就不是趋势了。你可能能够得到一个趋势,但是你也需要用更多最近的数据来开展额外的测试来验证这个趋势。

折中的解决之道是什么?最佳实践建议我们应该采集12个月之内的数据。使用12个月的窗口期可以减少假期(如果适用)、季度收益盘点(如果适用),以及危机事件(如果适用)对数据造成不必要偏差的可能性。它还可以使你准确地评估受众在线行为趋势。12个月的时间窗口也可以消除掉你对数据退化的担忧。如果觉得收集12个月的数据仍然会导致需要分析的数据太多,另一个类似的解决方案是收集6个月的数据。

> **注意** 虽然缩小窗口期可能会减少采集和分析的数据量,但也可能会存在数据的季度性偏差。如果你的公司明确定义了"旺季",而你的分析中却没有包含这些事件,那么你得到的结果可能会不准确,并且无法获取深刻的洞见。

13.2.3 识别项目团队

项目团队是研究计划中最重要的组成部分之一。定义假设并识别数据源是远远不够的。如果项目背后没有团队来支持,则项目很可能无法完成,企业也不会从洞见中获益。以下是项目团队中最重要的角色:

- ❏ 项目负责人/项目推动者——这个人不需要动手实际完成一些工作,但是她需要制定研究计划。同时,她也需要对完成项目的必要性进行布道并收集洞见。

- **研究负责人**——研究负责人可能与项目负责人是同一个人，但通常这两个角色是分开的。研究负责人是确保在研究计划中数据遵循参数的人。
- **分析师**——十有八九，分析师是与研究负责人共同完成研究工作的人。他可能来自企业的任何部门，但是最优秀的分析师应该要了解工具以及业务需求。同时，他们可以将这二者很好地融合到业务的可行性洞见中。
- **研究质量保证人员（QA）**——应该指定团队中的某个人仔细复查编码。可能是项目的分析师或者研究负责人。在本章接下来的小节中会介绍更多关于编码框架的内容。
- **内容策略师/互动率负责人**——这个人与分析师、研究负责人以及项目负责人紧密合作，从数据中获取洞见。没有该角色，所有的工作就成了只是简单地完成收集大量的数据。

以上这些角色可以由来自企业各个部门的人组成。理想情况下，你希望在市场营销以及市场研究之间建立一个混合团队，如果团队成员可以涉足各个领域，这个问题就迎刃而解。而且只要团队成员对工具及业务足够了解，那么项目就会取得成功。

13.2.4 确定分析的深度

根据所涉及的数据量、使用的时间范围，以及是否将研究要扩展到自己品牌以外的范围（扩展到竞争对手以及更广泛的行业），想要对每一次提及都进行阅读及编码可能是无法实现的。稍后我们会对编码过程展开讨论，但是分析的深度是一个需要重点考虑的因素。你可以为你的项目选择四种不同的分析方式：

- **自动化操作**——在本书中我们介绍的许多工具都可以提供自动化的控制面板，这些控制面板可以围绕各种潜在的指标来计算品牌被提及的次数。尽管尚未对数据进行垃圾邮件审查以及相关性检查，但这仍不是一个非常理想的情况。
- **手动操作**——决定是否采用手动的方式去阅读和分析每一篇帖子，这主要取决于项目的规模以及可用的资源。如果你决定只对你品牌提及的内容进行分析，并且品牌没有太多次被提及，那么手动分析在这里是可行的。如果你的企业规模像 Disney 一样，这就意味着你的品牌每天会有成千上万次被提及，那么手动分析在此处则行不通。
- **混合操作**——大多数公司都会采用这种混合的方法，这种方式会依赖于一个自动化的控制面板，并需要手动分析对其进行补充。
- **随机抽样**——该方法是你需要从使用工具所收集的所有数据中，对有关品牌提及的数据展开随机抽样。样本量的大小取决于你习惯使用的置信区间。置信区间则代表数据的可靠性。如果你熟悉政治性民意测验，你肯定曾注意到在结果旁边所显示的正负 5% 数字。这与数字数据类似。随机抽样工作结束后，接下来是手动处理操作。

你选择哪种方式取决于你的特定项目，但是我们建议你使用随机抽样的方法。这种方法可以将大量的品牌提及数据归结为一个便于管理的规模，同时为手动阅读帖子及洞见提炼提供了一个最好的方式。

13.2.5　构建编码框架

在你对编码这个术语感到紧张害怕之前，让我们先解释一下它的含义。对随机抽样的信息进行编码（我们假设你选择了随机抽样这个方法）意味着要将定性的标签应用于更大数量的帖子上。可以把这个过程想象成一个分类练习。例如，如果在《纽约时报》（New York Times）中提到某个品牌，那么这个提及对应的编码可能就是"新闻媒体"。实际工作并不复杂。但重要的是，项目团队成员要对项目开始时所编码的一组变量信息达成一致。以下是你可以应用于项目中的一些编码示例：

- **媒体类型**——此类基础标签可以用来评估品牌提及是否来自新闻媒体、博客、论坛、Twitter、评论区、视频网站或图像网站。
- **情绪**——为情绪编码其实是对某段内容是正面的、负面的还是中立的有一个简单的了解。本章的下一节会介绍关于情绪分析的内容。
- **信息传递支柱**——大多数企业都有想要向市场传递的一组信息池。所以你的标签应该按照所提及的信息分类来进行设定。
- **企业发言人**——这显然是需要包含在分析中的"是"或"否"的标签。
- **帖子的类型**——这篇帖子是关于客户投诉还是产品问题？这个问题是否可以归类到人力资源的问题类别？在适当情况下，获取有关帖子类型的信息可以帮助你对数据进行细分，并与企业的其他部门分享这些数据。
- **目标记者或媒体机构**——同样，很明显这是一个需要进行设定的标签，但是你应该可以根据标签进行排序，并查看那些被多次提及的信息是否来自目标出版社。

根据你特定的项目，可以使用数十种不同的编码。最重要的是要提前对其进行设定。

13.2.6　采用情绪分析方法

互联网情绪仍然是当今数字分析领域最具争议的话题之一。这些争议主要围绕两个不同的核心主题展开：

- **自动化操作与手动操作**——我们在本书中提到的社交媒体聆听工具都具备自动情绪评分功能。不幸的是，这些自动情绪评分功能并不准确——主要是他们很难从真实的内容中辨别出挖苦的情绪。然而，手动情绪分析会带来人为的偏见以及无法规模化处理数据的问题，而且这些问题仍有待克服。
- **对品牌的价值**——需要注意的一点，受众网络情绪并不一定代表了整体品牌的声誉。在危机期间，这两者可能会有相关性，但情况并非总是如此。一些品牌过分强调网络情绪，然而另一些品牌根本不关注。如果品牌想得到可操作的、有用的，且不仅仅是有趣的情绪分析结论，那么答案就存在于这两个极端之间。

最常见的网络情绪分析量化可以分为正面、负面以及中立。但是，这种量化方式并没有过多的诠释。此外，并非每个帖子的情绪都过于负面或正面。在较长篇幅的帖子中（例如博客或者新闻），通篇可能会穿插有正面、负面或中立的内容。所以，我们倾向于采用五分制法来评估网络情绪。

- **正面**——正面的帖子可能是最显而易见的。这些帖子在某种程度上可以拥护品牌或成为品牌行为的一个补充。这些帖子通常也会成为品牌面向受众的朋友或家人的一个背书。
- **部分正面**——比正面的帖子会少一些品牌提及，部分正面的帖子可以温和地为品牌背书。这些帖子可能会积极地提及品牌，但也可能在发布过程中简短地提及品牌信息。
- **中立**——中立的帖子可能最难分类，因为随意阅读的帖子通常很难确定作者的意图。此外，有的帖子会在几个段落里对正面以及负面的事情都会提及。总体来说，这类帖子并没有拥护品牌，它们可能只是提了该品牌的名字。
- **轻微负面**——这些帖子会经常使用与品牌关联的负面词汇，但轻微负面与负面之间的一个关键区别是，轻微负面的帖子并不是只专门针对你的品牌。这个人可能会说他（或她）"不喜欢"这个品牌，但发布的却可能是一篇与你完全无关的帖子。
- **负面**——负面的帖子会专门针对你的品牌，对品牌的行动、行为以及传播的信息进行苛评。

情绪相关的问题没有完美的解决方案。目前市场上的工具，如 Clarabridge，正试图提高自动化情绪评分的有效性。在评分过程更精确之前，品牌仍然需要依赖于手动的人工评分。只要事先将相关帖子的影响程度及类型，与评分方法中各层级相对应，这仍然是最好的评分方法。

13.2.7 过滤垃圾邮件和机器人程序

研究计划的最后一个组成部分应该是对如何处理垃圾邮件及机器人程序进行概述。互联网上存在着大量的垃圾邮件，根据你要分析的品牌，垃圾邮件的数量也会有所不同。在某些场景下，我们甚至会遇到垃圾邮件与实际内容比例为 9∶1 的情况。在如 B2B 科技类的利基市场中，由于不需要从真实的数据源中获取流量，所以以垃圾邮件通常会比较少。

过滤垃圾邮件以及机器人程序只是整个过程中的一部分。另外还有一块是关于新闻媒体与新闻稿的同步发布。一些工具会过滤掉新闻媒体同步发布的新闻稿件，但其他工具能够采集这些信息。从专业角度上讲，这些示例只是提及了品牌，但是大多数都属于"噪音传播"。它们不一定会对品牌声誉或品牌价值有任何贡献。所以我们的建议是从你的分析中排除此类示例。

现在你应该清楚了。以上就是研究计划的相关要素。该计划是能够对你的研究结果产生直接影响的关键组成部分，同时它也可以确保你在分析之后能获取可行的洞见。实际的操作步骤不一定要按照我们列出的顺序推进，但是完整地绘制出数据源以及分析方法是非常重要的。

13.3 参考文献

[1] Chadha, Rahul. "Audience Data: Where Marketers Are Investing Their Spending," eMarketer, December 11, 2017. https://www.emarketer.com/content/this-is-where-marketers-are-spending-on-us-audience-data

[2] Kanellos, Michael. "152,000 Smart Devices Every Minute In 2025: IDC Outlines the Future of Smart Things," Forbes.com, March 3, 2016. https://www.forbes.com/sites/gilpress/2017/01/20/6-predictions-for-the-203-billion-big-data-analytics-market/#4612b7de2083

第 14 章

生成有价值的报告

在前几章中,我们详细讨论了数字数据的不同用例。现在,当你面向除公关及市场以外的其他部门时,应该会更好地了解数据是如何发挥其价值的。记住我们在本书中反复强调的格言:"知识就是力量"。如果你的工作是为产品规划、战略规划或客户服务提供信息,那么你在企业中应该扮演着非常重要的角色。

了解数字数据的不同应用方式对于你的工作开展是非常有帮助的,但前提是你需要对如何建立一个研究计划(参见第 13 章)及洞见提炼有非常深刻的认知,否则你只是坐拥了一堆毫无意义的数据。这些洞见在推动企业的宣传战略以及宣传策略方面至关重要。提炼洞见的其中一个组成部分是要知道如何交付一份报告。

重要的是,你生成的报告是正确的。为什么?如果不这样,你通过使用工具完成的所有研究,以及在制定研究计划方面花费的所有时间都将白白浪费掉。本章会概述你的报告应该包含的内容。接下来我们将对以下具体论题进行深入探讨:

- ❑ **构建报告**——如果你已经制定了研究计划,那么制定报告应该就是小菜一碟了。所以我们将会提供一些如何构建报告的小贴士及技巧。
- ❑ **交付报告**——即使我们无法在本章提供更多的信息,我们仍然希望能够为你提供充分的经验知识,来帮助你避免在数据转储方面遇到严重问题。报告应当通过策略和战略来表现洞见,而不是一页又一页的数据。
- ❑ **报告用例**——并不是企业中的每个人都需要去查看你所采集的每条数据。例如,你可能仅需要为你的执行团队创建一份报告。那么该报告应该包括一些关键要点,一些最重要的数据点,以及有关如何使用数据的描述。
- ❑ **中央信息存储仓库**——你要为你提炼出的洞见开发一个程序或存储仓库,否则你的报告将无法长期保持其价值。

报告是关键之所在。花些时间来构建适合的内部工具集，这将为你的企业带来收益。这就是了解数字数据的应用能够让你最为获益之处。同时，提前制定研究计划，也可以帮助你在此处节省大量的时间。我们认为，站在企业可能需要解决的所有用例的角度出发，本章的内容是适用于你的业务的最佳实践。话不多说，让我们来开始了解如何构建报告。

> **注意** 接下来我们将讨论如何构建出市场营销以及公共关系方面的报告。但是，如果你的公司或客户已经有了这些用例，那么这些用例的概念应该足够广泛，并可以应用于企业的其他部门。

14.1 构建报告

本章将介绍如何构建更好的报告，并会以如何构建报告的说明作为有意义的开始。当你阅读本节内容时，如果你没有读过第 13 章中详细介绍的关于制定研究计划的内容，那么很明显你会缺失一些信息。如果你直接开始进行数据采集和分析却没有制定研究计划，那么你的报告很可能会落入与数据转储有关的陷阱。这是什么意思？这意味着你只是用了十几张幻灯片表达了一些定量的信息。然而，这些定量的信息只是等式中的一部分。如果你只是展示定量的信息，那就意味着你的报告将会丢失洞见或者充其量只能起到简单的解释陈述的作用。这里我们提到的简单解释陈述是指只罗列出对企业而言这些数据的意义。你应该不希望你的报告只展示出这些简单的解释陈述，你应该还希望报告能够提供具体的数据以及洞见信息。

如何解决这个问题？大部分答案在第 13 章中都提到过，你可以做一些事情来防止这种情况的发生：

- **从后至前构建报告**——对大多数人而言，这一概念可能不够直观。下一节我们将会对这个概念进行说明。其思路主要是从你希望你的读者能够获取什么信息来着手，然后再推进。
- **确保你的假设是合理的**——如果你有一组假设，那么你的演示文稿将会聚焦于这些假设。如果你以广撒网的方式采集了大量的数据，然后想把所有这些数据都放在一个演示文稿中，那么你就是在逆流而上却无桨，困难重重。
- **聚焦 5W 原则**——在筛选海量数据时，你很容易会忘记你想要传达的信息。你生成的每张幻灯片都应该基于 5W 原则进行描述（Who, What, Where, When, Why）。在本章的后面，我们将会用一个小节来介绍"聚焦 5W 原则"这一知识点。
- **制定报告的格式**——这一知识点的部分内容我们将在 14.1.1 节中介绍，我们也会介绍一些小贴士和技巧，从而正确地制定报告的格式。
- ❑ **注意报告的时间范围**——在部分章节中，我们就如何确保当你拥有大量数据集时也可以正确地识别出趋势以及制定洞见的相关内容做了阐述。实际制定报告也不例外，但是会有一些细微差别。

接下来我们将深入探讨这些知识点。

14.1.1 从后至前构建报告

如前文所述，从后至前构建报告这一表述并不够直观。你可能会问："你的意思是让我们从最后一张幻灯片开始着手吗？"是的，这正是我们想要你做的。为什么？因为这样做可以帮助你生成一个连贯、简洁且有重点的报告。这种方法可以确保你的报告能够清楚地传递出最重要的信息。否则，你可能无法突显你想要表达的要点。

那么，要如何以这种方式来构建报告呢？成功实践该方法总共有四个关键步骤：

1. **开展初步研究**——在此阶段，你无须建立一个全面的数字数据档案，但如果有的话也是非常好的。无论你使用的是由社交媒体聆听工具采集的数据、DMP（数字管理平台）上的数据，还是来自 Google Analytics 的数据，你都应该开展一些初步研究工作来了解当前网络的大环境。这项研究不需要全面，但是要有具体的方向。

2. **制定你的假设**——如果你的假设缺乏重点，那么你的报告也会发生这种情况。举一个可以用于正确构建报告中假设陈述的例子，可能是："我们希望看到的大多数在线对话都提及了一个特定的产品。"如果你在开展研究时发觉这个假设的陈述是正确的，那么你可以用几页幻灯片来深入探讨有关受众对话的细节。如果你发现这个假设的陈述不是真实的，那么你可以用几页幻灯片来介绍在线提及的内容都是什么。（第 13 章已经深入探讨了如何设定一个研究假设的格式。）

> 🎯 **提示** 你应该有多少个假设陈述？很不幸这个问题还没有明确的答案。然而，通常情况会有三到五个假设陈述。这个数量的假设就可以为你提供一个坚实的数据基础，并生成一份足够简洁的报告，供企业内部的人员消化吸收。

3. **构建建议战略及策略**——当你开始想要通过采集数据来证明或完善假设陈述时，你可以定义一些建议方案，但是在汇总最终的报告之前，你可以写下一些可能会做的事情作为制定报告的指导策略。

4. **创建报告大纲**——最后，报告大纲会在演示文稿的最前面呈现。在完成了初步研究、写下假设陈述，并确定了初步的建议战略及策略之后，就可以开始创建报告大纲了。大纲可以使你的报告更加简洁明了。

如果你是以从后至前的方式来构建报告，那么最终的报告将会更加清晰，并可能会包含一些具有可行性的洞见。

> **注意** 我们意识到这种方法似乎是一种自我预言的实现。通过提前制定假设，可能会使你带有倾向性地开展数据采集和分析的工作，从而可能导致你错过有价值的信息。这些假设的陈述应该只是作为指导。当你深入研究数据时，如果遇到一些新的突破性的洞见值得报告，那就应该将其放在报告里。没有什么能阻止你延展你的最初假设。

确保你的假设是合理的

如第 13 章和上一节所提到的，在制定出一个简洁、连贯的报告之前，你需要有一个合理的假设。假设陈述应该是基于初步研究的信息以及你的业务知识设定出来的。同样，你也应该思考你的营销计划的目标是什么。你能为假设提供的输入信息越多，你的假设及报告就会越好。

以下是一些能够在报告中使用的假设陈述的示例：

- "大多数线上发生的对话都与客户服务问题有关。"
- "当人们访问我们的网站时，除登录页面外，他们没有再访问其他页面。"
- "当下与我们在线的内容产生互动的人，与我们的目标用户不太相符。"
- "与品牌有关的搜索量很大，但受众互动度并不高。这可能意味着，我们的受众比我们想象的还要被动。"
- "我们怀疑，与图片类的内容相比，我们的大部分在线受众更倾向于与视频类的内容发生互动。"

一个假设陈述应该可以代表 5W 原则中的某个要素，下面我们将对此进行介绍。不过，重要的是要注意，目前你不应该跳过假设制定这一步骤。如果这样做了，肯定会使你陷入与数据垃圾站有关的陷阱。

聚焦 5 W 原则

对于获取一个清晰布局的报告而言，除了有关构建假设陈述以及初步建议之外的信息，还有一个非常重要的部分就是要聚焦 5W 原则。

- **谁（Who）**——此处，"谁"是指那些在网络上谈论或与品牌 / 竞争对手 / 相关行业发生线上互动的人。"谁"可以是对那些正在谈论相关话题的人的用户画像，不管这些人是否有影响力，甚至也不管他们是否是企业的员工。
- **是什么（What）**——这里"是什么"是指人们在线上谈论以及搜索的关键主题。它们可以是基于你在上一个步骤中所概述的假设陈述而扩展出的信息，也可以是基于你深入研究而发掘的信息。这些信息可以被应用于创建付费及免费的内容，进而影响搜索引擎优化的结果（SEO）。

- **在哪儿（Where）**——这里的"在哪儿"是指在线对话发生或与受众开展互动的渠道。你可能会经常看到"在哪儿"被定义为新闻媒体、博客、Twitter、Facebook、YouTube、论坛以及其他社交网络平台。
- **什么时候（When）**——此处"什么时候"是指你研究中有关日期/时间的要素。人们是在工作日的晚上还是在周末的清晨进行交流对话？他们会在白天访问你的网站吗？他们搜索信息会发生在从周一到周五吗？好消息是，大多数数字分析工具都提供了识别数据点的功能。识别人们在什么时候进行交流对话对你的内容发布排期会非常有帮助。
- **为什么（Why）**——此处"为什么"是指那些能够了解人们在网上提及品牌或与品牌发生互动的根本原因，也可以包括竞争对手以及相关行业。这部分内容可以通过数字化的数据点来得到答案，但需要额外的调研信息输入——即调查及焦点小组。然而，这些数字数据可以为调查及焦点小组提供信息输入，从而可以回答这些有关"为什么"的问题。

报告中每一张幻灯片以及项目符号后所呈现的内容都应该是在尝试回答 5W 的问题。虽然对于每个项目符号或幻灯片，你无法答全五个问题，但你至少应该也能回答出三个问题。当你的报告或其中的项目符号后的内容没有包含这些要素时，则意味着你的报告陈述非常模糊，难以执行。

> **提示** 举个例子，在报告中有一个模棱两可的注释是：40% 的受众对话都是在 Twitter 上发生的。尽管了解了人们在哪些渠道上进行交流，这对分析工作会有帮助，但这条统计数据却忽略了哪些人在交谈、他们什么时候交谈，以及他们交谈的主题是什么等有关信息。

14.1.2 报告格式

Microsoft PowerPoint 或 Keynote 是演示数字分析报告的常用形式。在我们看来，创建这样的演示文稿是对已采集的大量数据进行编译，并将其内容传达给内外部干系人的最佳方法。

你的每一份报告都应该包含以下内容：

- **项目概述**——你所创建的每个演示文稿都应该包含一张幻灯片，用来概述项目的目标。根据我们的经验，我们会经常惊讶地发现很多报告都没有清楚地阐明研究目标。我们可以告诉你，如果没有清晰地明确期望，你的演讲展示很可能会失败。
- **假设**——如果你正在检验假设（我们当然也期望你是这样操作的），所有的假设都应该出现在一张单独的幻灯片中。在这张幻灯片上，你不需要去证明这些假设是正确的还是存在轻微误差的，因为它只是作为背景信息而呈现的。
- ❑ **方法学**——方法学应该包含你采集了多少数据，你通过哪些渠道采集的，谁采集了这些数据，何时采集的，以及采集了哪些信息。
- ❑ **执行摘要**——执行摘要里应该包括该研究的前三到五项发现。此处的关键要素是，你在执行摘要的幻灯片上所罗列的每个项目符号后的内容都应该是具备可操作性的。其内容应该与企业可以用来制定营销战略的一些方法有关，以进一步论证或者详述你的发现。
- ❑ **重要数据**——紧接着执行摘要后面的几张幻灯片，应该集中展示报告中获取的重要数据及分析。它们应该与执行摘要无缝衔接，并且尽可能地基于你的初始假设来做呈现。
- ❑ **关键建议**——这些建议应该可以与前面所展示的执行摘要幻灯片相衔接。它们应该以系列幻灯片的形式来呈现，例如三到五个可执行的策略或思路。根据你的发现，它们可以是关于数字媒体策略或者其他传播媒介的信息。有关关键建议思考的一些幻灯片可以放在报告的前面部分，即执行摘要幻灯片之后。如果你的企业正面临着一些挑战，可以考虑把这部分放在演示文稿最前面来展示，否则不必这样操作。
- ❑ **其他所有内容**——这里我们并不是说要最大限度地减少你在整理报告方面的工作量，但报告的其余部分应该只是作为备份信息而存在。它表明你已经完成了制定洞见以及建议所需的工作，不过这部分工作内容只对团队中的数字迷（我们尽可能以最形象的方式来形容）有价值。

一个报告应该用多久来表述？正如你所想，答案取决于研究的深度以及计划探索问题的数量。一个典型的报告，如果按照我们在本节中介绍的格式来制定，应该会生成 15 到 20 张幻灯片。此处存在一个合理的假设：让受众在 20 页幻灯片展示结束之后仍能保持注意力集中，这将是一个很大的挑战。保持简短，并将内容聚焦于你想要传达的信息上。数据量越大，会导致幻灯片的页数越多，最后将导致你的演示文稿难以理解。所以请保持你想要传达的信息具有简洁性以及高度相关性。

14.1.3　了解报告的时间表

你需要采集多少数据以及需要呈现多少数据，这些完全取决于项目的范围。但是，如果在前期分析中涵盖了相当多的数据，那么就总是会容易出错。为什么？主要有以下两点原因：

- ❑ **较多的数据会消除异常情况**——重大的新闻事件往往会对数据造成正面或负面的偏差。然而，当你引入大量数据的时候，这些新闻事件的影响就会变小。
- ❑ **较多的数据可以更准确地预测行为是如何发生改变的**——如果你一直在积极地与受

众进行交流，并且想要了解他们的行为是如何发生改变的，那么最好的方法就是查看对话发生前 12 个月内的数据，然后再尽可能多地获取对话发生之后的数据。你想要改变的行为以及影响不会一夜之间就发生改变。今天你发布了广告并不意味着明天人们就会知道你的产品。同样的道理，不会仅仅因为你今天发布了新内容的链接，人们就会长期与该内容进行互动。

其他数据源应该也遵循类似的规则。如果你采集了 12 个月的社交媒体对话数据，你应该也去相应地采集 12 个月的搜索数据。或者，如果你的研究项目需要网络数据，那么你应该也要采集过去 12 个月的相关数据。一致性是关键。对于数据采集的工作，如果你没有遵循相同的脚本，那么很容易在方法学部分产生漏洞。

既然你已经知道了制定报告的关键技巧和窍门，接下来就应该着手创建报告了。你可以按照下一节介绍的内容来交付报告。

14.2 交付报告

理想的情况是在过去的 12 个月里，你做了很多工作并采集到了大量的数据。你已经制定了假设，构建了幻灯片来对从数据中得出的信息进行概述。基于这些数据信息，你已经创建出了一些初步的建议。最重要的是，你做了大量工作才做到了这一步。但是，你仍没有完成。还有一个重要的步骤就是交付你的报告。

需要考虑的一个问题是你交付的报告会面向哪些人，这个问题我们将在下一节中讨论。需要重点考虑的另一个问题是如何交付报告。编写报告并将其以电子邮件的形式发送出去，这样的操作是不够的。当然你可以这样做，但是你的报告很可能会被胡乱解读，因此这种操作对你的工作不会有任何帮助。因为你可能花费了几百个小时来编写这个报告，所以你应该会希望它能被很好地接收。这里，提供一个额外的"画外音"可以帮助你达成想法。

通过电子邮件发送报告，即使配有"画外音"信息也不是一个合适的方法。那么应该如何交付报告呢？最好的方式是亲自交付。那么你要如何设计审查会议？想要成功地交付一个报告，总共需要四次审核会议：

1. **50% 审核会议**——你的报告可能已经完成了超过 50%，但这是你的利益相关人小组对报告本身提供反馈的机会。这也是他们根据自己的需求提出问题或者提出额外数据需求的机会。通过这次审核会议，你将最终为你的利益相关人提供一份更具针对性的报告。

2. **最终审核会议**——在结合利益相关人小组所提供的输入信息完善了报告后，你应该召开第二次会议，以便更详细地对报告进行审阅。理想情况下，你应该安排一个一小时到两小时的会议，并按照我们前文介绍的幻灯片格式来对报告内容进行展示。在这个会议上，你可以与利益相关人小组讨论你的发现以及如何根据提出的建议采取行动。

3. **战略及策略研讨会**——现在你已经有了大量的数据和一些初步的建议，是时候好好利用这些信息了。你邀请参加研讨会小组的规模可能要小于前两个审核会议的规模，小组中主要包括需要根据数据及建议开展执行工作的人。

4. **汇报以及后续行动**——最终你需要向较大规模的利益相关人团队做汇报，讨论研究项目中哪些内容是有效的，哪些内容是无效的。这也是一个可以讨论团队下一步将承接什么项目的机会。下一个项目是对已经完成的研究工作的延续吗？还是对你在报告中已经识别出的一个主题或多个主题进行深入的探索？这些内容只是你在汇报会议上可以进行讨论的几个议题方向。

为了完成一份研究报告你必须开展大量的工作，因此你不想错过任何可以亲自表述你发现的机会。向高管亲自展示与消费者有关的深刻洞见，将有助于让他们记住你。在高管心中，你将是那个永远最了解消费者的人。记住：知识就是力量。

14.3　了解报告的用例

截至目前，我们一直在笼统地讨论报告中应该包含哪些内容。我们已经讨论过要确保你的幻灯片中会包含一些关于5W原则（Who, What, Where, When, Why）的引用。我们也讨论了要如何交付，如何构建报告，以及一个报告中应该包含多少数据量。然而，我们尚未讨论有关你应该面向谁来交付报告的问题。

如果仔细列出哪些人将会使用你制作的这份报告，你可能会发现这个列表里大约会涉及10个用例。我肯定，即使我们没有说明你也会知道，在一份报告里制定出10个不同版本的用例是多么愚蠢的行为。如果你真的想要在同一个报告中制定出10个不同版本的用例，那么你将会花费相当长的时间去处理它。在大多数情况下，你只需要考虑三个主要用例：

- **高管层用例**——公司内的高管不会去阅读一份长达50页的研究报告。我们相信肯定会有那种能阅读完所有研究报告内容的人，但是大多数人肯定不会。他们可能甚至不会读完我们之前提到的15到20页的幻灯片。所以你必须为高管团队创建一个精简版的用例。
- **管理层用例**——管理层包含了那些可能会根据你的数据及发现而采取行动的人，通常是企业内的公关及营销人员。他们会根据你的发现制定战略及策略。
- **分析层用例**——分析师需要数据。他们会从建议中发现价值，但是他们也会对演示文档后面部分的附加数据幻灯片表现出极大的兴趣和热情。

接下来让我们详细地研究以上各个用例。

14.3.1 高管层用例

企业的高管都很忙。他们需要处理日常工作中遇到的运营挑战、人力资源问题、产品问题及许多其他问题。他们中的大多数人会在新的研究中发现价值，即使他们对相关的营销渠道完全不了解。如果你能提供出重要的消费者、产品或客户服务的有关洞见，价值会更明显。假如你的研究及数据能聚焦在这三个领域，那么你很可能会得到他们的关注。

但是，通常在很长一段时间内你都不会引起他们的关注。因此你可能需要用 15 分钟的时间来向高管分享你的发现（如果你足够幸运）。但这依然不是你可以展开深入介绍的机会。你甚至可能都无法采用我们在前面向你介绍的报告概述的幻灯片格式。但是，如果你分享以下内容，则可能会引起高管的关注：

- **项目范围**——保持这部分内容足够简短很重要，因为高管并不关心工具的复杂性或你所选择数据的日期范围。他们也不关心你采集数据的总量。项目范围应该从较高视角来概括项目目标及方法。你应该在该幻灯片中使用不超过三或四个项目符号来概述此部分内容。
- **关键数据点**——与项目范围一样，高管不会关注你采集的所有数据。他们可能会很感激你获取了这些信息，但是他们没有时间去详细了解。因此，你应该为高管提供两三点信息，以便他们可以从会议中直接消化吸收此部分内容。
- **关键建议**——多年来，我们向很多高管提供过这种类型的许多报告，但是他们的回复几乎全部相同："这很好，但是我们要拿它做什么？"这些建议不一定是最终版本，但是它们必须是基于数据的一些可执行的想法。你将会得到"通过"或者"弃用"的答案，同时，这些初步的想法其实是一个很好的方式，对于你思考过的有关策略实施的一些想法，这种方式能帮助你立刻获得批准。
- **后续操作**——你不需要对后续操作做太多说明，但是重要的是要让高管了解当你们离开会议室后会发生什么。可能是要开展更多的研究，或者是召开更多的会议以制定出可以作为研究结果的策略。不管它是什么，都要确保高管对后续操作有大概的了解。

向高管汇报，你可能只有机会展示准备的 50 张幻灯片中的 4 到 5 张。或许你会觉得这很可怕，又或者你觉得自己的工作量被缩减到了最小，但是请把这些情绪放在一旁。展示这 4 到 5 张幻灯片便可以让高管团队对你的工作有深入的了解。在大多数企业中，这都是非常了不起的事情。（记住：知识就是力量。）

14.3.2 管理层用例

管理层的人，是企业内最常使用数据的人。如果你的项目得到了高管层的支持，那么管理层的人也同样有责任根据研究结果去制定战略及策略。他们通常是企业内的营销以及公关人员。

管理层的一些人会希望查看整个报告。我们知道很多市场及公关专业人士喜欢看到数字。不幸的是，我们知道很多人对数字非常反感，以至于那些可以通过有效利用数据来不断优化战略及策略的同事，也正在修正那些对数字反感的人的观念。管理层的用例是什么样子的？它看起来很像高管层用例，但是也有一些值得注意的补充信息：

- **项目范围**——与高管层的人一样，管理层的人也关心项目是如何完成的。但是与高管层的不同之处是，管理层的人可能会更关心使用的工具、数据的日期范围，以及收集的数据量。
- **关键数据点**——同样，与高管层的人一样，管理层的人也想知道一些关键的数据点。在你的50%审核会议上，管理层的人可能会帮助你识别出这些关键数据点信息，但是如果他们没有帮你识别，那么你的报告很容易涵盖太多错误的数据点信息。只有当这个大团队有机会审核数据源列表时，你才可以从列表中随时剔除那些无用的信息。
- **附加的"值得关注"数据**——为避免报告过长，你给高管层的报告可能已经删除了一些元素。如果确实如此，那么你也可以把这些被删除的信息与管理层的人员进行分享。
- **建议**——根据你所采集的数据，管理层的人会希望了解这些数据的所有潜在的应用方式。此时，你可以将与高管层分享的内容展开发散，并进一步讨论。管理层的人更熟悉一些特定的业务，因为这些就是他们的日常工作，因此他们可能会通过数据来识别出一些你不会推荐的建议。这是完全没问题的。实际上，我们会通过为公司准备报告的方式来鼓励这种行为。
- **后续操作**——管理层们会关心后续操作，同时有关后续操作的内容可以同你与高管层分享的信息相同。

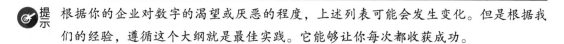
提示　根据你的企业对数字的渴望或厌恶的程度，上述列表可能会发生变化。但是根据我们的经验，遵循这个大纲就是最佳实践。它能够让你每次都收获成功。

14.3.3 分析层用例

分析师，我们喜欢亲切地称他们是"数据极客"（有时我们也会这样称呼自己），他们是那些可以筛选大量数据并提供洞见，从而使宣传项目（以及整个业务）变得更有效的人。他们是企业的眼睛和耳朵，通常也会是大脑。如果没有那些专门洞察消费者的人，许多宣传项目将会偏离目标，以致管理层的人丢掉工作。

由于我们都是来自分析层领域的人（至少我们是从那里开始的），所以我们显然会带有一些倾向。我们不能夸大分析师在数字分析中所扮演角色的重要性。他们会经常参与选择工具、创建项目范围、撰写假设、处理数据、制定洞见，以及确定如何以最好的方式将他们的发现与现有的研究相结合等相关工作。这些都是非常重要的任务。与此同时，他们还必须要对现在正在开展的宣传项目进行度量。

所以在这种背景下，分析层的人要关心什么呢？这些人很有可能会将报告汇总在一起。但是，如果他们没有这样做，他们一定会关心管理层的人所关注的所有事情，以及那些所有可用的原始数据。通过分析这些原始数据，很可能会改进更多的研究项目或现有的研究项目。

> **提示** 虽然分析师不会参与围绕研究结果来制定策略的相关工作，但是你不应该认为他们的价值因此会比较低。分析人员可以成为你的朋友，特别是当你想要验证某些想法时。结交分析师做朋友，也要确保你能为他们提供的价值和他们为你提供的价值一样多。

你有大量的数据，并且你已经向内部不同的利益相关人汇报了报告中的各种发现。那么是时候开始下一个项目了。但是当你开展下一个项目之前，仍然有一个关键的问题需要你来回答：如何存储这些信息以确保你可以不断地利用它们了解消费者的意见？所以本章的最后一节将介绍如何搭建中央信息存储仓库。

14.4 搭建中央信息存储仓库

在过去的五年中，数字分析领域取得了长足的进步。随着社交媒体的迅猛发展，以及公共关系和市场营销领域出现的大量新信息，数据采集及分析领域也出现了重大创新。甚至在合并多个数据源以获取最佳洞见的方面，也取得了一定的进展。直到最近我们发现，持有搜索数据的人并不会因可以与持有社交数据的人进行信息交换而感到兴奋，当然我们知道这听起来很无聊。

但是，作为一个行业，我们现在还没能擅长去搭建一个中央信息存储仓库。在大多数情况下，你会看到报告是按照我们本章中所概述的内容来制定的，并将其用 PowerPoint 的格式展示、分享，然后存储在硬盘的某个地方。但是这个报告只对那些在桌面上有该报告信息的人有用。企业中不会有其他人能看到该报告持续的、长期的价值。如果拥有此报告演示文稿的人从公司离职，那么这种方式还将使企业面临知识管理的问题。

你能看出其中的问题，对吗？好消息是有两个解决方案可以用于搭建中央信息存储仓库来解决这个问题：

- ❑ **指挥中心**——此处我们指的不是"Starship Enterprise"里的驾驶台。目前包括 Dell、Gatorade 以及 Cisco 等许多企业都已搭建了社交媒体指挥中心,以作为数据采集及洞见制定的中央存储仓库。
- ❑ **基于网络的应用程序**——有一些公司专门开发了可以远程安装在个人电脑桌面的控制面板。

14.4.1 指挥中心

自从 Dell 设立了一个物理仓库(见图 14-1)后,指挥中心的概念便开始流行起来。Dell 的社交媒体以及社群团队可以在通过这个仓库来监控全球的对话。这些指挥中心可以采集所有类型的数据信息,其中大部分的数据都满足本章前面介绍的 5W 原则。

一个指挥中心通常设立在某个单一的地点,里面有很多监视器并安排人员轮流完成每周 7 天每天 24 时网络对话信息的阅读工作。它还可以成为企业内公关、市场、客户服务、社交媒体,以及危机处理专业人士和企业顾问的信息来源地。在指挥中心工作的人员利用社交媒体聆听工具以及分类/路由技术,可以将数据传递给最需要它们的人。

指挥中心是数据的主要来源地之一,但是它不是唯一一个可以收集线上关键利益相关人信息的渠道。在指挥中心工作的人员可以是专业的市场研究人员,但他们通常会是从企业内部担任社交媒体工作的人员中随机选拔编组的人员。

图 14-1 Dell 的社交媒体指挥中心位于德克萨斯州 Round Rock 的公司总部,可为全球的需求提供服务

指挥中心可以为社交媒体专门提供一个企业范畴的信息集结点，但是它也存在一些缺陷：

- **物理以及技术基础架构的成本问题**——采用这种方式来为指挥中心提供动力所需的工具及物理空间并不便宜。
- **可扩展性问题**——如果所有的数据都是在指挥中心采集的，那么不了解这个指挥中心的人要如何实时地利用这些数据呢？他们需要那些在指挥中心内部积极监控的人员向他们发送详细的信息。对大家需要花费的时间而言，这都不是一种有效的操作方式。
- **可胜任指挥中心工作的人才问题**——企业缺少可用的数字分析人才，并且指挥中心的人才还应具备强大的沟通及技术技能，这样才能确保有效的操作。

指挥中心本身是一个非常酷的场所，但是需要大量的投资。在数据采集、信息展示、人才及地理位置等方面的技术成本也要考虑。但是，通过指挥中心来对企业内部采集的数据以及制定出的洞见进行集中处理，这其实是一个非常有效的方式。

14.4.2　基于网络的应用程序

可以用来替代物理指挥中心的另一种方法是构建一个基于网络的应用程序，该程序可以在企业内部的多个电脑桌面上运行。你甚至可能已经见过这些基于网络开发的应用程序，它们被称为数据湖。这些数据湖或者基于网络的应用程序可以为企业提供一个中央存储仓库，从而能实时地进行数据收集。这个应用程序通常会有一个用户界面，来自企业各个部门的用户可以通过在此界面上输入想要查询的问题来获取答案。

这种集中式的数据应用程序，最有价值的部分是它完全可以定制。如果你只想查看品牌有关的社交媒体对话，那么你可以对其进行自定义设置。如果你只想查看社交平台数据，你也可以进行自定义设置。如果你只想看到网络数据，你仍然可以这样做。在构建这样的应用程序之前，关键是你需要明确一组目标、用例以及需求。

随着数据集中化变得越来越重要，市场将沿着这两条路径之一继续发展，指挥中心或基于网络的应用程序。并不是所有公司都这样做了。正如我们在本章开始时的概述，许多人也将会按照我们概述的方式来构建报告，这样也是可以的。然而，随着企业对这类数据越来越熟悉并愈加感兴趣，构建中央信息存储仓库的需求也会增加。不要等到别人来问你，你要走在市场前沿，并要开始考虑如何搭建一个指挥中心或基于网络的应用程序来对信息进行存储。

Chapter 15　第 15 章

数字数据的未来

我们在整本书所介绍的内容为你提供了使用数字数据所需要的一切,从而帮助你制定出更好的营销方案以及更明智的业务目标。我们在本书中已经介绍了基础的数字分析概念,提供了关于建立营销技术堆栈的指南,介绍了一些数字数据的用例,还有一些关于如何制定研究计划及可供度量使用的计分卡的详细信息。每一章介绍的内容,都应该能够帮助你的企业通过利用数字数据的强大力量来掌握受众的行为方式,了解内容如何发布,如何构建渠道生态以更好地与受众互动,以及了解你的营销方案为业务带来了哪些影响。

在通读了前面 14 章的内容之后,你可能会认为,实施我们概述的所有内容对业务来讲存在很大的困难,但请你不要担心。可以把我们在本书中讨论的概念当作是一次数字分析旅程。如果你的企业才刚刚开始有效地使用数字数据,那么本书则可以为你提供一个可以在数字分析领域迅速发展的起点。如果你的企业已经使用数字数据多年,那么希望前面的内容能够为你正在开展的营销方案提供一些优化的技巧。理想的情况下,你最终会利用我们在本书中讨论过的所有内容。

重要的是要记住,许多被市场营销专业人士视为最佳实践企业的公司,都是花了很多年的努力才做到了这一步。例如英特尔(Intel)、宝洁(P&G)、思科(Cisco)、百事可乐(PepsiCo)、美国运通(American Express)和可口可乐(Coca-Cola)等企业,多年来它们一直都在投资建设这方面的能力。你可能会惊讶地发现,即使市场上的数字数据在持续激增,但许多企业仍没有充分地利用它们。例如,Experian 最近的一项调查表明,市场上有超过一半的企业都在凭借有根据的猜测或直觉,来做出基于数字数据的决策。同样,根据 Deloitte、Duke University [1] 以及 AMA 的一项半年度调查显示,68% 的资深市场高管不会将数据应用于每日的商业决策中。所有这些事情都发生在当今的数字世界中,而且数字世界目前已经拥有了 2.7 泽字节的数据。什么是泽字节？一个泽字节包含了一千的七乘方字节，即 10 亿太字节的数据。这也意味着需要 10 亿个太字节的硬盘才能存储一个泽字节的数据，简单地说，我们市场营销从业人员已经拥有了很多的数据。如果你读了本书的第一部分并发觉自己已经落后了，那么你应该重新认真思考。

如果你尚未充分利用数字数据，那么现在就是你开始的好时机。如果你正在寻找一个入门公式，这里有一些很好的角度来帮助你开始开展你的数字分析项目：

- **制定公司目标**——如果你想开发数字分析的能力，你会希望通过它来实现什么目标？只是为了更好地了解你的客户吗？还是想要了解你数字营销方案的执行情况？你可以设定很多的目标，但是在你选择工具之前，你必须要知道自己希望得到的最终结果是什么。
- **识别内部资源**——到目前为止，几乎每一章的内容我们都谈到了人员以及财务资源的重要性。你还需要全面地考虑你的数字分析项目。在开始挑选工具并确定用例和开始分析数据之前，必须要确定这些资源已经到位。
- **制定报告需求**——如果你已经得到了创建一个数字分析项目的许可，那么你还应该开始思考报告的需求。老板们会希望知道他们能从这个项目的投资里获得什么。
- **制定项目时间表**——从第一天开始，在你发布的项目中极有可能并非所有可用的工具都能正常使用。所以你需要创建一个甘特图或计划表，用来概述构建新功能的计划。在这个图表中可以包含从何时开始研究新工具到新团队所需人员数量等所有的信息。
- **企业其他部门的参与达成**——我们曾参与过各种规模客户数字分析项目的发布活动。经常出现的情况是企业都会试图从小规模做起，但是这种状态他们不会保持很久。当企业的其他部门同事意识到数字数据的力量时，他们也会想参与进来。所以在你发布数字分析项目之前，需要考虑企业的其他部门要如何参与其中，可以是一些简单的财务支持，也可以是一些更严谨的工作，比如提供一组数字媒体准备就绪标准。

对于本章的内容，你可能希望了解开展数字分析与行业的未来有什么关系。然而事实却是许多正在执行数字分析项目的公司都是在走过场。某些时刻，企业可能已经意识到了通过使用数字数据来了解市场信息是非常重要的，因此企业也开始购买一些工具并准备投入使用。企业在实际工作过程中会经常忽略我们前面提及的五个方面，或者我们在本书中概述的其他最佳实践。我们希望未来企业在启动一个数字分析项目以及对其进行期望设定之前，最好可以考虑一下上面的列表，以及我们在整本书中讨论的所有相关内容。

15.1 见证数字分析标准的演进

我们会用接下来的部分篇幅回顾本书的第 1 版内容，以了解我们所认为的未来将会如何显现。我们认为，对过去四年前的情形进行盘点，以及总结我们是否在这些预测方面取得了很大的进展，这些信息将会有助于我们工作的开展。然后，在本章结尾部分我们会对未来几年行业的发展做一个展望。正如我们在本书中反复强调的那样，数字营销及分析行业正在快速发展，想要做出预测也变得愈加困难。以下内容是我们对这个行业观察超过 15 年的结果。

15.1.1 回顾社交媒体聆听的演进史

过去的十年中，在数字媒体大环境下，很少有像社交媒体聆听这样经历了如此大变革的细分领域。当行业第一批公司如 Visible Technologies、Radian6 以及 Sysomos 出现时，它们提供了一个了解互联网发生事件的窗口，但它们所提供的数据基本都是不完整的，而且用户交互的界面也存在着一些挑战。快进到 2018 年，这些供应商要么倒闭，要么被那些想要建立出一套具备完善营销功能产品的大型企业所收购，要么被市场的领导者给取代。社交媒体聆听工具现在已经具备了综合的用户界面，在从提炼社交媒体对话到通过复杂的机器学习及人工智能技术来分析这些对话方面，这些工具已经能够支持用户的所有操作。

当我们回顾本书第 1 版内容中提到的一些预测时，我们也希望能够看到这个行业可以进一步整合。当时，市场上可供选择的社交媒体对话监控工具多达数百种。虽然市场上有许多可用的工具，但大型企业重点关注的仍然只有六家主要的社交媒体数据供应商。这些供应商包括 Sysomos、Crimson Hexagon、Synthesio、NetBase、Sprinklr 以及 BrandWatch。Radian6/Salesforce 虽然仍是数据供应商，但是我们评估的结果表明它已不是大型企业会使用的潜在解决方案。

我们还推测，即使开展了行业整合，社交媒体聆听市场依旧会继续发展。我们之所以会这样认为，是因为很大程度上，大型企业很可能会将社交媒体聆听工具与其他数字源结合使用。一定程度上，我们对这部分的预测是正确的。大部分的社交媒体聆听供应商还没有太大的发展。它们会结合其他数据源，但是还没有达到能为企业提供所需要的所有数字数据的程度。我们正确地提出了关于社交媒体行业会继续发展之处是在于社交媒体聆听数据的使用。越来越多的企业会通过使用精密的技术（即语言学、机器学习、人工智能）来了解消费者是如何谈论他们的品牌的。同样，社交媒体聆听数据经常与搜索（或其他数字）数据相结合，从而可以更全面地了解受众的在线行为。如果几年内不会发生任何演变，我们预计这一趋势将会持续。

我们还预测，可以为客户提供控制面板的社交媒体聆听供应商将会看到这些控制面板功能的价值在下降。我们认为这个预测在很大程度上是正确的。许多客户仍然在访问平台本身所提供的社交媒体对话数据，但我们也看到了越来越多的企业会用导出的数据与其他数据源进行集成，并会对其执行更高级的分析技术，从而了解用户行为。这就是为什么大多数的社交媒体聆听供应商都与主要的社交媒体管理系统（SMMS）工具（如 Hootsuite 及 Spredfast）进行了集成的原因。那些值得赞誉的数字聆听供应商也会让它们的控制面板变得更容易使用和操作，这样做可以抑制它们的大多数客户从平台流出。然而随着数字分析项目变得越来越复杂，我们发现许多公司也会专注于内部的客户数据管理平台，它们会将所有的数据反馈到这个内部的平台上。因此，我们预测从这些社交媒体聆听供应商上只采集原始数据的趋势将会加强。

最后，在本书的第 1 版中，我们讨论了很多关于社交媒体指挥中心发展的内容。Dell 及 Gatorade 是这些指挥中心中的两位领头羊企业，而且它们在持续维护指挥中心，但是这些社交媒体指挥中心本身已经有了很大的变化。这些指挥中心不再只应用于社交媒体聆听领域。现在，像 Intel 这样的企业也建立了指挥中心，可以用于监听社交对话，识别尚未完全发展起来的趋势，以及围绕这些趋势可以带来的内容营销的机会，它还可以根据实时表现来优化企业在社交媒体方面的支出。

我们是否认为继续投资这些指挥中心存在着价值？假设，如果你正在开展前面提到的 Intel 所开展的用例的工作，那么我们的回答就会是肯定的。正如 Verizon 的前社交媒体及数字战略总监 Mason Nelder 几年前在 South by Southwest Interactive 所说的那样，这些指挥中心对企业来说是一个象征，即聆听你客户的对话很重要，而对企业传播及营销的目标而言，数字及社交媒体也很重要。

结合这些上下文，你可以了解到指挥中心存在的价值。

企业是否需要建立指挥中心？和其他问题的回答一样，要视情况而定。如果你正在寻找一个可以使你的企业集结起来的东西，那么建立指挥中心就是有意义的。如果你希望能建立出一套强大的聆听功能，从而更全面地了解客户行为，那么指挥中心可以考虑为第二优先级的选择。这并不是说无法既实现这两个目标，又设立指挥中心。相反，在很多公司它们通常是彼此分开的两个模块的工作。大多数企业还没有将指挥中心这一概念突破其自身的这个单一用例。

自 2007 年以来，社交媒体聆听市场发生了巨大变化，我们没有发现任何可以表明在未来 5 年动荡会减弱的迹象。我们希望在未来几年里，越来越多的企业会将数字聆听数据作为一种用来理解消费者行为的方式，从而为企业的各个部门（不限于市场部）提供可行性的洞见，同时它也能与其他的数字数据源有很好地融合。

15.1.2 深入展开搜索分析

搜索分析与社交分析之间的区别在于前者的市场已经很成熟。对于搜索分析，已经成熟的工具（如 Google AdWords）可以帮助市场营销人员了解哪些词是最常用的，以及这些词被使用的数量。业界已经接受了一套成熟的指标，如点击率（CTR）、总点击次数、每点击付费（CPC），以及每取得成本（CPA）。

多年来这些指标的计算方式并没有发生变化。有人可能会说，现在是时候改变搜索分析模型了，或者至少应该检查一下这些已经成熟的指标是否依然适用，但是这需要在企业内部开展大规模的"改编"工作。多年来，企业一直使用相同的方法来度量这些搜索分析的表现，但是我们认为该模型短时间内不会发生变化。

考虑到这一点，我们发现了哪些变化？可以回想一下你自己的线上行为。很有可能你会在某个社交媒体平台上读到了关于某个品牌或产品的相关信息，然后切换至某一搜索引擎来了解有关该产品的更多信息。同样，了解人们会最常用哪些词来搜索你的品牌或产品，对社交媒体内容的制定会很有帮助。

在本书的第 1 版中，我们指出，大部分营销人员凭借着自己的本能去理解搜索分析与社交分析之间的联系，但却很少一并对数据进行查看。尽管四年前情况如此，但是我们认为这种趋势已经开始好转。我们看到越来越多的企业将搜索数据与社交数据进行了融合，并且会将搜索分析视为超越于策略计数的行为。搜索数据是一个关键的输入，以充分了解品牌的客户旅程。我们的期望是，随着企业开始进一步探索搜索数据与其他数据源之间的联系，搜索数据对企业的重要性也能随之增加。

15.1.3 唤醒受众分析的水晶球

我们当年预测在未来几年内，受众分析领域将会出现重大的创新，而且我们说对了。社交媒体聆听供应商所提供的工具已经可以采集关于用户基本画像、地理信息以及受众特征等丰富的数据，而且它们会主要依赖于如 Facebook 和 Twitter 等渠道的数据。业内专业人士如 W2O Group（Chuck Hemann 目前就职的企业）的分析总监 Seth Duncan 也做出了重大的改进。Seth 以及他的团队发现了一种巧妙的方法，可以对社交行为信号进行识别，然后应用先进的统计技术来提高品牌与受众的亲和力，从而将其应用于创意策划、媒体定位，和 / 或数字战略制定等工作。

回顾 2013 年，我们当时谈论了很多有关品牌如何使用手动编码技术来更全面地了解受众特征的问题。虽然目前企业或代理机构仍然会使用这种方法，但 Crowdflower 和 Amazon 的子公司 Mechanical Turk 等企业提供了更精密的技术，这种技术可以使了解受众特征的过程变得更快、更廉价。随着机器学习以及人工智能逐步在市场营销组织中成为主流技术，我们期望了解受众行为的过程也会变得更加容易。

受众分析将如何继续发展的关键在于工具本身会如何继续发展。人工智能和机器学习的领域正发生着许多创新，因此我们希望工具也可以在这一领域变得更好。我们知道，了解受众是每个市场营销人员核心的工作内容，所以我们怀疑这些功能可能只是冰山一角。如果我们会继续撰写本书的第 3 版，也可以合理地假设数据分析市场将会发生更大的变化。

15.1.4 预测内容分析的未来

我们用本书的大部分篇幅讨论了有关了解内容营销效果的重要性。虽然这不是一本关于内容营销的书，但我们认为了解如何开展内容分析是非常重要的，因为它是所有营销项目的命脉，无论是数字化营销还是其他类型的营销。如果你制定的内容与你想要触及的受众不符，那么营销项目就会失败。就这么简单。

在本书的第 1 版中，我们详细地讨论了 Chartbeat 以及 Woopra 等可以了解内容营销效果的有关工具。这些工具在不断发展，也在其平台中引入了其他的数字化触点。这是好的方面。不好的方面是对于大多数企业而言，了解内容营销效果仍然是一项非常耗费人力的工作。耗费人力具体怎么讲？想一下可以从哪里获取有关你的内容营销效果数据。如果你是大型企业的一员，那么类似的数据源很可能来自某个代理机构。撇开这一点不谈，它们通常也可以从内容传播渠道中采集数据。这是一个能够了解内容营销效果的很好的方法，但是却存在着一定的局限性。此方法只能支持你去了解该渠道上某一条内容的影响。但它没有办法帮助你去了解这一条的内容是如何影响整个客户旅程的。

同样，它也无法帮助你了解某一条的内容相较于另一个渠道上的另一个内容的效果。

过去几年，工具及技术市场上的一些进步，旨在能帮助你更有效地了解这种内容营销的整体效果。Google、Adobe 以及其他类似的公司已经开发出了精密的归因建模产品，这些产品可以让市场营销从业者了解渠道对关键业务绩效指标的总体影响，或者帮助他们了解内容本身会如何为企业带来利润。我们希望这些工具可以继续发展，并且有越来越多的企业通过采用它们来真正了解内容营销的效果。

随着内容分析的不断发展，我们还有哪些期待呢？不一定会有太多创新，因为业内已经有一些用户采用过这种方法，但是我们预计内容索引将变得更加突出。这听起来像是一个非常复杂的话题，但实际上，如果你具备了 Microsoft Excel 的知识，操作起来就会很容易。

为内容建立索引的思想其根本是为你展示一系列用于评估内容的指标（例如，Facebook 上的点赞量、评论量、分享量，以及点击量），这些指标可以对应不同规模的营销活动，并且对业务也各具重要意义。内容索引可以获取你在该渠道上创建的全部内容，收集相关指标信息，并使用加权的方式对各个指标进行评分。这种方法可以支持你根据企业的优先级对内容营销效果进行更准确地评估,而不仅仅是对某一特定操作(点赞、评论、分享等)进行计数。

随着越多的企业营销团队从"渠道优先"转向"受众优先",内容分析也将会继续发展。随着这种情况的继续发生,对于那些处于同一行业的企业而言,全面查看内容营销效果也变得越来越重要。社交媒体上的一条内容将会如何影响我们官网上的客户旅程?这只是一个问题示例,作为数字分析的专业人士,我们将在未来几年中更频繁地对这个问题作出回答。

15.1.5 了解影响者分析的全景图

自本书第 1 版发行以来,除了社交媒体聆听供应商领域之外,我们发现变化最大的就是影响者分析工具领域。举个例子,我们预测像 Klout 这样的工具,鉴于它有足够的市场份额,所以它不会有任何发展。我们还预测,它不会被市场上任何其他工具所取代。最后,可预见 Klout 在未来将成为全景图中的一部分。天啊,如果是以上例子中的这些预测,我们都会大错特错,自 2014 年 Klout 被 Lithium Technologies 收购以来,其核心平台的所有创新行为几乎都处于停滞状态。工具本身仍然在不断变化,但在了解线上影响力方面,几乎是止步不前。

然而,不仅仅是 Klout 发生了重大变化。PeerIndex、Appinions、Little Bird 以及 Kred 之类的工具也已经被市场营销行业边缘化了。这并不是说线上影响力或为了实现影响目标而去吸引有影响力的人已经不重要了。而是这些工具无法提供大多数企业真正需要的解决方案。

正如我们所说,线上影响力(以及线上影响者的互动)仍然是许多营销项目的核心。那么,为什么有这么多工具被弃用了呢?我们认为答案有三个方面。首先,尽管这些工具有助于影响者识别,但是它们并不能帮助企业应对那些更基本的挑战,即如何与影响者发生线上互动。也就是说,触及这些人的最佳方式是什么?我们对长期关系要如何进行管理?例如像 Sprinklr 这样专注于内容投递以及社交渠道管理的工具可以在这方面提供帮助,但它们却无法解决有关影响者识别方面的问题。其次,在许多企业内部,关于谁来"负责"影响者营销仍然存在相当大的争议。要传播人员来负责影响者营销?还是要营销人员来负责影响者营销?企业中的其他部门又能否来管理这些项目?对于企业内部的这些问题,我们看不到最终答案,这也意味着影响者分析市场将持续受到干扰。最后,影响者分析的挑战之处在于如果没有大量的投资,则无法实现规模化。想要构建出一个全面的影响者分析项目,你需要人力、工具以及流程来支持。这些部件都不便宜,也不是轻易就能买到的。如果这些部件在未来几年内会发生改变(需要明确的是,我们不认为它们会发生变化),或许影响者工具市场就能稳定下来。然而,我们认为大多数营销组织应该有更多的事情要做,所以这些问题会持续有待解决。

这些信息将我们引向本章的最后一节，在此部分，我们会更广泛地讨论数字分析的未来。在结束本节内容之前，我们有必要重申一下，工具和方法会继续以惊人的速度发展。无论我们谈论的是搜索、社交、影响力还是内容分析，我们预计这种发展速度会持续数年。

15.2 了解数字分析的发展前景

我们讨论过的这些工具以及理论知识点只是方程式的一部分。另一部分，也是重要的一个部分，则是企业自身的发展。回想一下，在本章的开头，我们引用了一些统计数据，这些数据表明数字数据的数量在持续增长，但是会利用这些数字数据的公司数量却没有任何变化。这是一个麻烦的问题，原因有很多，但主要是因为营销人员认为他们应该尽可能多地搜集客户信息。不仅如此，聆听社交媒体对话以及采集数字数据也仅仅为了可以更明智地管理企业声誉。

数据采用迟迟未能实现的部分原因是人才问题。我们在本书的第1版中谈到了人才缺口的问题，这个问题今天仍然存在。在公司内部，没有多少人具备能够有效地在公司内部实施数字分析最佳实践的合适技能。现在市场上的人才比四年前要多很多，但就目前而言，许多企业仍在努力寻找合适的人才。企业不仅要创建出这个职能，而且还需要在很长一段时间内管理并发展它。

下面几节将会讨论关于构建强大数字分析能力的挑战及解决方案。我们坚信，数字分析将成为企业营销职能中越来越重要的一部分，但必须先采取一些措施。

15.2.1 消除分析人才的缺口

在过去几年中，市场营销人员开始经历了自广播电视诞生以来，他们职业生涯最大的转变。想想看，Facebook目前的用户已经超过了20亿，Pinterest的独立访问人数达到了7000万，比任何独立网站的发展都要快，并且Twitter上也已经有超过3.2亿的活跃用户。市场营销人员现在所面对的是新兴的创造者社群，而不是消费者。当然，最大的在线用户仍然是那些会消费内容的人群，但是那些可以贡献并分享内容的人数也在大幅增长。这对市场营销人员的工作有很多影响，不仅仅是需要开辟新渠道。

另外一个影响（这一点很难控制）是希望进入企业或代理机构来负责相关业务的人数。不幸的是，数字媒体领域的发展速度远远超过了高素质可用人才的增长速度。对于这一点，我们无意偏向任何企业，但是能为500强企业执行数字媒体营销活动的人才仍然很少。这不是简单地搭建一个Facebook主页或者管理一个Twitter账户的问题。最专业的人才应该是集市场营销、行为心理学、业务技能以及数字分析于一身的人。所以市场上相关人才的数字可想而知。但你知道我们最终一定会成功的，对吧？

如果说数字媒体人才缺口巨大，那么分析人才缺口也同样很大。每当有人发送推文、点赞、评论或点击时，她就创建出了一个需要进行分析的数据点。然而，分析这些最热指标的数据却只是等式的一部分。你能将这些指标转化为商业洞见吗？许多人都知道应该如何采集数据并将其整理至一个演示文稿中。但很少有人会知道如何采集数据并将其整理至演示文稿以强调那些能够改善业务或宣传项目的洞见。

邀请数字营销分析专家加入合作团队的趋势不会放缓。自本书第 1 版以来，代理机构和企业所设立的数字分析总监或副总裁职位的空缺数量在显著增加。这些企业希望通过以聘请这类人才的方式，来增强自己的数字分析能力。这样做管用吗？只有时间会告诉我们答案，但是聘请数字分析领导者是实现这一目标明智的开始。不幸的是，我们作为一直在几家代理机构担任这个职务，并且也在一个大企业内部就职过的两个人，可以明确地告诉你们，这些人才不是只在一棵树上成长起来的。大多数在分析领域取得成功的人都有拥有多元的背景。

如果你正在寻找这样的人，你能做什么才能找到他们？除了在大学里搜寻更多的初级人才（顺便说一句，这是个不错的主意），你还可以采取一些以下的其他措施：

- **分析岗位的正确职位描述**——了解社交媒体聆听工具很重要，但这不是评估候选人的唯一选项。高级分析人员应该可以为企业寻找人才、熟悉各种分析和营销的概念，并在必要时可以向高管做演讲展示。请记住，这个人不仅有责任去了解客户，还要负责能力建设的相关工作。对于这个角色，拥有强大的业务敏锐度与具备数学及工具技能同等重要。
- **拥有一个开放的思维**——现在具备数字分析经验的人要比以往多很多，但是总体人数仍然不多。有时候，你不得不走出招聘舒适区，才能聘请到合适的人。你可能会想到那些在科学领域中具备较强研究技能的人。根据我们的经验，相比那些研究能力弱但数字媒体技能强的人而言，具备很强研究技能的人更能胜任数字分析岗位。
- **相关技能不会直接显示在简历或 LinkedIn 个人资料上**——如果你需要找到一个天生具备好奇心的人，但是你什么时候看到过出现"天生好奇"这种字样的简历？我知道我们很少能看到。因此，这可能是你在面试中需要解决的问题。这个例子说明了我们刚才所表述的观点，即分析师的技能并不容易转述成传统简历，或 LinkedIn 上个人资料的信息。
- **寻找专业领域的布道师**——大多数数字分析人员不是活跃的博主。如果你遇到一个经常写作的人，那么你应该去调查一下他。他可能是一个写了很多东西但没有做过什么事情的人，但是值得考察的一点是，他是否在真实世界中也能应用自己的知识。

让我们假设一下，你已经在企业内部找到了合适的人，或者正在启动招聘计划。那么这个人在企业内部是什么位置？这是一个非常重要的决策，因为她在公司的职级将对她的职业轨迹产生极大影响。市场上的许多数字分析专家都隶属于营销团队，这确实有其道理。然而，我们认为，数字分析专家应该加入更广泛的市场研究职能部门，因为数字数据非常有价值，但当与其他数据源进行配对时，其价值便会被无限放大。市场研究团队可以访问许多专有的业务业绩数据，这些数据在评估整体营销方案时会很有价值。因为这些数据来源于线下的市场调研，所以对了解消费者行为会非常有帮助。最后，一个重要的影响因素是关于团队中现有分析人员的数量。正如我们刚刚提到的，传授数字媒体技能往往比传授强大的研究技能更容易。拥有一个由强大研究人员组成的团队，将会更容易发展团队人员的数字分析能力。

市场研究与数字分析团队结合的内容将我们引入了下一个话题，即数据的内部采集和应用。

15.2.2 合理存储用户数据

如果你回想一下我们讨论过的工具以及整本书的内容，你会发现它们有一个共同点：你并未拥有过任何数据。这到底是什么意思？这意味着，每当你开展一项新的数字研究任务时，你必须使用其中一个工具，用于制定类似配置文件内容，导出数据，然后开展数据分析的工作。如果你熟悉这些工具及研究过程，那当然很好。但是如果你不是很熟悉，但是又需要客户线上行为的信息，又会发生什么呢？

我们认为这会引发数字分析领域最大的革命。在接下来的几个月中，很可能是几年，企业将会为这些数据建立内部存储仓库。我们在全文中都提到了这一点，而且这些工具拥有非常易于使用的 API 接口，可以支持用户轻松地提取数据。你的企业自身可能也有一些数据源（销售数据就是最大的一个数据源），但它们无法对很多利益相关人或代理机构公开。如果你可以构建一个易于所有人访问，并包含所有可用数据输入的工具，那不是很好吗？这当然可行，而且我们认为应该经常这样去实施。如果你打算构建这样的数据存储仓库，应该考虑以下几点：

- **建立跨职能团队**——来自社交媒体或者市场营销团队的人无法单独完成这类工作。在营销团队的人不太可能会具备我们所需的技术技能。如要构建此能力，你需要一个跨职能的团队，该团队需要包含市场营销、市场研究、IT、社交或数字媒体，以及分析等部门的人。
- **所有数据输入的详细说明**——存储这么多的数据可能很快会从数据可管理的状态，变成数据难以处理的状态。在开展真实构建并实施之前，请确保你已经对要采集的所有数据进行了编目，并确定了相对应的数据采集工具。
- **收集技术规范**——在制定构建工具的技术规范时，你的 IT 团队将会派上用场。但是不要让 IT 人员独自完成工具技术规范的创建工作。如果你这样做，这个技术规范很可能会用一种其他人很难看懂的语言来撰写。

- **确保你具备查询数据库的能力**——无论你选择哪种数据输入，品牌营销人员都会有过多的可用数据。不过，只要用户具备能够选择出对其重要的数据输入或数据变量的能力，这就不是问题。
- **简化数据提取**——将所有数据都存储于控制面板中是一回事，然而想要轻松地提取又是另外一回事。确保系统内设置了导出功能，从而可以帮助你从工具中获取数据，以便实施进一步的操作。

这种方法并不适用于那些刚开始开展数字分析的企业。这种方法适用于那些正在使用我们在本书中讨论的这些工具，分析并实施研究结果，及通过使用他们自己的数字分析方法去寻求更精密级别工具的用户。如果你正在开始开展数字分析的工作，可以按照本书中概述的步骤进行操作。不知不觉，你将会为你的企业构建出一个可以开展内部数据分析的数据存储仓库。

15.2.3 数据源的持续整合

在过去几年里，我们已经看到科技巨头 Google、Adobe、SalesForce 和 Oracle 为它们不断提供的营销功能添加了更多的数据源。我们认为这种趋势将会持续下去，尤其是未来会有更多各种规模的企业想要努力减少数据采集、清理，以及使用的复杂工作。正如我们前面所概述的，对于企业为什么仍然会基于很少的数据进行决策，其中的一个假设是基于企业为了获得一个近乎完整的生态全景图而必须要访问大量数据（访问 100% 的数据永远不会成为企业的目标）的背景。如果我们前面列举的那些公司可以成功地持续聚合并整合出营销人员可用的数据源，那么就应该能够帮助企业更容易地做出决策并更广泛地采用数字数据。

综上所述，如果你密切关注着营销、数字，以及分析行业，你就会知道公共数据集的数量正在激增，那些来自物联网（IoT）设备的数据也是如此。不同类型和规模的公司都在试图以更细粒度的维度来了解终端用户会如何使用它们的产品，然后将这些数据与遗留的数据源（如数字数据）进行集成。我们知道设备互联是一种趋势，这种趋势只会继续发展下去。我们还知道，这些设备生成的数据已经超出了企业目前能够合理治理的范围。我们将会持续关注的一件事是企业如何开始采集这些数据并与其他数据源进行集成。我们猜想，与传统数字数据源之间的整合将会持续，但这个生态系统外部的数据源也将会呈爆发式增长。这些数据的治理工作将是营销以及 IT 组织要面临的新问题。

15.2.4 应对用户隐私顾虑

从 2018 年开始，全球的政府部门都采取了一系列措施，来为那些过去数据可能被恶意利用的消费者提供隐私保护。例如，2018 年颁布的《一般数据保护条例》（General Data Protection Regulation，简称 GDPR），是欧洲议会（European Parliament）、欧盟理事会（Council of the European Union）以及欧盟委员会（European Commission）想要对欧盟内所有个人的数据实现加强和统一保护的一项条例。这项新规定也同样对所有处理欧盟居民数据的外国公民适用。虽然本条例仍相对较新，并且你应该与内部的法律顾问探讨过对业务的影响，我们可以肯定地说，这只会减缓企业采集那些他们想要通过营销以及传播项目所触及用户的数据的脚步。然而，这项规定似乎不太可能完全阻止数据传输行为。

GDPR 代表了一种更广泛的趋势，即保护消费者隐私，并消除（在可能的范围内）非法采集和使用数据的情况，以实现未来的业务目标。然而，值得注意的是，很少有企业真正做好了应对这种变化的准备。世界广告联盟（World Advertising Federation）最近发布了一项调研，来收集企业为 GDPR 所做的准备[2]。不幸的是，只有 65% 的受访者说他们希望完全遵守规定，70% 的人说营销人员没有领会其全部含义。这在很多方面都会很麻烦，我们建议你立刻向内部的法律顾问咨询如何正确地采集及使用数据。

需要明确的是，许多人赞成 GDPR 会为市场带来凄惨前景的观点。也有一些人认为，这一项规定以及其他类似的规定将意味着个性化传播时代的终结。我们不属于任何一个阵营。我们认为，个性化传播将继续得到推动，因为消费者关心隐私的同时，他们也在要求品牌能够尽可能地提供最好的体验。然而，将消费者数据传递给品牌会需要透明且高效的价值交换。这些规定代表了企业秘密开展数据采集工作的终结。我们预测，这一趋势对所有相关方都会产生积极的作用。

15.2.5 提高品牌对社交数据的可获得性

如果你在工作中曾与 IT 部门合作过，你就会知道对于他们而言，棘手的问题就是从社交媒体渠道采集数据。IT 部门在社交数据方面面临着无限挑战，但也包含了指标被多重定义的情况，这些挑战包括了向度化挑战、隐私限制、广告商发布的隐藏广告贴，以及 API 限制。由于 2016 年美国总统大选，Facebook 以及 Twitter 宣布它们会将向所有人展示所有广告，无论广告客户从 2018 年开始想要实现什么目标。社交媒体平台上 100% 的数据都可以被企业使用，这是可以实现的吗？不，由于各种各样的原因，这一目标很难达成，其中最重要的原因是用户隐私。然而，通过向所有用户展示隐藏广告来提高广告透明度的方式，这将证明社交媒体正向着有助于商业或者营销结果的正确方向迈出了一步。

持续困扰社交媒体的一个问题是如何衡量它对于业务的贡献。多年来，这个行业一直"陷于"曝光管理以及互动管理方面，几乎没有精力去理解 Facebook、Twitter、LinkedIn、YouTube 等网站是如何添加更多基础指标的。隐藏广告的数据曝光，是朝一个更完整的渠道效果图谱跨出的一步。此外，社交媒体平台也在不断改进他们的度量解决方案，以便品牌能够真正了解他们期望获得的是什么样的影响力。我们认为这一趋势会持续发展，越来越多的品牌会开始将社交媒体规划纳入他们的整体营销活动策划组合中。总而言之，这是很多大企业社交媒体的正向趋势。它越能像传统渠道那样被度量，大企业在这些渠道上的投资就会越增加。

15.2.6 提高数据的干净度和准确性

如果你是一名数字营销专家，你就会知道机器人并不是什么新概念。Google以及Adobe等网站分析平台已经开发出精密的过滤软件，以确保企业在多年的时间里都能获取准确的数据。现在，大量的社交媒体用户账户因虚假或者是机器人而被曝光。据2017年底发布的预估数据显示，Facebook上约有2.7亿个虚假账户，Twitter上约有4800万个虚假账户。这些数字多得令人感到震惊，但是随着人们的收入以及广告宣传收入机会的增加，机器人和虚假账户的复杂度和数量也可能会增加。

数字数据虽然丰富，但也极其混乱。数字数据很大程度上仍然是非结构化的，需要进行大量的清洗、组织以及转换，然后才能被应用于业务决策的制定。这种情况不会随着数字数据的增长而改变，尽管我们也希望这是个错误的预测。但企业要如何应对这个问题呢？最好的方案是对其进行规划并理解它始终是数据采集过程中的一部分。我们建议每个企业都要开展针对业务流程所需的数据清洗工作。我们并不认为我们会很快更改这个建议。

15.2.7 CMO们面临的量化分析挑战

如果你回想起了本章前面介绍的一些数据，你就会知道企业正在努力通过应用数据来做出业务决策。更确切地说，Forbes以及Neustar于2017年发布的一项研究表明[3]，只有42%的CMO们表示，他们可以把销售结果完全与营销投资进行关联。造成这种情况的原因有很多，包括但不限于缺乏可用的数据，缺乏清洗后的数据，数据没有集中在一个可访问的位置，或者最坏的场景，大家根本没有试图去追踪基准绩效。举几个例子，当我们在制定诸如互动回报率或影响力回报率等指标时，数字分析领域的同行专家并没有给我们带来任何帮助。

现在，正如我们在本书中多次提到的那样，我们不喜欢只追踪投资回报率。我们认为，其他指标对于在企业内部负责营销活动策划的人也同样重要。然而，如果我们不努力去解决投资回报率这一难题，就会触发一个引爆点。我们希望在今后几个月和几年内，能够在这个问题的回答上取得一定的突破，因为更好的度量能力可以为企业带来更大的责任感和透明度。对企业负责以及保持绩效透明是值得付出努力的事情，我们认为你会同意这个观点，对吗？

15.2.8 浅析机器学习和人工智能

人工智能及机器学习技术的应用数量在持续增长。从 iPhone 及苹果其他设备上的 Siri 程序，到自动驾驶，再到 Google 的人工智能（可以在几个小时内就能学会如何打视频游戏），在过去几年中，人工智能技术明显变得越来越主流。由于社交媒体以及用户在互联网上随意浏览而留下的大量数据，人工智能在数字营销方面具有巨大的潜力，并在改善数字广告购买和优化方面开始逐渐被应用。利用人工智能来提供更好的客户体验、预测营销方案的结果，以及确定目标终端消费者，必将为企业带来巨大的投资回报。

人工智能的概念并不新鲜，但突破的步伐却很新。有几个因素在起作用，包括了机器学习算法的进步，能够更快地训练大型模型所需计算能力的增强，以及现在可以用于训练机器学习模型的已有海量数据。这些突破催生了一些引人注目的技术，例如 Google 的 DeepMind，Amazon 的 Alexa 以及 Google 的 Assistant。虽然还不够完美，但是大多数消费者以及企业已经从这些技术中看到了许多好处。

我们可以仔细地讲解人工智能和其应用，以及将它们应用于市场营销中的益处。聊天机器人之类的东西正在成为许多公司实施客户体验项目的核心部分。新的用例以及突破正在出现，它们出现的速度比大多数市场营销人员能够追踪的速度还要快，但是市场营销人员也依旧要履行日常职责。我们认为人工智能和机器学习有助于营销工作，为了给你提供一些方法，这里我们介绍了一些用例，你可以在未来几个月或几年里熟悉掌握：

- **预测建模**——人工智能在营销领域最直接的应用之一就是辅助预测。由于营销数据量大，且可量化，因此与人力资源或库存这类的非营销数据相比，基于营销数据通常可以更快地进行训练。正如你想象的那样，如果能够预测市场营销项目成功的可能性，将为企业带来巨大的收益。
- **图像识别**——在不久的将来，消费者可能会去搜索图像。这个场景很简单，比如你拍一张想买鞋子的照片，或者在网络应用程序中通过谷歌搜索找到一张特定的图片。随着越来越多的网络从基于文本呈现转向基于图像及视频的呈现，我们应该会期待在通过人工智能来理解视觉内容方面有一些重大的改进。
- **客户细分**——如果你熟悉客户细分，同时我们假设你正在阅读本书，那么你知道这通常是一个艰难的过程，需要数周（甚至是数月）的时间才能完成。人工智能也可以在这个阶段发挥作用。诸如 AgilOne 之类的支持企业，可以帮助营销人员通过不断了解用户行为来优化电子邮件及官网的宣传。这样的应用支持企业在将来可以更有效地扩展个性化工作。
- **内容生成**——你可能已经意识到，大部分与体育或金融相关的内容都是由机器来撰写生成，而并非人为。随着人工智能技术变得越来越精密，你应该对未来怀有更多的期待。
- **推荐引擎**——当今时代精密的推荐引擎，如我们大多数人通过 Amazon 或 Netflix 访问的那些网站一样，它们都远远落后于一套人为定义的简单指南。然而，一个由人工智能技术创造的推荐引擎，则可以从大量细致入微的数据中提取信息，进而从受众行为或行动中得出结论。
- **搜索改进**——正如我们在本书中提过的内容，搜索是整个客户旅程中至关重要的一部分。这是几乎每个网民每天都在操作的行为。正因为如此，人工智能在搜索方面也做了许多改进。例如，Elasticsearch 之类的技术现在已经成为相对主流的技术，这使得许多品牌在搜索方面不限于简单的关键词匹配。类似地，像 Indix 这样的"数据即服务"（data-as-a-service）供应商，它可以使通过搜索趋势得到结论这一操作变得更为容易。消费者应该会期望能有越来越多的网站可以跟随 Google（或其他供应商）的脚步，实现自动建议、建议修正、高级搜索选项，以及其他类似的功能，以对搜索进行改进。

我们才刚刚开始涉足人工智能在市场营销方面的应用。在未来的几个月和几年时间里，我们预计该技术只会变得越来越精密。营销人员最有可能发现取得重大进步并进行采纳的领域是语音及图像识别。在我们知道它们之前，这两个领域很可能已经成为主流。

自从本书第 1 版出版以来，数字分析领域取得了长足的发展，并且在可预见的未来还会继续发展。企业已经开始意识到数字数据的真正力量及其对营销方案的影响。这种影响不会减弱，且可以有效利用这些数据和技术的企业将成为最终赢家。相信你也能在数字分析领域取得胜利！

15.3 参考文献

[1] "CMO Survey: Analytics More Influential, But Talent Lacking," Deloitte Digital and Duke University, August 29, 2017. https://www.fuqua.duke.edu/duke-fuqua-insights/cmo-survey-aug-2017

[2] "70% of global marketers are not fully aware of the implications of GDPR," World Advertising Federation, September 13, 2017. https://www.wfanet.org/news-centre/70-of-global-marketers-are-not-fully-aware-of-the-implications-of-gdpr/

[3] "Marketing Accountability," Forbes and Neustar, October 2017. https://cmo-practice.forbes.com/wp-content/uploads/2017/10/Forbes-Marketing-Accountability-Executive-Summary-10.2.17.pdf

推荐阅读

架构即未来：现代企业可扩展的Web架构、流程和组织（原书第2版）

作者：马丁 L. 阿伯特 等 ISBN：978-7-111-53264-4 定价：99.00元

互联网技术管理与架构设计的"孙子兵法"
跨越横亘在当代商业增长和企业IT系统架构之间的鸿沟
有胆识的商业高层人士必读经典
李大学、余晨、唐毅 亲笔作序 涂子沛、段念、唐彬等 联合力荐

任何一个持续成长的公司最终都需要解决系统、组织和流程的扩展性问题。本书汇聚了作者从eBay、VISA、Salesforce.com到Apple超过30年的丰富经验，全面阐释了经过验证的信息技术扩展方法，对所需要掌握的产品和服务的平滑扩展做了详尽的论述，并在第1版的基础上更新了扩展的策略、技术和案例。

针对技术和非技术的决策者，马丁·阿伯特和迈克尔·费舍尔详尽地介绍了影响扩展性的各个方面，包括架构、过程、组织和技术。通过阅读本书，你可以学习到以最大化敏捷性和扩展性来优化组织机构的新策略，以及对云计算（IaaS/PaaS）、NoSQL、DevOps和业务指标等的新见解。而且利用其中的工具和建议，你可以系统化地清除扩展性道路上的障碍，在技术和业务上取得前所未有的成功。